U0906102

# 开国领袖 毛泽东

KAI GUO LING XIU
MAO ZE DONG

上册

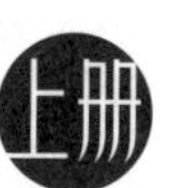

王正民・著

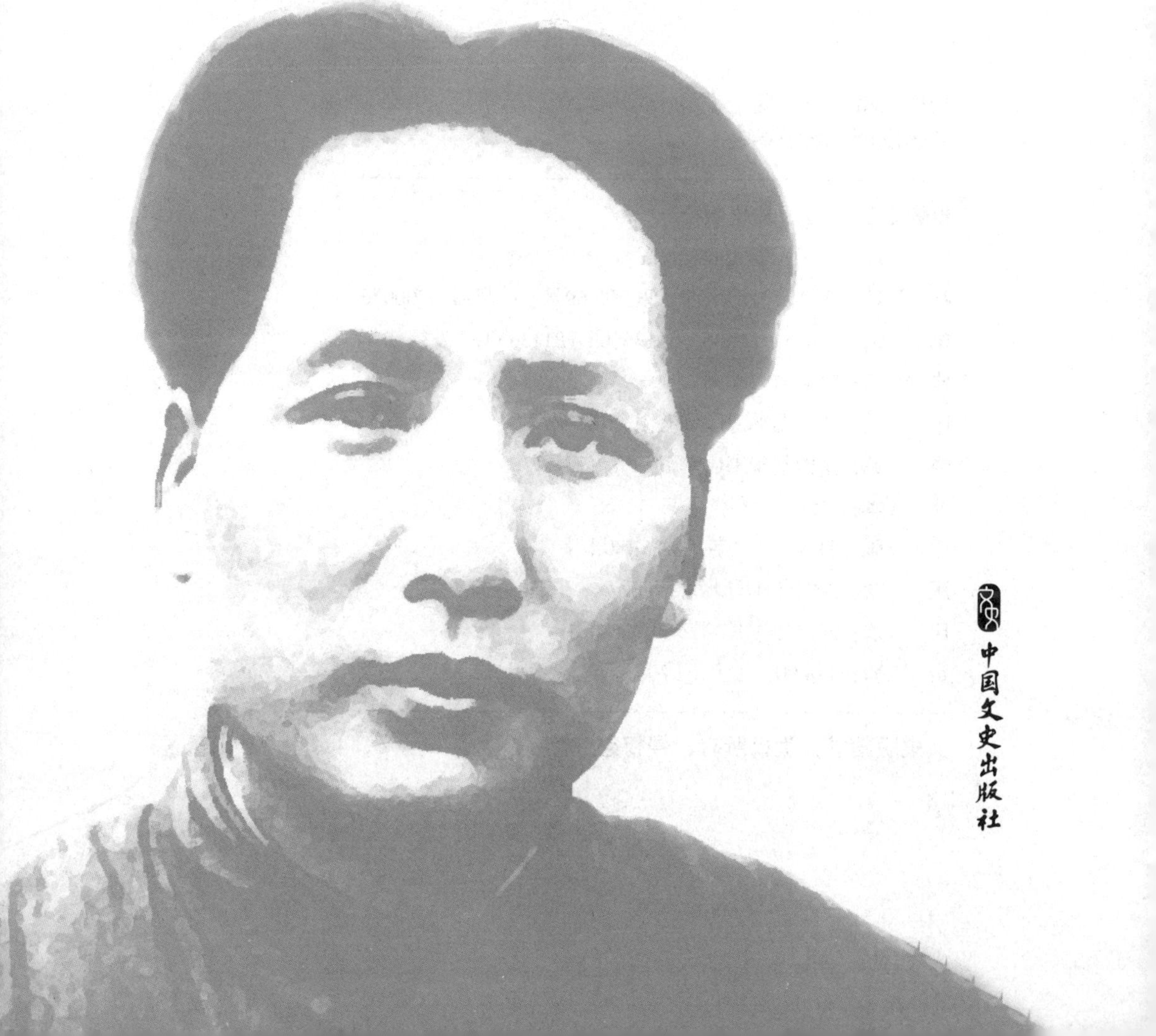

中国文史出版社

图书在版编目（CIP）数据

开国领袖毛泽东：上下册 / 王正民著. -- 北京：中国文史出版社，2021.1
ISBN 978-7-5205-2024-9

Ⅰ.①开… Ⅱ.①王… Ⅲ.①毛泽东（1893-1976）—生平事迹 Ⅳ.①A752

中国版本图书馆CIP数据核字(2020)第085431号

责任编辑：刘 夏
装帧设计：欧阳春晓

出版发行：中国文史出版社
网 址：www.wenshipress.com
社 址：北京市海淀区西八里庄路69号 邮编：100036
电 话：010-81136606 81136602 81136603（发行部）
传 真：010-81136655
印 装：北京温林源印刷有限公司
经 销：全国新华书店
开 本：1/16
印 张：41.5 字 数：480千字
版 次：2021年1月北京第1版
印 次：2021年1月第1次印刷
定 价：118.00元（上下册）

# 前　言

PREFACE

“导师创业垂千古，侪辈跟随愧望尘。”叶剑英在《八十抒怀》中曾这样评价毛泽东。诚然，毛泽东是一个时代的象征。在人民心中，毛泽东已经不仅仅代表他个人，而是我们这个党、军队、国家和中华民族的灵魂。古人说：“能予而无取者，天地之配也。”毛泽东就是这样顶天立地的伟大人物。

2013年12月26日，习近平在中共中央纪念毛泽东同志120周年诞辰座谈会上讲话时指出：毛泽东同志是伟大的马克思主义者，伟大的无产阶级革命家、战略家、理论家，是马克思主义中国化的伟大开拓者，是近代以来中国伟大的爱国者和民族英雄，是党的第一代中央领导集体的核心，是领导中国人民彻底改变自己命运和国家面貌的一代伟人。

早在1980年8月21日、23日，邓小平在两次会见意大利记者法拉奇时就指出：毛主席是中国共产党、中华人民共和国的主要缔造者，他为中国人民做的事情是不能抹杀的，他多次从危机中把党和国家挽救过来。没有毛主席，至少我们中国人民还要在黑暗中摸索更长的时间。

人们常说，毛泽东是人民的大救星，历史说明，这话恰如其分。

毛泽东在新民主主义革命时期的主要功绩有四个。

一是开辟了中国革命的道路，创建了一个新中国。

以毛泽东为首的中国共产党人勇于探索、勇于实践，创造性地把马列主义的普遍原理与中国革命的实际相结合，提出了“星星之火，可以燎原”的理论，找到了农村包围城市最后夺取全国胜利的中国革命新道路。

1935年1月，遵义会议的成功召开，解决了当时红军广大指战员最关心、最迫切的军事和组织问题，从而挽救了革命、挽救了党。会后，确立了毛泽东在党和红军中的领导地位，中国革命揭开了“雄关漫道真如铁，而今迈步从头越”的新篇章。

红军在长征胜利到达陕北后，党中央和毛泽东把陕北作为革命的大本营，确立了建立抗日民族统一战线的策略方针，并为推动第二次国共合作进行了不懈努力。

以毛泽东为首的中国共产党人是抗日战争的中流砥柱，提出并实行了全面抗战路线，坚持持久抗战，使抗日战争成为“战争史上的奇观，中华民族的壮举，惊天动地的伟业”。成为近代以来中华民族反抗外敌入侵第一次取得完全胜利的民族解放战争，成为20世纪中国和人类历史上的重大事件。

解放战争时期是中国两种命运和两个前途的大决战时期，是中国共产党领导的新民主主义革命的最高潮，也是我国民主革命取得决定性胜利的时期。毛泽东的军事思想达到了炉火纯青。他和战友们一起，在世界上最小的指挥部里指挥了世界上最波澜壮阔的人民战争，最终推翻了蒋家王朝，迎来了中华人民共和国的诞生。

二是建设了一个先进的中国共产党。

中国共产党刚成立时只有几十名党员，在一个相当长的时间里还是一个幼年的党，很不成熟。从一个幼年的党到一个完全成熟的党，直到领导中国人民取得新民主主义革命的胜利，经历了一个漫长的、艰难曲折甚至是痛苦的过程。这中间有胜利，有失败；有前进，有后退；有壮大，有缩小；有正确的时候，有犯错误甚至是犯严重错误的时候。中国共产党在实际斗争中，运用马克思主义的立场、观点、方法，不断总结成功的经验和失败的教训，根据具体情况，实事求是地纠正党内各种错误倾向，包括“左”的和“右”的，并上升为理论，反过来又指导革命实践向前发展。就这样经过多次的循环往复，中国共产党逐渐发展壮大，成为一个马列主义成熟的党。对此，许多老一辈革命家都作出了重要贡献，而贡献最大、起决定性作用的是毛泽东。

毛泽东是党的创始人之一，他根据马克思与列宁的党建理论，紧密联系中国革命斗争的实际，形成了中国共产党一套完整的党建学说。早在抗日战争时期，毛泽东就提出，要把中国共产党建设成为一个全国范围的、广大群众性的、思想上政治上组织上完全巩固的布尔什维克化的党，并称之为“一件伟大的工程”。毛泽东完整的党建学说，是经过总结中国共产党成立以后的20年间正反两方面的实践经验，在延安整风时期全面确立起来的。这个理论指导中国共产党成为一个马克思主义的无产阶级先进政党，成为中国革命和社会主义建设的领导核心。

三是缔造了一支人民的军队。

毛泽东是中国人民解放军的主要创建人。从三湾改编决定党支部建在连上，制定三大纪律、六项注意，到古田会议总结建军两年多的经验作出决议，明确红军是一个执行革命的政治任务的武装集团，使红军肃清了旧式军队的影响，完全建立在马克思列宁主义的基础上，整个红军成为真正的人民军队，毛泽东的建军路线基本形成。以后，经过抗日战争、人民解放战争，毛泽东的建军思想不断丰富和发展。主要内容是坚持党对军队的绝对领导；全心全意为人民服务是军队的唯一宗旨；政治工作是军队的生命线；军队必须执行严格的纪律和发扬勇敢战斗、不怕牺牲、不怕疲劳和连续作战的优良作风；军队要实现革命化、正规化、现代化。

在毛泽东亲自领导和指挥下，中国人民解放军由小到大、由弱到强，经过长期的艰苦卓绝的斗争，战胜了比自己强大得多的内外敌人，解放了全中国（除台湾地区等）。这是一支听党指挥，与人民血肉相连，纪律严明、英勇善战的举世无双的军队。

四是创立了毛泽东思想。

毛泽东思想是一个完整的、内容极其丰富的科学体系，包括政治、军事、经济、文化、统战、外交、党建等各个领域。

毛泽东思想是全党、全军、全国人民集体智慧的结晶，毛泽东为此作出了主要贡献。

毛泽东开辟了马克思主义中国化道路。这个理论生长在中国这片土地上并已深深扎根在这片土地上。它具有彻底性、深刻性、严密性、实践性等特点，具有很强的说服力，又体现了新鲜活泼的、为中国老百姓所喜闻乐见的中国作风和中国气派。这个理论培养了一代又一代中国共产党人。这个理论被广大人民群众掌握，就变成改造和建设中国的巨大物质力量。

本书按历史顺序记述了毛泽东在民主革命时期对中国革命的巨大贡献，力图展现其为建立新中国所进行的艰苦卓绝的探索与开拓，展现其叱咤风云的领袖风采和英雄气概，歌颂其为中华民族创下的千古伟业。由于水平有限，可能力不能及，望读者给予批评指正。

目录 CONTENTS

# 一 『孩儿立志出乡关』

湖南人杰地灵。长沙岳麓书院的楹联曰：『惟楚有材，于斯为盛。』『吾湘变，则中国变；吾湘存，则中国存。』『若道中华国果亡，除非湖南人尽死。』

在中国的近现代史上，湖南人才辈出。在中国共产党的创建阶段，湖南涌现出了毛泽东、蔡和森、何叔衡等呼风唤雨的杰出人物。

# “二十八画生”

相传4000多年前的一个春天，舜带着他的随从来到湘江西岸的一个苍山环抱，山势绵延，壁立千仞的高山与低沉圆润的山丘交错、互相辉映的一处美丽世界。在寻芳里，人们过着鸡犬相闻，互不干涉的田园生活。

舜看到此种情景，非常高兴，带着他的随从们登上山顶，在那里弹奏着他最喜爱的极其婉转动听的“韶乐”。

这里从此叫韶山。

韶山为南岳衡山七十二峰之第七十一峰，山高陡峻，气势雄伟。古人曾赋诗赞美：

绕岫风光疑欲滴，长风轻鸟云烟侧。
山涵五月六月寒，地拥千山万山碧。
从来仙境称韶峰，笔削三山插天空。
天下名山三百六，此是湖南第一龙。

在韶山西面，有三座山峰，南面是龙头山，北面是黄峰山，西面是牛形山，滴水洞就环抱其间。它占地约五平方公里，只有一条公路蜿蜒而至。它的豁口是韶山水库，深幽清雅。三面树木挺立，杜鹃火红。有两山陡立，过去原有一桥，桥下是一小溪，桥头边有一个山洞，即使是天干大旱，洞中仍滴水不断，回声悠扬，其韵如琴，这就是滴水洞。

毛泽东的祖祖辈辈都在这里辛勤劳作。当地人很迷信风水，毛泽东的祖父也是很信这个东西的。

有一次，毛泽东对身边的警卫团团长张耀祠等人说：“我的老祖宗就住在滴水洞旁边的虎歇坪，为了选择这个地方，请风水先生卜了11天时间。”

他说：“为什么又搬到上屋场来了呢（即现在毛泽东故居）？我父亲早年还是一个很勤奋的人，他没有看重风水，而是看重了这一片的土地好。”接着，毛泽东讲了一件趣事：他的祖父毛翼臣有一个哥哥叫毛德臣，他们在虎歇坪干活时，发现这个地方很干燥，任何时候的雨水都淋不到。毛泽东说：“他们活着就在考虑死后的归宿，二人都想埋在这里。还不仅仅因为这里干燥，因为他们请了一个风水先生看了的，说这里是一个风水宝地，正好在‘龙脉’上。于是两兄弟争吵不休。”毛泽东笑着说：“我看这个风水先生既会挑拨离间，又能平息一些事情，他说：‘这块土地告诉我，你们二人谁先死谁就埋在这里。’奇了，风水先生还能与土地对话。”他还说：“只有在封建时代是这样，谁愿意早一点死呢？死是一种自然规律，谁又控制得了呢？”

毛翼臣，生于1846年5月22日，1904年11月23日去世，比哥哥毛德臣先死，自然葬于韶山滴水洞的虎歇坪。

韶山冲，在一片山峦绿茵环抱中，它起于韶山脚下，由南而北，长五公里，宽三公里多。山上山下，松、柏、杉、枫、楠竹丛生，景色秀美。从山谷中流出

韶山毛泽东故居

的溪水汇成一条小河流，清澈见底，潺潺流淌，默默滋润着乡间田野。

毛泽东故居“上屋场”，那是农村常见的“凹”形住宅，当地人称“一担柴”式房子，依山傍水，坐南朝北，一进两横，居住两户，屋前有紧紧相连的两口水塘，屋后有一座小山，长满苍松翠竹。

1893年12月26日，毛泽东出生在这里一户条件较好的农家。取名泽东，意即“润泽东方”。

1910年秋，毛顺生怎么也想不到，儿子毛泽东在离家去湘乡东山高等小学堂读书之前，竟在父亲发黄的记账簿上留下这样一首言志诗：

孩儿立志出乡关，
学不成名誓不还；
埋骨何须桑梓地，
人生无处不青山。

毛顺生识字不多，不懂得诗中的意思，便撕下这页记账簿上的诗，来到离家不远的李家屋场。

李家屋场有位从外地回来的维新派教师叫李漱清，他在当地颇为有名，识字多，懂学问，为人也忠厚。

李漱清戴上老花镜，从毛顺生手中接过纸页，边看边点头，看完后，欣然竖起大拇指，连声对身旁发愣着的毛顺生说：好诗，好诗，你儿子三伢子硬得有志气！

三伢子是毛泽东的小名，是当时乡亲们对他的一种亲昵的称呼。

一番夸奖过后，李漱清把毛泽东的小诗向毛顺生逐字逐句做了解释。毛顺生并没有为儿子能写出如此有志向的诗而感到欣慰，相反感到被当头一棒：他预感到自己辛辛苦苦一生撑起来的家业，将在儿辈手中丢失。

毛顺生心烦意乱，走在回家的路上。他一路思忖着：难道是17岁的儿子翅膀硬了，他想飞出家门?

当初，毛顺生是坚决反对毛泽东上学堂读书的。毛顺生想：三年前为了拴住毛泽东的心，他一手操办了毛泽东与罗氏的婚事。现在罗氏病故了，家里更缺劳力，更需要毛泽东为这个家挑起担子。

回到家，毛顺生又犹豫起来。他想起几年前的一桩柴山公案。

毛顺生自己识字不多，在这桩柴山公案中，明明自己有理，但说不出来。而对方引经据典，被告反而变成原告。他眼睁睁看着柴山断给了被告。一想到这件事，毛顺生就来气。他想，要是自己的儿子毛泽东也能引经据典，给自己争口气就好了。

因此，当毛泽东提出要去东山高等小学堂时，毛顺生内心很复杂。后来经亲戚朋友的劝说，毛顺生的心更加动摇。他最后还是同意了毛泽东上东山高等小学堂的事。没有想到，这一普通农民的举动，竟影响了中国历史的进程。

毛泽东诗中的思想早在他第一次不幸婚姻中已渐渐形成。毛泽东的第一次不幸婚姻，致使他更加胸怀大志走出韶山冲。

有关毛泽东的第一次婚姻，美国作家罗斯·特里尔写道：

"可怜的泽东呆若木鸡。出于某些考虑，泽东顺从地接受了这种生硬而可怕的仪式，这个呆呆的小新郎衣着整齐，规规矩矩地向每一位来宾磕头。惊恐万分的新娘被揭去红头盖，像新买来的商品一样第一次接受检查。但是他拒绝与这位比他大六岁的新娘住在一起，并发誓决不碰她一指头。"

1936年，毛泽东在与美国记者斯诺谈话时也曾提道：他14周岁时，家里曾强迫他与一个大他四岁的女孩子成亲，但他从未和她同居过。

毛泽东在自传中说过：

"……我对于女人本无兴趣。我的父母在我16岁时就给我娶了一个20岁的女人，不过我并没有和她一起住过——此后也未有过。我不以她为我的妻子，那时根本也不去想她。除了不谈女人——在这时期的青年的生活中极为重要——以外，我的同伴连日常生活中的琐事都不谈的。……我和朋友只谈大事，只谈修身齐家治国平天下的事！”

这个“20岁的女人”就是罗氏。罗氏，韶山杨林乡人，生于清光绪十五年九月二十六日，即1889年10月20日，比毛泽东大四岁零两个月。

1911年，由毛鸿宾、毛湘胜等纂修的《（湘潭）中湘韶山毛氏三修族谱》卷十三中记载了毛泽东第一次婚姻的情况：

“泽东，字咏芝，光绪十九年（癸巳、1893）十一月十九日辰时生，配罗氏，光绪十五年（己丑、1889）九月二十六日丑时生，宣统二年（1910）正月初二寅时卒。”

1941年，由毛泽均修、毛泽启纂的《（湘潭）韶山毛氏四修族谱》卷十五中也记载：

“贻昌子三，长泽东闳中肆外，国尔忘家，字咏芝，行三，清光绪十九癸巳十一月十九日辰时生，原配罗氏，清光绪十五年己丑九月二十六日丑时生，宣统二年正月初二寅时殁，葬南岸土地冲楠竹堕酉山卯向，子一，远智，承夫继配杨氏子为嗣；继配杨氏，随夫在外，生年候归录，子四，长远仁，次远义，三远智，与夫原配罗氏为嗣；继娶贺氏，随夫在外，生年候归录。”

毛氏族谱把罗氏列为毛泽东的原配，把杨氏（开慧）列为“继配”，把贺氏（子珍）列为“再娶”。可见，罗氏在毛家的地位是得到认可的。

罗氏家住湘潭县杨林乡赤卫村楼前门（现在称韶山市杨林村），家境富裕，有田产，在当地也算是颇有声望的大户。

在这样的家庭环境中长大的罗氏，聪明、贤淑、知书达理。她在家中排行第二却是长女，因此操持家务也是一把好手。

而毛泽东的父亲毛顺生是个勤俭持家、精明能干的人。他之所以给14岁的儿子找一个“大媳妇”，是有他的如意算盘的。

毛罗两家本是世交。罗氏祖母毛氏，是毛泽东的祖父毛翼臣的妹妹，即毛泽东的姑祖母。旧时中国习惯于表兄表妹结亲，谓之“亲上加亲”，并视为美举。

毛顺生想要拴住毛泽东的心。当时，毛泽东虽辍学回家务农，但人大心大。毛顺生知道山外有山，天外有天，他担心毛泽东的心要飞出山外。毛顺生坚信，女性的温情是可以消磨男人凌云壮志的，养家糊口的担子重了，毛泽东想飞也飞不动。

毛家当时有水田20多亩，毛顺生又长年在外贩猪贩米，虽然农忙时家里请了一个长工，但里里外外仍靠毛泽东母亲文氏一人。文氏既要照顾公公毛翼臣，又要照料毛家三兄弟，尤其是毛泽覃，当时才两岁，文氏要带着他下田耕作，肩上的担子实在太重了。而罗氏当时年方十八，身高体壮，是一把操持家务的好手。因此，毛顺生见到这位表侄女后，甚是喜爱，在给大儿子毛泽东讨一个大四岁的媳妇的同时，无疑也给家里添了一个上等劳动力。

罗氏性情温顺，心地善良，上孝父母，下爱弟妹，深得左邻右舍的称道。于是，毛顺生托媒人向罗家提亲，一手包办了这门婚事。

而罗家见毛泽东年仅14岁，虽未到男子成熟的年龄，但长得一表人才，而且聪明好学，知书识礼，才华出众；加之毛家的家境也好，又是亲戚，可谓门当户对。因此，罗家欣然答应与毛家结为秦晋之好。

1907年，毛、罗两家选择了良辰吉日。两家老人"合八字""订庚""择吉""发轿""拜堂"，在短短的几个月内，就完成了旧时结婚的所有仪式。毛泽东与罗氏就在这看似热闹非凡的传统婚礼中，被撮合在一起。

对这桩婚姻，不管毛泽东态度如何，毛、罗两家的双亲是满意的，尤其是毛顺生和文氏。罗氏嫁到毛家后，为毛家增添了劳力，又为文氏增了帮手。而年满18周岁的新娘罗氏，当时也是幸福的，虽然自己比毛泽东大四岁，但是，她是明媒正娶来的，是毛家的长媳，得到了族人的认可。但罗氏万万没有想到，从两家大人给毛罗两人提亲那天起，就已经开始了这场婚姻的悲剧。

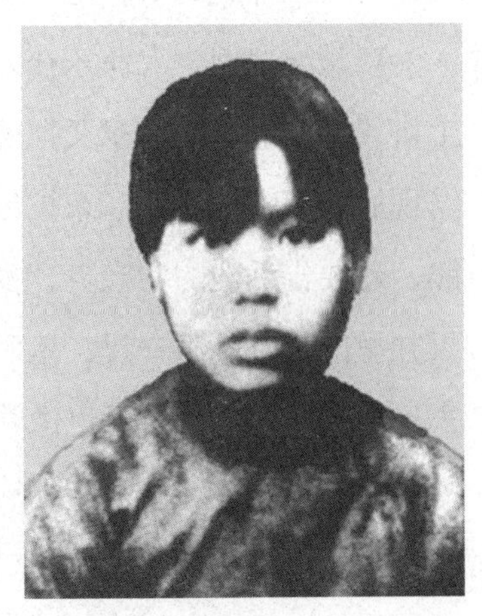

罗一秀（1889.10.20—1910年春）

毛罗的婚姻完全是"父母之命，媒妁之言"的产物，这对于年仅14岁、胸怀大志的毛泽东来说，没有一点思想准备。为此，毛泽东常常闷闷不乐。在乡村传统观念的压抑下，为了顾及父母及亲友的面子，毛泽东只好默默地忍受着这一切。

毛泽东以各种方法反抗着由父亲毛顺生一手包办的这桩婚事。虽然名义上成了亲，拜了天地，但毛泽东始终不承认这桩婚姻，不理罗氏，拒绝同罗氏圆房，并发誓不碰她一个指头。

毛泽东白天一直在田间劳动，不到吃饭的时间不回家，即使回了家也很少与罗氏讲话。

开始，毛顺生和文氏还以为自己的儿子毛泽东性格内向，不爱说话。渐渐地发现毛泽东与罗氏之间似乎有一堵隔墙，于是他们就开始劝导毛泽东。但任凭他们怎么劝导，毛泽东就是不与罗氏同房。父母见他年龄小，而且这种事也不能多说明说，也就暂且作罢。

唯一能使毛泽东解脱这桩婚姻烦恼的就是读书。他从小就喜欢读书。虽然这阵子辍学在家务农，但是，晚上他帮父亲毛顺生记完账后，一放下饭碗就可以回到上屋，这是他自己的小天地。毛泽东在自己的小天地里，点亮一盏古老的桐油灯，然后在暗淡的灯光下读书，看小说。毛泽东在这里，反复阅读了《精忠传》《水浒传》《三国演义》和《西游记》等。这些书虽然被当时的私塾先生称为坏书，是犯上作乱的书，毛泽东还是反复看了。

在辍学之前，毛泽东在课堂上经常偷看这些书。一天，老师毛宇居正在课堂上讲《论语》，毛泽东又把《水浒全传》偷偷藏在《论语》的下面看起来。老师发现后，气愤地将毛泽东拉出教室，指天井为题要他赋诗，如果作不出就要打屁股，还要告诉他的父亲。13岁的毛泽东望着被青砖严严实实围砌着的天井，知道天井里的积水不满一尺，里面有几条从溪中抓来的小鱼在水底的鹅卵石上撞来撞去……蓦地，觉得自己也像井中的小鱼。于是心中的诗句脱口而出：

天井四四方，
周围是高墙。

清清见卵石，
小鱼囿中央。
只喝井里水，
永远养不长。

这首诗中强烈地流露出不甘做井中之鱼，要走出这个小小世界的意愿。这种反叛心理，与他偷读《三国演义》《水浒传》等是分不开的。

毛泽东在韶山度过的岁月，是同贫苦农民生活在一起的，他自幼受母亲的影响，同情受苦受压迫的人。家乡至今还流传着一些他接济穷人、支持农民反抗地主的故事。他同斯诺谈到1910年4月长沙饥民抢米暴动遭到官府镇压时，说：“这件事影响了我的一生”“始终忘不掉”。关于1866年当地一个哥老会首领彭铁匠造反，因而被捕斩首的故事，毛泽东在和同学们议论中也非常同情这次起义，觉得彭铁匠“是一个英雄”。

1907—1908年，辍学在家务农的毛泽东经表兄文运昌的介绍和推荐，读到了《盛世危言》这本带有浓厚改良主义色彩的书。这本书是由中国早期改良主义思想家郑观应积30年精力而写成的。多年以后，当毛泽东坐在延安的窑洞里与斯诺谈及少年时代在韶山的情形时，两次提到《盛世危言》给予他的影响：

1919年春，毛泽东与母亲及两个弟弟合影

我13岁时，终于离开了私塾，开始在地里进行长时间的劳动，给雇工当助手。白天干一个整劳力的活，晚上替我父亲记账。我经常在深夜把我的房间的窗户遮起，好让父亲看不见灯光。就这样，我读了一本叫作《盛世危言》的书。我当时非

常喜欢读这本书。作者是老的改良主义者，认为中国之所以弱，在于缺乏西洋的装备——铁路、电话、电报、轮船，所以想把这些东西引进中国。

《盛世危言》激起我恢复学业的愿望。同时，对地里的劳动也感到厌倦了。不消说，我父亲是反对这件事的。为此我们发生了口角，最后我从家里出走。

1910年2月，罗氏病故之后，毛泽东更有借口和理由“出走”。他向父亲毛顺生提出去湘乡东山高等小学堂读书的要求，当时遭到了父亲的坚决反对。聪明机智的毛泽东开始通过亲戚朋友说服毛顺生。毛顺生开始犹豫。一方面，自己出生于贫苦农家，年轻的时候，因为负债过多，被迫外出当兵吃粮，后来攒了一点钱买回来一块血汗地。半辈子走南闯北贩粮贩猪，现在总算成了韶山冲的一个财主，家里22亩的田地需要劳动力。现在长子毛泽东要上学堂，对他来说无疑少了一个胳膊。另一方面，也正因为自己的贫苦出身，识字不多，才落得个一辈子忙碌的命。加上前面讲过的柴山公案的教训，毛顺生思前想后，终于还是同意了毛泽东继续上学读书。

毛泽东得知父亲毛顺生同意他继续上学后，内心充满着激动。临行前，他帮家里记了最后一笔账，然后在这本发黄的记账簿上，改写了日本西乡隆盛（1827—1877，日本明治维新时期著名政治家）的一首诗。其原诗是：“男儿立志出乡关，学不成名死不还；埋骨何须桑梓地，人生无处不青山。”毛泽东只将西乡隆盛的诗改了两个字，却恰如其分地借用它表达了自己的远

1919年11月，毛泽东（右一）同父亲毛顺生（左二）、伯父毛福生（左三）、弟弟毛泽覃（左一）在长沙合影

大抱负和志向。

尽管与罗氏的婚姻转瞬即逝，但这段婚姻对毛泽东后来婚姻观的形成却有很大的影响。

10年之后，毛泽东对长沙赵五贞小姐自杀事件给予了非同寻常的关注，这里面正是毛泽东自己对这桩不幸婚姻的感慨。

1919年10月，长沙发生了一起反叛包办婚姻的悲剧。当时，长沙有一家眼镜店，店主叫赵海楼，有一女叫赵五贞。赵五贞知书达理，精于裁缝、刺绣，在婚姻上也有自己的主张。

然而，由于媒婆的撮合，父母偏偏要她嫁给一个有钱的古斋少老板做填房。赵五贞不顺从，于是在出嫁的那天，在花轿上用剪刀切喉自杀。

毛泽东从《大公报》上得知这一惨案后，震动极大。悲剧发生的第二天，他就写了《对于赵五贞女士自杀的批评》一文。

毛泽东怀着对旧婚姻制度的极大义愤，又连续在《大公报》《女钟界》等报刊上发表了《赵女士的人格问题》《婚姻问题敬告男女青年》《改革婚制问题》《女子自主问题》《打破媒人制度》《婚姻上的迷信问题》等十多篇文章。

毛泽东在这些文章中对旧的婚姻制度的否定和抨击是十分激烈的。他主张对旧式婚姻的反叛应当采取斗争的形式而不是无谓的自杀。从毛泽东在父亲账簿上留下言志诗这件事，可以看出毛泽东的这种明智的斗争形式。而从后来毛泽东对婚姻的态度中，也可以看到毛泽东第一次婚姻对他的影响：极端憎恶旧式婚姻，而对自由婚姻则有着热切的向往和大胆的追求。

1913年，在湖南省立第四师范学校求学时的毛泽东

毛泽东于1910年秋季，考入湖南湘乡县立东山高等小学堂读书。1911年春季，到长沙，考入湘乡驻省中学读书。10月，响应辛亥革命，投笔

从戎，在湖南新军当列兵。半年后退出。

1913年春季，入湖南省立第四师范学校预科读书。1914年秋季，被编入湖南省立第一师范学校本科第八班。

湖南第四师范学校坐落在湘江旁，是一所新式学校。和中国所有的高等学校一样，第四师范学校的校牌高高地挂在有尊严的校门一旁。通过校门，可以看到校园内绿树成荫，错落有致的二层楼房，一栋栋、一排排，掩映在绿树浓荫之中，那圆柱、拱顶、塔尖透着18世纪欧式建筑的风格。

毛泽东考进这所学校，纯属偶然。一天，他从报纸上看到这所师范学校的招生广告，既不收学费，书费也不高。同时，膳宿费低廉。这是何等的好事啊！毛泽东决定报考这所学校。

他把这个消息也告诉两个要好的朋友后，他们也想报考这所学校，觉得这个学校要求高了点，他们想请毛泽东帮助他们准备入学考试的作文。为人义气的毛

1918年3月，湖南省立第一师范学校第八班合影。四排右二为毛泽东

泽东一听爽快地答应了。事后毛泽东回忆说：“我替那两位朋友写了作文，为自己也写了一篇。”结果三个人同被录取。事后毛泽东曾向三兄弟无不幽默地说，他等于被录取了三次。

湖南第四师范学校是辛亥革命之后的1912年创办的，毛泽东入学第一个学期后就和湖南第一师范学校合并。门前换成了“湖南第一师范学校”的牌子。

在学校，毛泽东一方面如饥似渴地学习知识，一方面进行救国救难的行动。当时的“一师”和全国一样，一场革命的风暴正在孕育着，只待火种点燃。当时整个中国已不再是铁板一块，它甚至成了一触即燃的“火药桶”。如果一年前毛泽东在湘乡驻省中学是以一张大字报的形式表达自己的政见的话，那么毛泽东在“一师”则是用了一张征友启事，广泛张贴于“一师”和省城的学校，一时闹得满城风雨，人人皆知。

毛泽东在这则启事中写道：

今日国家正处于危急存亡之秋。政府当局无一人可以信赖。吾人拟寻求志同道合之人，组织团体，其宗旨主要为砥砺品行，研究学术及改造国家。凡对此有兴趣之同学，皆请惠赐大函，俾能约期私下聚谈。嘤其鸣矣，求其友声。

启事的署名落款是：“二十八画生。”

不少学校的校长看到这则启事后，以为“二十八画生”大概是个神经有毛病的怪人，不怀好意，便将传单没收烧掉了。而省立第一女子师范的马校长看到启事后，给她的第一反应是有人找女学生谈恋爱。马校长有些恼火：这找对象找到我们女师头上来了！再细看启事上写着“来信由第一师范学校附属小学陈先生转交”的字样，便亲自找到“一师”附小，气冲冲地问：“陈先生，你怎么帮人做起求友的事情来了？这个‘二十八画生’是什么人？求友求到了我们女子师范！”

“马校长，‘二十八画生’就是一夜成名的毛泽东呀！”陈先生赶紧解释，

“他是咱们一师品学皆优的学生，正像启事里宗旨所写，他是为了寻找改造国家的同志，我敢保证绝没有其他意思。”

“照你这么说来，还真是位有志青年了？”

马校长又把电话打到“一师”名师杨昌济那里询问。

杨昌济爽快地回答：那是我最优秀的门生之一。“一师”中有三个我能看上眼的学生，一是萧子升，二是蔡和森，三是毛泽东。而毛却是个“奇才”和“智囊”。

“那怎么叫个‘二十八画生’的怪名字？”

“毛泽东是他的名字，就‘二十八画’啊！这没有什么古怪不古怪的。”

马校长顿开茅塞道：“杨先生，你是了不起，你的学生可畏，经世救国之才，国家有望，民族有救啊！”

征友启事发出后，毛泽东只得到“三个半回音”。

那三个响应的人最后在革命的征途中都先后背叛了他和共产党。“半个回音”，名叫李立三。据毛泽东回忆说：“李立三听了我说的话之后，没有提出任何具体建议就走了。我们的友谊始终没有发展起来。”

罗章龙在学校广告栏里看到了“‘二十八画生’启事”，给毛写了一封肯定的信，毛也给他回了信。毛在信中说：他的来信恰似“空谷足音，跫然色喜”。

星期日这天，罗章龙拉了一个同班姓陈的同学一起去找毛泽东。

毛泽东站在走廊上，见到手持报纸的人来后，便走到院子门口对他们说：“我们到里面谈谈。”他们在院子里找了一个僻静的地方，坐在石头上。这时姓陈的那位同学到阅览室看书去了。院子里没有别人，他们从上午9点开始直到图书馆12点休息，整整谈了三个小时。临分手时，毛泽东对罗章龙说：“我们谈得很好，愿结管鲍之谊。以后要常见面。”

就这样，罗章龙成了毛泽东的好朋友。他把自己的日记给毛泽东看，毛泽东把自己的学习笔记给他看。他们一次次地交谈，谈治学、谈人生、谈社会、谈国家。他们一起寻访长沙古迹，一起步行前往韶山。罗章龙后来参加了毛泽东发起的“新民学会”。

1918年，罗章龙要去日本留学，毛泽东以“二十八画生”的笔名，写下《送纵宇一郎东行》一诗：

云开衡岳积阴止，天马凤凰春树里。
年少峥嵘屈贾才，山川奇气曾钟此。
君行吾为发浩歌，鲲鹏击浪从兹始。
洞庭湘水涨连天，艟艨巨舰直东指。
无端散出一天愁，幸被东风吹万里。
丈夫何事足萦怀，要将宇宙看秭米。
沧海横流安足虑，世事纷纭何足理。
管却自家身与心，胸中日月常新美。
名世于今五百年，诸公碌碌皆余子。
平浪宫前友谊多，崇明对马衣带水。
东瀛濯剑有书还，我返自崖君去矣。

毛泽东胸怀天下，志在四方，因此其诗歌的内容与古代风花雪月、儿女情长、悲秋寂寥等格格不入。他往往摄取重大的政治斗争及国际环境的风云变幻等内容，去歌颂不畏艰险的英雄气概，去抒发建功立业的豪情壮志。这首诗可以说与他的精神世界是水乳交融的。诗中引湖湘之景，如衡岳、天马、凤凰、洞庭和湖湘之人如屈原、贾谊等入诗，凸显地方特色，景象恢宏雄壮，情思气势博大。

25岁的毛泽东，已经站到了一个新的人生高度。他曾这样回忆学生时代的青春意气：“大哉湖南，衡岳齐天，洞庭云梦广。沅有芷兮澧有兰，无限发群芳。风强俗劲，人才斗量，百战声威壮。湘军英武安天下，我辈是豪强。听军歌淋漓悲壮，旌旗尽飞扬。宛然是，枪林弹雨，血战沙场样。军国精神，湖湘子弟，文明新气象。”

1919年3月，环球中国学生会在上海送别留法学生合影。后排右一为毛泽东

罗章龙来到上海，预订了去日本的船票，却因1918年5月7日，日本政府军警在东京殴打中国留日学生，并要他们回国，罗章龙打消了赴日本的念头，在上海寻找《新青年》编辑部，才知《新青年》编辑部已搬到北京。

罗章龙带着好多册《新青年》杂志，回到长沙，见到了毛泽东。他们在《新青年》上看到华法教育会登的文告，鼓励青年们到法国勤工俭学。于是，毛泽东率20来位湖南青年前往北京，准备赴法勤工俭学，内中便有罗章龙。

1915年，毛泽东当选为第一师范“学友会”干事，他还组织了“学生自治会”。

1915年1月，日本以赞助袁世凯称帝为诱饵，提出了灭亡中国主权的“二十一条”，5月9日，袁世凯一纸复文表示基本接受。消息传出，举国愤慨。“一师”的学生将几篇反对卖国条约的言论编印成册，题名“明耻篇”。毛泽东读罢，在封面上写下四句誓词：“五月七日，民国奇耻；何以报仇？在我学子！”

1915年从夏到冬，毛泽东参加组织了“一师”学生开展反日、反袁的斗争。当袁世凯复辟帝制之声甚嚣尘上时，毛泽东团结进步师生，公开进行反袁演说并写文章，他以学友会的名义将著名人士的反袁称帝的文章汇集成册，在校内外广为散发，在社会上产生了强烈的反响。

在湖南一师，毛泽东不仅是政治上的弄潮儿，还是体育运动的健将。

毛泽东喜爱的运动项目很多，但一生坚持不懈的只有游泳。

橘子洲又名橘洲，俗称水陆洲，以洲上盛产橘子得名。东西宽不到半里，南北长却在十里以上，是湘江中最长的一个洲。

湘水从南向北奔流，流到长沙市的西北郊才又复合。每到夏季，湘江水涨，旁的洲渚都被淹没，只有橘洲仍跃出水面。

毛泽东在“一师”求学期间，每每趁着学校休假的日子，偕学友来这里游泳。他们一般都是到橘子洲的最南端牛头洲附近下水。那里沙平水清，是游泳的好场所。

毛泽东的游泳技术原本不错，经过几年持续不断的练习，更加规范化。夏天水涨时，湘江水面宽三四里，他能从东岸游到西岸；秋冬之间，行人已经穿上棉衣，他还能在江中游上几十分钟。第一师范的同学中有几个善游泳的，是和毛泽

长沙湘江橘子洲

东常常在一起游泳的伙伴。

1918年3月，毛泽东协助学校请上海《教育》杂志主编李石岑来校讲演。李既是一位学者，又是游泳专家。李石岑在校演讲后，毛泽东请他到湘江现场教授游泳技术。那时，大约在清明前后，还穿着棉衣，毛泽东带着30多人，到橘子洲头练习游泳。李石岑先下水做示范，毛泽东和他的学友们也一鼓作气地跳下水，游了三四十分钟。

橘子洲一带成了青年毛泽东心爱的游泳池。有两年暑假，毛泽东住在岳麓书院的湖南大学筹备处，每天下午四五点，他都和蔡和森、张昆弟等去橘子洲边游泳。畅游之后，还要在沙滩上卧倒十来分钟，让太阳晒遍全身。然后，抹干身体，穿好衣服，再指古道今地大声议论一番天下兴亡事。

爱好游泳的习惯，毛泽东保持了一辈子。可以说他是走到哪儿游到哪儿。但相对而言，他在湘江、在橘子洲边游得最洒脱、最舒畅。这是由于他对青少年时期的那段生活有一种特别的眷恋和向往。告别学生时代后，毛泽东还曾多次畅游湘江，写下过那首著名的《沁园春》。其中“看万山红遍，层林尽染；漫江碧透，百舸争流”“到中流击水，浪遏飞舟”等名句至今仍为人们广泛传诵。

# 《湘江评论》

《湘江评论》是五四运动时期，毛泽东在长沙主办的周刊，是当时宣传反帝反封建思想、宣传十月革命胜利和传播马克思主义的有力阵地，在当时的思想界和广大青年中产生了巨大影响。

岳麓山，因为朱熹创办岳麓书院而闻名于世。从这里既走出了左宗棠、曾国藩等历史人物，也走出了毛泽东、蔡和森、何叔衡等后来选择共产主义作为奋斗目标的共产党人。

与岳麓山大门正对的是一条幽静的小街：周家巷。蔡和森故居与新民学会旧址便坐落在周家巷二号。

“新民学会建党先声，毛蔡寄庐流芳千载。”这是蔡和森的妹妹蔡畅为新民学会纪念馆写的一副对联。毛泽东与蔡和森两人因为志趣相投，成为好朋友，他们与何叔衡、李维汉、郭亮、向警予等人经常聚在蔡和森家，探索救国道路。

1919年11月16日，新民学会部分会员在长沙周南女校合影。后排左四为毛泽东

1918年4月14日，星期天，天朗气清。蔡和森起了一个大早，去离家几百米的湘江边摸了一大篓子的鱼虾。他的母亲葛健豪和大姐蔡庆熙则很早就在厨房里忙活开了。这个贫寒的家庭在租借的这个屋子里，这天要

摆开“宴席”。

在蔡和森家仅有十余平方米的堂屋里，毛泽东、萧子升等13位年轻人挤在一起，经过认真讨论，新民学会正式成立。新民学会取义于《礼记》中“大学之道，在明德，在新民，在止于至善。”这些人当中，蔡和森喜欢兼爱的墨子，毛泽东爱谈进取的孔子；萧子升才华横溢，罗章龙特立独行；何叔衡年过四旬，而20出头的萧三似乎还是个娃娃……他们讨论通过了毛泽东为主起草的会章，确立了“革新学术，砥砺品行，改良人心风俗”的学会宗旨。

1920年11月底至12月初，长沙的共产党早期组织，在新民学会的基础上诞生。

1919年5月4日，北京爆发了声势浩大的五四运动。但是，由于军阀对消息的极力封锁，致使长沙的进步人士对北京的情况知之甚少。为了推动长沙的学生运动，邓中夏从北京来到长沙找到蔡和森，向他介绍了北京的情况。1919年5月25日，新民学会和各校学生代表聚集长沙楚怡学校，听取了邓中夏关于北京五四运动的情况介绍。并初步确定6月3日罢课。

在介绍会上，毛泽东提出应搞一个刊物来宣传先进思想。他的这个建议得到大家的赞同，并确定由湖南学生联合会主办，毛泽东任主编。经过毛泽东等人的精心筹备，1919年7月14日，《湘江评论》在长沙创刊。创刊号刊登了署名毛泽东的《湘江评论》创刊宣言。

在创刊号的宣言中，毛泽东心潮澎湃地指出：“世界什么问题最大？吃饭问题最大。什么力量最强？民众联合的力量最强。”

“湘江，乃地球上东半球东方的一条江。它的水很清，它的流很长。住在这江上和它邻近的民众，浑浑噩噩，世界上的事情，很少懂得。他们没有组织的社会，人人自营散处，只知有最狭的一己，和最短的一时；共同生活，久远观念，多半未曾梦见。他们的政治，没有合意和彻底地解决，只知道私争。他们被外界的大潮卷急了，也办了些教育，却无甚效力；一班官僚式教育家，死死盘踞，把学校当监狱，待学生如囚徒。他们的产业没有开发。他们之中也有一些有用人才，在各国各地方学好了学问和艺术。但没有给他们用武的余地，闭锁一个洞庭湖，将他们轻轻挡住。他们的部落思想又很厉害，实行湖南饭湖南人吃的主义，教育实业界不能多容纳异才。他们的脑子贫弱而又腐败，有增益改良的必要，没人提倡。他们正在求学的青年，很多，很有为，没人用有效的方法，将种种有益的新知识新技术启导他们。咳！湘江，湘江！你真枉存于地球上。

湘江評論

1919年7月14日，《湘江评论》在长沙创刊

"时机到了！世界的大潮卷得更急了！洞庭湖的闸门动了，且开了！

"浩浩荡荡的新思潮业以奔腾澎湃于湘江两岸了！顺它的生，逆它的死。如何承受它？如何传播它？如何研究它？如何施行它？这是我们全体湘人最切最要的大问题，即是《湘江》出世最切最要的大任务。"

毛泽东主张以平民主义（德谟克拉西）来打倒强权。主张彻底研究学术，努力追求真理；群众联合，实行"呼声革命"。《湘江评论》创刊号寄到北京后，李大钊认为这是全国最有分量、见解最深的刊物。

《湘江评论》每周一张四开，约12000字，"以宣传最新思潮为主旨"，深受读者欢迎。《湘江评论》创刊号当天全部销完，后重印了2000多份，仍不能满足群众需要。从第二期起改印5000份。

《湘江评论》虽然只出版了五期，但毛泽东却付出了巨大心血。第一期的所有文章都是毛泽东写的。他不但自己当编辑编稿、排版，而且亲自主笔撰写。

当时毛泽东在修业学校教书，白天没时间，只有用晚上的时间写稿。毛泽东住在学校内一栋旧楼的一间小屋里。夏天，屋里十分闷热，他便脱掉衣服，在昏暗的灯下写稿、编稿，每天总是要写到深夜。当时，晚上小屋内就像蒸笼一样，而成群结队的蚊子也向他进攻。这时，毛泽东的生活仍很艰苦，修业小学给他的工资每月只有几元，吃饭以外就无余剩。他的行李也只有旧蚊帐、旧被套、旧竹席和几本兼作枕头用的书。身上的灰长衫和白布裤，穿得很破旧。

《湘江评论》反帝反封建的目标明确，文风新颖，通俗易懂，笔调尖锐，气势磅礴，切中封建统治的要害。辟有“西方大事述评”“东方大事述评”“湘江大事述评”“湘江杂评”“放言”和“新文艺”等栏目。

1919年8月中旬，第五期刚刚印出，还未发行。一天，湖南军阀张敬尧手下的一名爪牙徐副官带领着七八个士兵闯进学校，几枪托将门楣上的“《湘江评论》编辑部”木牌砸落在地。徐副官接着喊道：“哪个是毛泽东？”

身着灰布长衫的毛泽东闻声而出：“武将叫阵，文人出马，长沙的事情如今也像北京一样奇怪。先生，鄙人姓毛，名泽东。”

“你就是要把洞庭湖开闸的《湘江评论》主编？”

“不开闸门，何以成洪流？不唤起民众，何以反抗专制？你们军人有炸药，若是你们也来参与开闸，一声爆破，何愁湖南的革命形势不一日千里？”

无论毛泽东和学生们怎样据理斗争，《湘江评论》还是被张敬尧下令查禁，湖南学生联合会也被同时勒令解散。

毛泽东生前一直不允许公开发表自己在《湘江评论》上的文章，也不把这些文章收入《毛泽东选集》，主要是因为毛泽东认为在1920年的时候他的思想主要还是无政府主义和空想社会主义，1920年那次到了北京才接受了马克思主义，因此《湘江评论》的文章还不是马克思主义的作品。

# 北大图书馆的管理员

毛泽东在湖南“一师”的老师杨昌济于1918年离开长沙执教于北京大学。杨昌济在举家北迁的当月，他写信给自称为“三豪杰”的毛泽东与萧瑜、蔡和森，谈如何到西方勤工俭学以拯救中国的问题，当时蔡元培等人成立华法教育会，组织赴法勤工俭学活动。成立各种各样的预备学校，为赴法勤工俭学运动的发展准备了必要的条件。

由于急切寻找新出路，毛泽东和新民学会会员讨论了这封信，蔡和森代表长沙方面进京参加赴法筹备工作，毛泽东和另外20人于1918年秋起程赴京，起初是步行，然后坐船到武汉，接着乘火车到达北京。

毛泽东早就想去北京。以杨昌济为桥梁，由《新青年》杂志做媒介，他初步介入了新文化运动。

毛泽东的个人处境与北京的富丽堂皇正好相反。他没有工作，身无分文。

起初，他在杨昌济教授家与看门人同住一间小屋，后来毛泽东和蔡和森、萧子升、罗章龙等七个人就搬到景山东街三眼井吉安东夹道7号居住。八个人像沙丁鱼一样挤在炕上。毛泽东后来回忆说：“每当我要翻身，得先同两旁的人打招呼。”

北京的开销比长沙大。买煤烧炕使他们拮据，每人能有件大衣都成问题。他们只好八个人合买一件大衣轮流着穿，以抵御迅即席卷北京的严寒。

北京景山东街三眼井毛泽东故居

1918年1月，李大钊受校长蔡

元培之邀来到北京大学担任图书馆主任。

杨昌济给李大钊写了封简信，询问能否为一个参加勤工俭学运动而处境窘迫的学生找个工作。

李大钊给26岁的毛泽东在图书馆安排了一份工作，管理第二阅览室即期刊阅览室，月薪八块大洋，报酬较低。报刊阅览室订有上海《申报》《时事新报》《民国日报》，北京《晨报》《京报》《国民公报》《顺天时报》，天津《大公报》，长沙《大公报》以及英文《北京导报》，日文《支那新报》等15种中外文报纸。毛泽东作为书记（即助理馆员），每天的工作除搞好阅览室卫生外，便是整理上架新到的报刊和登记前来阅览者的姓名。美国记者斯诺在《西行漫记》中记载了毛泽东的一段关于北大图书馆的回忆："我的职位低微，大家都不理我。我的工作中有一项是登记来图书馆读报的人的姓名，可是对他们大多数人来说，我这个人是不存在的。在那些来阅览的人当中，我认出了一些有名的新文化运动头面人物的名字，如傅斯年、罗家伦等等。我对头面人物很有兴趣，我打算去和头面人物攀谈政治和文化问题，可是他们都是大忙人，没有时间听一个图书馆助理员说南方话。"

原北京大学"红楼"图书馆旧址

北京大学红楼内第二阅览室曾是毛泽东担任北大图书管理员工作过的地方

1918年8月至1919年3月，毛泽东在北京大学红楼里担任图书馆助理员。

北大红楼是1918年北京大学建

校20周年时落成的，是一座四层的红砖到顶的大楼，红楼的一层主要用作图书馆。

在北大的各个场合毛泽东的地位也同样低，只有在缄口不言时他才能去听讲座。一次，他斗胆向胡适提了一个问题，胡适问提问题的是哪一个，当他得知毛泽东是没有注册的学生时，这位激进而洒脱的教授拒绝回答。

但是，毛泽东渴望涉足知识界的大门。他参加了新闻学研究会和哲学研究会，因为报纸和道德问题是他当时的热情所在。

毛泽东在晚年曾经说过：我不是天才。我读过六年孔夫子的书、七年资本主义的书，1918年到北京大学图书馆当了管理员。我就在这个时候读了马克思列宁主义的书。

这期间，毛泽东读了李大钊的《青春》《法俄革命之比较观》等文章。他经常到李大钊处请教问题，读了一些传播马克思主义的书刊，参加李大钊组织的研讨各种新思潮的活动，并由李大钊介绍加入了北大新闻学研究会。他还在长辛店参加了邓中夏组织的“平民教育讲演团”。他的思想在迅速地发展着、变化着，一步步地成熟起来、清晰起来。

毛泽东喜欢北京古老的文化和悠久的历史。他漫步在公园和宫殿。在西山，在长城，他抒发思古之幽情。面对北海垂柳上的冰凌，他吟诵起唐代诗人的名句，体验着岑参笔下那令人赞叹不已的冰雪晶莹的意境：

“在公园和故宫的宫址，我看到了北国的早春；在坚冰还盖着北海的时候，我看到了怒放的梅花。北京的树木引起了我无穷的欣赏。”

# “欲栽大木柱长天”

1915年，毛泽东进入湖南第一师范学校求学，杨昌济也来到湖南第一师范学校教书，担任修身、教育和伦理学等课程。毛泽东和他的挚友蔡和森、陈昌、张昆弟等人，当时在思想、治学、生活和为人处世各方面，受杨昌济的影响很大。毛泽东曾说过：“对我印象最深的教员是杨昌济，一位从英国回来的留学生；他的生活后来和我有了极密切的关系。他教授伦理学，是一个唯心主义者，一个有高尚道德性格的人。他很坚强地信仰他的伦理学，努力灌输一种做公正的、正义的而有益于社会的人的志愿给他的学生们。”

杨昌济号怀中，世居长沙东乡板仓，所以当时亦被称为板仓先生。他自幼喜读程、朱（程颢、程颐、朱熹）之学，留学日本和英国九年。他与当时一般争学政治、经济、法律、军事等科的留学生不同，在国外专心研究教育和哲学，探求做人的道理。归国时正逢辛亥革命，谭延闿想罗致他做官，当教育司长，他没有应允。他选择了一个冷清的位置，做一个师范教员。他想从教育着手，为国家培植人才。他在第一师范教书六年，1918年应聘北京大学任理论学教授。

第一师范学校的进步青年都团结在杨昌济的周围。大家对他心悦诚服，在教室里听讲非常用心；下课后，毛泽东等更常到“板仓杨寓”去聆教治学、做人方法，或求改正笔记，或谈论天下大事。杨先生非常喜欢这一批青年，特别是毛泽东和蔡和森。

杨昌济（1871.4.21—1920.1.17）

杨昌济提倡人人要有独立奋斗的精神，即使父子兄弟之间也不可互相倚赖。他对于新思想的介绍是不遗余力的。《新青年》出版之后，他就订了几份，分送给毛泽东等人（各班的优秀学生），他自己为《新青年》撰文，并且介绍毛泽东的文章给该刊发表。

杨先生最反对做官，反对混世。他经常劝告学生要有远大理想，要精通一门学问艺业，认真做事，服务社会，不为个人打算。他常说："破坏习惯我，实现理想我。"他讲"子曰：三军可夺帅也，匹夫不可夺志也"时，就对学生们这样说："意志之强者，对于己身，则能抑制情欲之横恣；对于社会，则能抵制权势之压迫。道德者克己之连续，人生者不断之竞争。有不可夺之志，则无不成矣。"

杨昌济讲修身时说："吾无过人者，惟于坚忍二字颇为著力，常以久制胜；他人以数年为之者，吾以数十年为之，不患其不有成就也。""余尝谓天才高者，其成就或反不如天才较低者之大，要视其坚忍之力如何耳。"并且举达尔文创进化论、斯宾塞尔著《道德原理》、司马光著《资治通鉴》都是用了一二十年的工夫为例，来说明毅力的重要。

关于办事方面，他主张："凡办一事，须以全副精力注之，始能有成功，而不致失败。人之精力有限，故任事不可过多；任事过多，则神散而力分，必至事事均办不好。""凡人欲在社会建功立业者，宜深谋远虑，动之万全，不可孤行己意，不顾利害。""凡办事有一定的顺序，吾人当按顺序徐徐办去，终有成功之时。不可欲速，欲速则反迟矣。"他举例说："王安石变法之失败，是由于事先缺乏宣传，而孤行己意；谭嗣同谋慈禧之失败，是由于没有做到深谋。"

杨昌济在黑板上写下一副对联鼓励同学们：

强避桃源作太古，
欲栽大木柱长天。

杨先生最看重毛泽东和蔡和森。他说：“我有两个好学生，一个叫毛泽东，一个叫蔡和森，如果好好培养，将来一定是国家的栋梁。”

毛泽东和蔡和森两人组织另外六位进步同学（其中有邓中夏），每个星期日到杨昌济家中来听讲学，中午就在杨先生家中吃饭，下午才回家。毛泽东从1913年到1918年的五年中，每个星期日都来，从未间断。

杨昌济1918年离开长沙，去北京大学教书。这年，25岁的毛泽东也从第一师范学校毕业了。他也来到了北京。

就是在此期间，毛泽东和杨昌济先生的女儿杨开慧相识而相爱了。这与章士钊的从中撮合分不开。

章士钊（1881—1973），湖南长沙人，字行严，笔名黄中黄、秋桐等。他清末任上海《苏报》主笔；辛亥革命后，曾任北京大学教授，北京农业学校校长，广东军政府秘书长、南北议和南方代表；1924年任段祺瑞执政府司法总长。

章士钊是近代著名政治和社会活动家、教育家、法学家。他一生阅历丰富，学识渊博，经历奇特，有过不少“独一无二”的创举。

章士钊第一个称孙文为“孙中山”。孙中山名文，号逸仙，辛亥革命前在日本曾化名“中山樵”。1903年，章士钊为了宣传孙中山，翻译编写了一本《大革命家孙逸仙》的小册子，书中他取“中山樵”化名中的“中山”（日本姓氏）二字，缀以孙先生之姓，称之为“孙中山”。从此孙中山的英名尽为人知，孙先生对此也表示认可。

1912年，章士钊自上海初抵北京，在老友杨度的带领下前往“公府”见到了赏识自己的大总统袁世凯。袁世凯让章士钊住进了自己在府外的家里。1913年3月20日晚，章士钊正在总统家里与袁世凯共进晚餐时，他在日本的旧友、国民党的宋教仁在上海火车站遭暗杀的电报传来。袁世凯正是暗杀的主谋，便拿着电报叹道：“遁初（宋教仁的字）可惜，早知如此，何必当初？”章士钊听出了话外音，第二天即逃往上海。在上海的家中，他宴请了孙中山等人，鼎力促成各方共同讨袁。数月后，南方各省讨袁军的檄文即出自章士钊之笔。

章士钊又是中国政府首脑采用"执政"名称的首倡者。1924年，段祺瑞出掌北洋政府，延请章士钊入阁任教育总长。章即建议段不称总理而称"执政"，被段祺瑞采纳。

早在南京陆师学堂当学生时，章士钊就认识了皖籍志士陈仲甫，第二年他又与陈在上海饿着肚子办报。他和陈不但不出门，连头也不洗，衣也不换了。终于有一天早晨，见到陈的衣服上星星一样繁多的虱子后，他忍不住惊呼起来！后来，他俩又一道在日本参与革命活动，而仲甫先生正是在他的《甲寅》上刊发文章时，首次启用了"独秀"的笔名。

章士钊与李大钊的相识也是以文会友。《甲寅》曾收到一篇论文，章士钊读后，"惊其温文醇懿，神似欧公，察其自署，则赫然李守常也。"欧公，即宋代大家欧阳修。章士钊便写信请这位守常来见。从此，两人成了"从无间断"的好朋友。回国后，他把年轻的李大钊介绍到《晨报》当编辑和到北大当图书馆主任。章士钊的夫人吴弱男是李大钊女儿的干妈，而李大钊则是他儿子们的课外老师。

李大钊接任北大图书馆主任后，章士钊又将同窗好友杨昌济介绍来北大教伦理学，而杨昌济又把毛泽东介绍给了李大钊。

在毛泽东的革命生涯中，章士钊给了他三次帮助。

第一次是促成了毛泽东与杨开慧的婚姻。

在北京期间，毛泽东进一步结识了杨昌济的女儿杨开慧。这时的杨开慧已长成一个大姑娘了。

杨开慧比毛泽东小八岁，长相漂亮，才华不凡。毛泽东经常与杨开慧来往，引起了杨昌济教授和一些朋友们的注意。杨教授对于女儿的婚事，还没有最后下决心。

有一天，杨昌济的乡友章士钊到杨家来做客。

宾主同坐在客厅里，这时杨开慧来沏茶。

待杨开慧离开客厅后，章士钊随口问道："令爱是否许配人家？"

“还没有。”

“有位叫毛泽东的青年与开慧现在有些往来。他原来是我的学生，就学识来说，是很不错的，就人品来说，也不错。可有位先生曾对我说；毛泽东行动举止与众不同，长长的头发，不修边幅，是个‘克星’，劝我不要将女儿许配与他。”

杨昌济曾写信向章士钊郑重介绍过毛泽东、蔡和森：“吾郑重语君，二子海内人才，前程远大，君不言救国则已，救国必先重二子。”好友如此隆重地推出的人，已让章士钊格外留意。

“有机会，您是不是让我见见毛泽东？”

不久，在章士钊举行的一次讲座上，有人告诉章士钊，毛泽东就坐在几排几号。

章士钊讲课时，目光老盯着毛泽东，只见他坐在人群中，比一般的学生高出半个头，长长的头发朝脑后梳去，露出宽宽的额头。听课时，他全神贯注，很少记笔记，偶尔记上几笔，写字的动作十分潇洒、利索，举止落落大方。章士钊心中暗喜。

讲座后，章士钊顾不得回宿舍，匆匆地来到杨昌济家里。

章士钊还来不及坐下，就冲着杨昌济说：

“杨先生，您不要犹豫了，赶紧把小姐许配与毛泽东。毛泽东长相不凡，将来定能成大事。”

很快，杨昌济同意了毛泽东与杨开慧的婚事。

毛泽东大感不解地问杨开慧：“你父亲对我们的婚事原来总是不表态，这下怎么突然来了个一百八十度的转变？”

杨开慧一五一十地把章士钊给毛泽东看相的经过告诉毛泽东。

第二次是借钱支援毛泽东组织的一批青年去法国勤工俭学。

杨昌济为了让一些青年人更多更快地学习革命真理，他向当时的政府提出一项建议，即从“庚子赔款”中取出些费用组织一批优秀青年到国外去学习。杨昌济写信给北洋政府的财政部部长章士钊，章士钊同意了。

1919年10月，在毛泽东的组织下，蔡和森、李富春、李维汉、王若飞、蔡畅、郭春涛等一批青年同赴法国勤工俭学。行前，他们在长辛店办了留法预备班，由李大钊、杨昌济来讲课。

预备班结业时，宣布名单中却没有了毛泽东。一天晚上，郭春涛问起毛泽东为什么不去留法。毛泽东语重心长地说：“春涛，我们去一些人到法国，目的是学习革命。你们这一批去，以后还有第二批、第三批学习革命。但是，中国革命也要有人在中国扎根，扎根深了，如你们回来一结合，力量就大了，我就是准备在中国扎根的。”

毛泽东决定不出国留学。他认为他“对自己的国家还了解不多，我待在中国或许更有用”。毛泽东后来给好友周世钊的信中写到：我觉得求学实在没有“必要在什么地方”的理，“出洋”两字，在好些人只是一种“谜”。中国出过洋的总不下几万乃至几十万，好的实在很少。多数呢？仍旧是“糊涂”，仍旧是“莫名其妙”。

毛泽东认为：“世界文明分东西两流，东方文明在世界文明内要占个半壁的地位。然东方文明可以说就是中国文明。吾人似应先研究过吾国古今学说制度的大要，再到西洋才有可资比较的东西。”

毛泽东关于留学问题的这些观点和议论，其实受到胡适之和杨昌济两人的影响。胡适之认为本国办了好的大学，就不一定都要出国了。而杨昌济虽多次出国留学，但更看重的是国文和国学知识，认为这关系到中国传统的精神财富。外语再好，不知国情，又有何用。他在《劝学篇》中写道：“盖能有志，即在国内未尝不可为学也。……余曾留学日本，又曾留学西洋，受益孔多，良堪自幸，然以余自知之明，余即不往西洋，专在日本，亦可以为学；即令不去日本，专在本国，亦未尝不可为学。”

1920年，毛泽东为这一批学生去法国勤工俭学的事，到了上海。那时，章士钊也在上海，毛泽东和蔡和森带着杨昌济的介绍信找到章士钊，请他资助

1963年7月，毛泽东与中央文史研究馆馆长章士钊（左一）交谈

一笔钱。

当时湖南督军赵恒惕倡导联省自治，旅外湘人群起反对，赵恒惕寄给章士钊一笔款子，请他在同乡中代为疏通。他即从这笔款中拨出2000元资助这两位青年。

2000元，这可是一笔巨款。以币值计算，当时的2000银圆，至少合解放后的人民币2万元。所以后来毛泽东说要偿还2万元债务。

第三次是让在重庆与蒋介石谈判的毛泽东赶快回延安。

1945年，毛泽东到重庆和蒋介石谈判时，曾与章士钊面晤。毛泽东提起1920年为解决留法勤工俭学的朋友们的旅差费向章求援之事，表示感激，章士钊听了非常感动。

谈判后期，有一天毛泽东会见章士钊，问他对谈判的看法。章士钊在手上写了一个“走”字，并小声说：“三十六计，走为上策。”

毛泽东有恩必报。新中国成立后，章士钊曾任政务院法制委员会委员，全国人民代表大会常务委员会委员，政协全国委员会常务委员，中共文史研究馆馆长。

1919年12月18日，毛泽东率领“驱张运动”代表团第二次来到北京，有时就住在杨开慧家。经过一年多的鸿雁传书，毛泽东和杨开慧的关系更加亲密了。

一天，杨开慧看到毛泽东晒在竹竿上的一件衬衣破了，便取下来为他缝补。

此事被杨开慧的母亲看见后，老太太非常高兴，她告诉杨昌济：

“开慧帮毛先生补衬衣了，她还从来没有补过衣服呢！”

杨昌济当时已重病在身，听到这话，脸上露出了欣慰的微笑。

杨开慧在《六岁到二十八岁》一文中说"听到他许多的事，看见了他许多的文章和日记，我就爱了他。婚前有差不多两年的恋爱生活，我觉得为母亲而生之外，是为他而生的，假如他被人捉着去杀，我一定要同去共这一个命运。"

1920年1月17日，一代学人杨昌济先生不幸在北京德国医院病逝。

巨大的悲痛袭击着杨开慧一家。毛泽东也沉浸在无比悲痛之中，他以半生半婿的身份，倾全力协助杨家料理后事。1月20日，毛泽东参加在沙滩北京大学校园内小礼堂举行的杨昌济追悼大会，并宣读了"治丧辞"，悼念恩师。

1月下旬，在毛泽东的安排下，开慧兄妹等人扶柩南下，将杨昌济归葬于长沙板仓。

不久，毛泽东与杨开慧又双双回到长沙。毛泽东就教于一师附小，杨开慧则在父亲生前好友李肖聃先生（李淑一的父亲）的帮助和关照下，进了由美国人创办的教会学校福湘女中。

这所学校中，美国传教士统治一切，教学规定《圣经》"四书"为必读课，繁杂的"校规"和"守则"对学生的束缚很大。深受新思想影响的杨开慧不甘于这种束缚。她常常去第一师范学校找毛泽东谈心。每次杨开慧都要带回许多进步书籍和报纸。这使杨开慧更具备了反叛性格。

杨开慧是学校唯一剪短发的学生。这对当时妇女界还流行着蓄长发的旧风俗是一个猛烈冲击。为此，学校曾怀疑这个北京来的学生是"过激党"。对此，杨开慧不予理睬。她认为，留什么样式的头发是她个人的自由，别人无权干涉。在她的影响下，学校的一些学生也学她的样子剪起短发来。

在福湘女中期间，周南女校的一个英语教员逼死了出身贫寒的妻子，而学校当局却置若罔闻，不采取任何措施。杨开慧得知后，义愤填膺，她对毛泽东说："这是反动势力压迫我们的罪证！"

杨开慧根据毛泽东的意见，在《湖南通信日报》和福湘、周南的校刊上发表文章，大造舆论，迫使学校当局对这件事做出处理。这期间，杨开慧在这些刊物上发表了《向不平等的根源进攻》《呈菜世伯的一封信》等白话文章，在抨击封建道德和礼教的同时，提出男校开放女生的主张。

离开福湘女中后，杨开慧在毛泽东的支持下，串联福湘、周南两个女校的五名女同学，冲破重重阻力，毅然进入岳云中学第十四班学习，成为湖南男子中学中的第一批女生。

1920年5月，毛泽东在驱张运动取得胜利后，取道上海回长沙。在上海，毛泽东去拜访了陈独秀。陈独秀寓所分上下两层，窗明几亮、清新开阔。这次，毛泽东和陈独秀谈到回湖南组织一个“改造湖南联盟”（类似工读互助团）的计划。北京成立工读互助团时，陈独秀是热心人之一，当时还捐款大洋30元。但胡适、李大钊、戴季陶、王光祈认为工读互助团办不下去，陈独秀认为办得下去。因为工读互助团不需要养家，不需要还利息，不被资本家夺去剩余价值，来上海后，陈独秀主张在上海也办一个工读互助团。

谈话中，陈独秀劝毛泽东读一点马克思的书。向他推荐了陈望道最近翻译的《共产党宣言》以及《阶级斗争》《社会主义史》等书。陈独秀说：“马克思说，劳动者和资产阶级战斗，不能不组成一个阶级，不能不用革命的手段去占领权力阶级的地位……”见毛泽东兴趣很浓地听自己侃侃而谈，陈独秀呷了一口茶，又将自己读书的感受大大地畅叙了一番。

分手时，陈独秀答应请亚东、群益书社周转经费，帮毛泽东在湖南创办文化书社，介绍俄罗斯和马克思主义著作。从这时起，毛泽东转变为一个坚定的马克思主义者。1936年，毛泽东和斯诺提到这次晤谈：“陈氏的坚决信仰深刻印在我的脑中，成为我一生转变的原因……在我的生活中，这一个转变时期，可以说陈独秀对我的印象是极其深刻的。”“他对我的影响也许超过其他任何人。”

毛泽东先后在北京和上海活动了半年，1920年7月，毛泽东由上海返回湖南。他兴致勃勃，迈着轻快的步子来找杨开慧。这次重逢，两人分外高兴。毛泽东邀请杨开慧去省学联帮他工作，杨开慧欣然答应。

杨开慧在毛泽东领导的湖南学生联合会中担任宣传干事。她朝气蓬勃，废寝忘食，日夜奔走于各学校之间，开展宣传鼓动工作，深得毛泽东的赞扬。

毛泽东回到湖南后，开始以主要精力从事创建中国共产党的活动。为了进一步传播马列主义，宣传新思想，为建党做好思想上理论上的准备，毛泽东决定创办"文化书社"，以发行马列主义书籍和进步报纸。但是，在筹办过程中，毛泽东遇到了经费困难。

为了筹集经费，毛泽东奔走各方，四处协商，甚至把自己微薄的薪水都全部奉献了，然而经费还是没凑足。

杨开慧目睹这一切，心急如焚。

她想到了父亲杨昌济病逝时，北京的朋友们曾赠过一笔祭奠费，还剩下一部分。但杨开慧又犹豫了，由于父亲的去世，家里生活日渐困窘，这是轻易不能动用的。但她又不忍心看到为经费奔波而消瘦的毛泽东。想到这里，杨开慧决定同母亲商量。

母亲听后叹了一口气："唉！要是你爸在世就好了，他会想办法资助一些。"

杨开慧见母亲这么关心毛泽东，便以试探的口气说：

"妈，爸逝世时，北京的朋友赠送了一笔奠仪费，不知道现在还剩不剩？是不是可以拿出来援助一下润之？"

"剩是剩一点，但是……"母亲面有难色。

杨开慧知道自己为难了母亲。自从父亲逝世后，全家的生活重担落在了母亲身上，这笔钱，可以说是全家的救命钱。杨开慧停顿了一会儿，说：

"妈，润之办书社是件大事。从前您和爸爸也常常教诲我，要做一个对社会有益的人。润之办书社就是为了改造中国与世界，他想传播马列主义，宣传新文化运动，使广大民众懂得救国的道理，启发工农大众的革命觉悟，打倒帝国主义，推翻封建统治。到那个时候，我们大家都过上好日子，都有饭吃，有衣穿。目前生活困难点，少吃一口，少穿一点，只是暂时的，我们艰苦一点，也能克服过去。"

女儿的一片真情打动了母亲的心。

在杨开慧的协助下，毛泽东创办的文化书社不断发展壮大，在长沙城内设了七个贩卖部。书社同全国有业务往来的书报社达70家；上海的陈独秀、北京的李大钊都是书社的“信用代表”；同武汉恽代英办的利群书社结成了姊妹关系；很快在平江、浏阳、衡阳、宝庆等七个县建立了分社。此时的文化书社，实际上成了毛泽东建党活动的重要联络点。他们经常在这里集合开会，来自全国各地的信件也都由文化书社收转。文化书社为在湖南传播新文化、传播马克思主义和初期建团、建党起了巨大的作用。

1920年冬天，杨开慧成为中国社会主义青年团在湖南发展的第一批团员。

不久，1920年冬天的一个上午，杨开慧不备嫁妆，不坐花轿，不要伴娘，也没有送亲客，独自一人提着一个装着衣服的小提箱，来到了毛泽东的住处——长沙妙高峰下的青山祠湖南省第一师范教员宿舍。

油画：《毛泽东与杨开慧》

那天晚上，由毛泽民的爱人王淑兰和陈昌的爱人毛秉琴临时到街上买了六元钱的菜和饭，请了在长沙的何叔衡、易礼容、彭璜、陈昌等几位挚友，为毛泽东和杨开慧举行了一个自由简朴而又新式的婚礼。在当时的社会礼俗背景下，这样的新婚仪式，本身就是毛杨二人对封建礼教的一次有力宣战。

1921年，毛泽东为杨开慧写了一首情深意长、缠绵悱恻的诗。新婚离别，虽然每次时间不是很久，但这一次一次短暂的分别，却深深加剧了毛泽东对杨开慧的眷恋。终于有一天，毛泽东从外地考察回长沙后，交给杨开慧一个信封，以诗人特有的表达方式，写下了《虞美人·枕上》，表达了对爱妻的眷恋和思念之情。

堆来枕上愁何状，
江海翻波浪。
夜长天色总难明，
寂寞披衣起坐数寒星。
晓来百念都灰尽，
剩有离人影。
一勾残月向西流，
对此不抛眼泪也无由。

这是毛泽东第一次为自己的爱妻写诗，也是他写的第一首婉约派爱情诗。

1994年12月26日，《人民日报》于毛泽东101周年诞辰时公开发表了这首词，后被选入1996年9月中央文献出版社出版的《毛泽东诗词集》。

1927年9月底一个月淡星稀的夜晚，毛泽东把杨开慧母子几人悄悄送回了板仓老家。在板仓杨开慧简陋的卧室里，毛泽东夫妻一别，就再也没有相见。

杨开慧与毛泽东的夫妻生涯是在毛泽东秘密工作中度过的。杨开慧对毛泽东的忠诚与爱，更是难以言喻。开慧知道，与毛泽东再次见面，难于上青天。所以，她把她的爱，倾诉在字里行间，藏在墙缝屋角。她想，这感情的记载，终会传到毛泽东手里，那就死而无憾了。实际上，这是用血泪写成的七篇散记。直到1982年3月10日，工人们在修缮杨开慧烈士的故居时，打开卧室后墙，一摞杨开慧的手稿惊现于世人面前。最后一篇是1990年再度修缮她的卧室时，在室外屋檐下霍然露出的，那是1930年1月28日写的：

几天睡不着，我简直要疯了，许多天没有信，天天等。

我不要这样悲痛，孩子也跟着我难过，母亲也跟着难过。

即使他死了，我的眼泪也要缠住他的尸体。

一个月一个月半年一年以至三年。

他是很幸运的，能得到我的爱，我真是非常爱他的哟。

不至于丢弃我，他不来信一定有他的道理！

我要吻他一百遍，他的眼睛，他的嘴，他的脸颊，他的额，他的头，他是我的人，他是属于我的。

杨开慧对于毛泽东的爱是伟大真挚的，她渴望有个男人守望在身旁，然而，她心无旁骛，只爱毛泽东。

同样，毛泽东也深爱着杨开慧。

1923年4月，湖南督军赵恒惕下令通缉毛泽东，他只身去上海，那时杨开慧已怀了第二个孩子岸青，不能随行。毛泽东12月底又从上海去广州，取道长沙。惜别爱妻，在南去列车上用铅笔写下《贺新郎·别友》一词向杨开慧倾诉：

挥手从兹去，更那堪凄然相向，苦情重诉。

眼角眉梢都似恨，热泪欲零还住。知误会前番书语。

过眼滔滔云共雾，算人间知己吾和汝。

人有病，天知否？

今朝霜重东门路，照横塘半天残月，凄清如许。

汽笛一声肠已断，从此天涯孤旅。凭割断愁丝恨缕。

要似昆仑崩绝壁，又恰像台风扫寰宇。

重比翼，和云翥。

1924年夏天，杨开慧和母亲一起，带着两个孩子，来到上海毛泽东身边，住了半年多，因毛泽东身体不好，带着全家人回到韶山冲老家养病，毛泽东在家乡成立了中共韶山党支部。毛泽东去广州不久，开慧又带着孩子到了丈夫身边，在那儿住了一年多，湖南农民运动高潮中，全家又回到长沙，住进了望麓园的一所房子里。

毛泽东参加中央“八七会议”后，作为党中央特派员，回湘领导秋收起义。

结婚八年来，一家人颠沛流离。

1927年9月，毛泽东领导秋收起义失败后，带着工农革命军上井冈山，杨开慧及三个孩子，只好寄居在板仓娘家。

从此，天各一方。

终于在1928年10月，两人分离一年后，杨开慧收到了毛泽东的一封信。那是毛泽东上井冈山之后，用暗语给杨开慧写的信，信里大意是说，我在这里做买卖，赚了钱，生意兴隆，信里还提到自己的脚伤一直没好……

毛泽东的信被送到长沙一个叫罗家铺子的地下交通站，家中保姆孙嫂每隔几天就到那里看看有没有信件什么的。

等毛泽东的这封信辗转到杨开慧手中时，距离写信的时间已经过去了大半年。就这样，也让杨开慧激动万分，毕竟丈夫他还活着。

杨开慧看着毛泽东的信，不觉百感交集，她写了一首怀念毛泽东的诗《偶感》：

天阴起朔风，浓寒入肌骨，念兹远行人，平波突起伏。足疾已否痊，寒衣是否备，孤眠谁爱护，是否亦凄苦？书信不可通，欲问无人语。恨无双飞翮，飞去见兹人。兹人不得见，惆怅已无时。

这封信之后，杨开慧再没有收到毛泽东的任何信件。杨开慧曾多次通过地下组织要求去苏区找毛泽东，但长沙的党组织见她身边拖着三个孩子，加之反动派对井冈山重重封锁，无法批准她的要求。

杨开慧的处境是十分危险的，板仓离长沙也仅百十公里。自从1927年“马日事变”以来，板仓被杀害的革命群众就有460多人。所以，她随时都有生命危险。

要革命就会有牺牲，对于这一点，杨开慧是有思想准备的。

朱德妻子伍若兰在长沙司门口枭首示众，正好让开慧目睹惨状。

杨开慧也做好自我牺牲的心理准备，只是，舍不得三个活泼可爱的孩子啊！岸英8岁，岸青7岁，岸龙才3岁。

自己死不足惜，孩子托付给谁？在万般无奈的情况下，她给堂弟杨开明写了一封托孤的信：

> 一弟：我好像看见了死神——唉！它那冷酷严肃的面孔！说到死，本来而（于）我并不惧怕，且可以说是我喜欢的事，只有我的母亲和我的小孩，我有点可怜他们！我决定把我的孩子们托付你们，经济上只要他们的叔父长存，是不至于不管他们的，且他们的叔父是有很深的爱对于他们的。

1930年10月，杨开慧被捕，何健听说杨开慧被捕，如获至宝。他派了长沙一家有影响的报馆的记者去看杨开慧。杨开慧问他：“你是何健派来的吧？要知道没有他的批准你是进不来的。”记者忙说：“不要误会嘛。鄙人供职的报馆是长沙最开明最进步的报纸。长沙各界人士看在你父亲杨昌济老先生的面上，愿保你出狱，敝报乃是推动保释活动的喉舌。现在代表们已经和何健谈妥了，一不要你写悔过书，那是对人格的侮辱；二不要你交出地下共党的名单。只要你答应一个条件马上就能出狱。”杨开慧警惕地问：“什么条件？”记者缓缓地说：“发表一个声明，和毛泽东脱离夫妻关系。”杨开慧一口拒绝：“这是绝对办不到的事。我对毛泽东的爱超过我爱自己的生命。”记者听了连连点头：“敬佩，敬佩。杨先生，你的人格真伟大。”杨开慧又说：“要我声明同毛泽东脱离夫妻关系，是根本不可能的事。我们是夫妻，更主要是战友，宣布脱离关系就意味着政治上、信仰上的背叛，是我的人格所绝对不能容忍的。”记者听了，感佩地说：“有其父必有其女。杨先生，你真不愧是杨昌济老师的女儿。”说完走了。

1930年11月14日凌晨，一队全副武装的士兵来到陆军监狱。看守长站在院子里，长号一声：“提杨开慧！”难友们只见杨开慧穿了件新白布上衣，外面罩着蓝旗袍，在两个看守的监视下，缓缓地从监房里走出来。8岁的长子毛岸英在后面哭着叫“妈妈”，但杨开慧看也不看，她不想让敌人捞取政治上的好处。监斩官看着后面被看守拦住的哭叫着的毛岸英，叹口气说：“杨先生，作为一个母亲，你真的能割舍下三个年幼的孩子？你现在愿意和毛泽东脱离关系还来得及。”杨开慧摇摇头说：“你们就不要枉费心机了，头可断，信仰绝不能变。”监斩官叹口气又问：“你还有什么遗言吗？”杨开慧说：“请告诉我的亲属，我死后不要作俗人之举。”监斩官点点头说：“你就放心吧，我一定把你的话转告杨老太太，三个孩子也都让他们领走抚养。”下午1点，杨开慧在长沙市中心的识字岭刑场英勇就义，时年29岁。

杨开慧不幸遇难的消息由报纸传递给了毛泽东。这天，毛泽东正在吉安的司令部里草拟文件，贺子珍把部队抢来的报纸送给他。毛泽东翻着报纸，忽然长沙《民国日报》上的一条消息赫然入目：“共党要犯毛泽东之妻杨氏开慧昨被处决。”顿时，毛泽东一阵晕眩，贺子珍赶快扶住了他。毛泽东用双手捂住脸，“呜呜”地哭了起来。贺子珍一愣，拿起报纸一看，一切都明白了，眼泪大颗大颗地掉了下来。毛泽东哭了一阵，呜咽着说：“你拿一些钱来。”说罢哭着写起信来：“……开慧之死，百身莫赎……”信写好后，毛泽东托人把信和一百块大洋捎给开慧的母亲。杨老太太和开慧的哥哥开智等亲属用这笔钱在板仓给开慧修了墓，立了一块石碑，碑上刻着“毛母杨开慧墓，男岸英、岸青、岸龙刊、民国十九年冬立修”。

毛泽东于1928年在井冈山与贺子珍结婚，有其特殊历史原因。

毛泽东上井冈山后，毛十分牵挂杨开慧。因当时党的地下交通已被敌人破坏，他就动员茅坪一个小店主吴福寿下山打听消息。第一次，比毛泽东大29岁的吴福寿到了湖南茶陵和酃县，没有打听到。毛泽东又提供杨开慧具体住址请他到长沙一带打听。第二次，吴福寿到了长沙，按地址也没有找到杨开慧，听到的却是杨开慧已被敌人杀害了的消息。吴福寿上山把这一消息告诉了毛泽东、袁文才和王佐。后来，毛泽东生病了，袁文才、王佐这才安排贺子珍照顾，并力促毛泽东和贺子珍结合。

当时，吴福寿自湖南长沙回到茅坪，当夜来到八角楼向毛泽东复命。在毛泽东几次心情急迫的询问下，吴福寿才深缓地说了一句：“毛委员，看来你们很难相见了。”毛泽东闻言大为吃惊，又问到底是怎样的情况？吴福寿只是难过地摇头，并不言语。毛泽东心里明白了，不再问什么，只是内心痛苦，情不自禁地流下泪水。两人在楼上默坐了一阵，毛泽东忽然起身走到窗前的桌子旁边，从抽屉里拿出一张细毛边纸，坐下来用毛笔填上一首词，默默无言地交给吴福寿。吴接过在手，见毛泽东所写的是抄录南唐后主李煜的《相见欢》一词，词文如下：

林花谢了春红，太匆匆。无奈朝来寒雨，晚来风。
胭脂泪，相留醉，几时重？自是人生长恨，水长东。

吴福寿读罢诗词，自是明知毛泽东的心情，想到应该回填一词，以为慰藉。粗通词文的银匠向毛泽东要过一张细毛边纸，坐于桌前对窗外凝思少时，照着毛泽东抄录的《相见欢》，写下这样一首词：

霜染层林叶红，总匆匆。无奈朝沐寒雨，晚穿风。

关山重，心里话，恨难穷，长夜梦念亲人，难觅踪。

毛泽东接过吴福寿填写的词文，默读了两遍，将目光落在对方脸上，用力地点点头，然后轻声说了一句："福寿，知我者算你呀。"

吴福寿听了为之感动，以安慰的语气对毛泽东说道："毛委员，不要太难过了，也许是我打探得不准。"说罢起身打算告辞。而这时的吴福寿又转念一想，对毛泽东说："毛委员，这字笔留给我作纪念吧。"毛泽东听后点首回道："不见弃的话，你拿去吧。"

毛泽民的妻子朱旦华曾说："我听毛泽民说过，1927年9月至1928年长沙到井冈山秘密交通被敌人切断，井冈山上听到杨开慧已被敌人杀害，袁文才这才安排贺子珍照顾毛主席起居，后来在一座庙里为他们办了简单酒水。"（马社香：《对毛泽东婚姻家庭的几点认识——朱旦华访谈录》，《党的文献》2012年第5期）

杨开慧牺牲后，毛泽东对她的追念一直没有停止过。1957年，毛泽东接到开慧少女时代的同窗好友，也是毛泽东的战友柳直荀烈士的遗孀李淑一怀念柳直荀烈士的一首词后，当即和了一首《游仙》，词曰：我失骄杨君失柳，杨柳轻扬直上重霄九。问讯吴刚何所有，吴刚捧出桂花酒。寂寞嫦娥舒广袖，万里长空且为忠魂舞。忽报人间曾伏虎，泪飞顿作倾盆雨。

# 二 党的主要创建人

1921年，中国共产党的成立是中国近现代史上开天辟地的大事件。毛泽东是中国共产党的创始人之一。

毛泽东曾说，自从有了中国共产党，中国革命的面目就焕然一新了。

# 湖南小组的发起人

毛泽东是湖南共产主义小组的主要发起人。

在他走上革命道路的初期，他深受陈独秀的影响。

五四时期的陈独秀是中国最先进思想的代表，与中国共产党建党时的其他领导人大都是师生关系。

陈独秀学识渊博，懂日、英、法三种文字，工宋诗，写隶书，旧学有根底，新学造诣尤深。他和胡适等参考日文、英文的标点，为现代汉语确定了一整套标点符号（古汉语不用标点，断句极难）。

据毛泽东向斯诺回忆，是《新青年》改变了他的人生取向。毛泽东还认为，在北京时他受陈独秀的影响最大。

建党前，毛泽东曾三次会晤陈独秀。

第一次是在北大图书馆工作时，他见到了仰慕已久的陈独秀。

李大钊
（1889.10.29—1927.4.28）

陈独秀
（1879.10.9—1942.5.27）

据史料记载，这次晤面所谈，非常短促，其内容不外乎是新民学会在《新青年》杂志影响下的有关发展情况。就是这样一次短暂的谈话，却让毛泽东兴奋不已。

他高兴地对杨开慧说：“我今天见到陈独秀了。陈先生见解精湛，敢作敢为，正是国家所需要的栋梁之材。这几天，我在北京接触了不少人，他给我的影响恐怕是最大的了。”

毛泽东和陈独秀的第二次见面是在1920年1月初的一天。这时，因五四运动散发传单被捕的陈独秀，被保释在家养病，毛泽东到北京箭杆胡同9号拜访陈独秀。

五四时期，毛泽东在湖南办了《湘江评论》，这次带一班湖南人进京请愿，要求驱走湖南军阀张敬尧。《湘江评论》创刊于1919年7月14日，连载了毛泽东的《民众大联合》长文。

胡适在《每周评论》36号上写文章推荐说，这篇文章“眼光很远大，议论也很痛快，确是现今的重要文字”。

在《湘江评论》创刊号上，毛泽东发表了《陈独秀之被捕及营救》一文，称陈独秀为“思想界的明星”：“陈君曾自说过，出试验室，即入监狱。出监狱，即入试验室。又说，死是不怕的。陈君可以实验其言了。我祝陈君万岁！我祝陈君至坚至高的精神万岁！”

在会见中，当谈到驱张运动时，陈独秀赞扬道：“我觉得你们湖南人的精神十分可贵，懂得生命的价值。个人的生命最长不过百年，真生命是个人在社会上留下的永远生命。我很赞赏你们驱张，也赞成你们打算组织‘改造湖南联盟’的计划。”最后，陈独秀答应毛泽东，作一篇《欢迎湖南人的精神》，支持驱张运动。这次见毛泽东，陈独秀增添了对湖南青年人的好印象，趁着余兴未了，他研墨挥毫，写道：“我听了这类声音，欢喜极了，几乎落下泪来！”陈独秀以他在新文化运动中的领袖地位，在当时受到全国进步青年的敬仰。

1920年夏天，驱张运动胜利后，毛泽东取道上海回长沙。在上海，毛泽东拜访了陈独秀。这是两人的第三次晤面。

这次见面，陈独秀同毛泽东谈了很多马克思主义的东西，并以一个共产主义者炙热的革命情怀感染了毛泽东。

从这时起，毛泽东转变成了一位信念坚定的马克思主义者。

这次交谈中，陈独秀还委托给毛泽东一个重要任务：回湖南组建该地区的共产主义小组。

在上海的党组织成立以后，陈独秀和李达便把建党情况及《中国共产党党纲》起草情况，写信告诉了毛泽东，还寄去了《共产党》月刊和社会主义青年团章程，委托毛泽东在长沙建党。

1921年1月1日至3日，在长沙的新民学会会员聚集于潮宗街文化书社，召开新大会。毛泽东详细介绍了在法国的新民学会会员召开蒙达尼会议的情况以及肖旭东、蔡和森、李维汉的来信。

原来，1920年7月6日至10日，在法国勤工俭学的新民学会会员就已在离巴黎不远的蒙达尼蔡和森住处开了五天会议，就“改造中国与世界”的方法问题，激烈讨论，针锋相对，“大话小话都说遍了”。以蔡和森为首的多数同志主张立即组织共产党，走俄国的道路，通过彻底的革命以改造中国社会，特别注重无产阶级专政和“万国一致的阶级色彩”。而萧子升等人则持反对意见，“不认可用一部分的牺牲，换多数人的福利；主张温和的革命……以工会、合作社实行改革之方法。其意颇不认俄式革命为正当，而倾向无政府之新式革命，比较和而缓，虽缓然和。”

蔡和森和萧子升都从法国写信给留在国内的毛泽东，请他评判两人的看法。

元旦这天的会议，由何叔衡主持，毛泽东报告开会理由及学会经过，并表决会议的重点是：讨论新民学会以什么做共同目的？达到目的须采用什么方法？方法进行即刻如何着手等三个问题。

会议对这三个具有连带关系的问题合在一起进行讨论。毛泽东发言将在法国勤工俭学的蔡和森、萧子升等会友此前讨论的经过和结果告之大家。讨论了一个上午，并未得出结论。1月2日继续第一个问题的讨论并表决。当时采用的表决方式是“起立”。表决主张以“改造中国及世界”为新民学会共同目的起立的有：陶斯咏、易礼容、毛泽东、钟楚生、周世钊、任培道等10人。

“讨论达到目的须采用什么方法”的第二个问题时，毛泽东首先报告巴黎方面蔡和森的提议，并称：世界解决社会问题的方法，大概有社会政策（即社会改良主义）、社会民主主义、激烈方法的共产主义（列宁主义）、温和共产主义（罗素的主义）、无政府主义等五种。

何叔衡发言称，自己主张过激主义，“一次的扰乱，抵得二十年的教育。”毛泽东说：“……温和方法的共产主义，如罗素所主张极端的自由，放任资本家，亦是永世做不到的，激烈方法的共产主义，即所谓劳农主义，用阶级专政的方法，是可以预计效果的，故最宜采用。”陶斯咏称：“从教育上下手，我从前也做过这种梦想，但中国在现在这种经济状况之下，断不能将教育办好。我的意见，宜与兵士接近，宣传我们的主义，使之自起变化，实行急进改革。”邹蕴真发言称：“理论上无政府主义最好，但事实上做不到。比较可行，还是德谟克拉西。主张要对症下药，时间上积渐改进，空间上积渐改进，物质方面的救济，开发实业，精神方面的救济，普及并提高教育……”方法问题讨论到下午2点，进行表决，结果赞成布尔什维克主义者12人，即何叔衡、毛泽东、陶斯咏等。

第三天讨论“方法进行即刻如何着手？”实际上是讨论了组织共产党的问题。何叔衡说：“将武人、政客、财阀之腐败情形，尽情宣布；鼓吹劳工神圣，促进冲突暴动。次则多与俄人联系。”熊瑾玎发言认为现在“事实上有组党之必要”，彭璜也主张立即建党，陈子博还建议在乡村和城市都要组织党。毛泽东赞成这种看法，补充说：“我们必须做的几种基本事业：学校、菜园、通俗报、讲演团、印刷局、编译社，均可办。”建议获得大多数会员的起立赞同。

最后，毛泽东、何叔衡、彭璜等六人在建党文件上签了名，长沙早期共产党组织正式成立。

长沙因在反动军阀的高压统治下，党组织的活动十分秘密，尽可能以隐蔽的个别活动为主，发展上注重质量。到1921年7月前后，长沙党组织的成员有：毛泽东、何叔衡、彭璜、陈子博、夏曦、肖铮、彭平之等人。

在创建长沙共产党早期组织的同时，毛泽东还进行着湖南社会主义青年团的组建工作，使其成为党的助手和后备军。1920年10月，毛泽东收到北京、上海寄来的社会主义青年团的章程后，便在第一师范、商业专门学校、第一中学的在校学生中物色对象，建立团组织。“一师”学生张文亮，就是毛泽东物色的建团工作骨干，他在日记中多处记载了毛泽东关于建团工作要贯彻积极慎重、注重质量的方针，以及要“找真同志”“坚分子”的嘱咐。在毛泽东的直接领导下，湖南社会主义青年团于1921年1月13日正式成立，刘少奇、张文亮、彭平之等首先加入，毛泽东任书记。成立时有团员16人，到7月发展到39人，其中就有毛泽东的小弟毛泽覃。

长沙共产主义小组和社会主义青年团的建立，为湖南共产党组织的正式成立，打下了良好的组织基础。

# 十三位代表中的佼佼者

1921年6月3日，共产国际执行委员马林到达上海，与李汉俊、李达在李公馆秘密见面，建议召开中国共产党全国代表大会，成立全国统一党组织。最后由李汉俊负责筹备建立，在李书城寓所，他发出了寄往北京、长沙、武汉、广州、济南以及日本留学生组织的信函，通知各派两名党员来上海，参加党的第一次代表大会。

李汉俊的哥哥李书城是与中共长期合作共事的朋友。可以毫不夸张地说，李书城在上海的家已成为中国共产党的“产床”，李书城以自己特殊的政治声望掩护了中共早期组织的革命活动。

由于当时党处于秘密状态，初创时期又缺乏统一的规章和严格的组织原则和制度，所以各地确定和产生代表的方式也不一样。各地党组织在接到上海发起组的通知后，有的地区是召开党员会选举出代表，有的地区是个别协商产生代表，有的地区是以发起人为当然代表前往，有的地区则以党组织负责人指定代表出席。

旅法共产党早期组织接到开会通知后，由于路途遥远，来不及派代表回国参加。其他各地共产党早期组织接到通知后，则积极派代表前往参加大会。但各地代表到达上海的时间则先后不一。

北京共产党小组在西城暑期补习学校开会，公推李大钊出席，但李大钊因公务繁忙，无法亲自前往出席，便推选张国焘、刘仁静出席上海一大。张国焘是6月下旬第一个来到上海的一大代表。

刘仁静在1921年6月下旬，与邓中夏从北京乘车南下，于7月2日到达南京，还参加了少年中国学会的南京年会，并在会上作了两次发言。停留两三天后，以

"留沪习德文"为名离开南京赴上海，于7月7日左右到达。

武汉共产党小组的代表董必武、陈潭秋到达上海的时间在7月20号左右。

长沙共产党小组的代表毛泽东、何叔衡，于1921年6月29日晚，秘密从长沙乘船赴上海。先到武汉再换船到上海，7月5日左右到达上海。因距开会时间尚早，毛泽东曾去南京、上海等地。少年中国学会的《会员消息》中称："毛泽东暑期中由长沙赴沪，现在杭州南京一带游历。"

济南共产党小组代表是王尽美、邓恩铭。张国焘由北京赴上海途中，过济南时下车停留了一天，约王尽美、邓恩铭等人在大明湖的游船上详谈了一次，张国焘离开不久，他们两人也乘车南下，大约在6月下旬到达上海。

广州共产党小组在接到上海小组的通知后，在党员谭植棠家中召开会议推选一大代表。李达等人在来信中特意提到要陈独秀本人和广州代表一起出席中共一大，但陈独秀因政务繁忙，不便离开，他在会上便提名陈公博出席中共一大，另委派包惠僧出席中共一大。

陈公博于7月14日偕新婚妻子从广州出发，经由香港转赴上海，大约于7月21日到达上海。包惠僧于7月15日从广州坐邮船赴上海，大约在7月20日到达。

日本共产党小组代表周佛海，当时在鹿儿岛第七高等学校读书，他只能利用暑假回上海，他到上海时已是7月下半月了。

1921年7月23日，中共一大开幕。会址就设在上海法租界内（今兴业路76号），李书诚与其弟李汉俊的寓所。

这是一座砖木结构的两层楼房，上海典型的里弄住宅建筑。外部青、红色砖交错铺垫，白色条线镶嵌其中，门楣是矾红的雕花，乌黑的大木门上装饰着一对沉甸甸的铜环，米黄色石条围绕门框，雕花配饰其中。墙、门和雕花使人一眼看去，有一种朴实典雅之感。

1956年春节，董必武来到阔别30年的一大会址，回顾往事，感慨万千，他借用庄子的话，当场挥毫题词："作始也简，将毕也巨"。

华灯初上，在李公馆楼下餐厅，那张长方形大餐桌四周，坐满了13个人。

他们是：

李汉俊，31岁，湖北潜江人，商务印书馆编译，上海代表。

李达，31岁，湖南零陵人，商务印书馆编译，上海代表。

张国焘，24岁，江西萍乡人，北京西城区文化补习学校数理教师，北京代表。

刘仁静，19岁，湖北应城人，北京西城区文化补习学校英语教师，北京代表。

毛泽东，28岁，湖南湘潭人，湖南第一师范附属小学主事（校长），长沙代表。

何叔衡，45岁，湖南宁乡人，湖南第一师范附属小学教师，长沙代表。

董必武，35岁，湖北黄安人，武汉中学校长，武汉代表。

陈潭秋，25岁，湖北黄冈人，武汉中学英语教师。

王尽美，23岁，山东诸城人，济南一师学生，山东代表。

邓恩铭，20岁，贵州荔波人，济南一中学生，山东代表。

周佛海，24岁，湖南沅陵人，日本第七高等学校，中国留学生，日本东京代表。

陈公博，29岁，广东南海人，广东政法专科学校教授，广州代表。

包惠僧，27岁，湖北黄冈人，无固定职业，为陈独秀指派代表。

这13位代表，代表着全国53名党员。

## 出席中国共产党第一次全国代表大会代表

代表全国 53 名党员

李达（上海）

李汉俊（上海）

董必武（武汉）

陈潭秋（武汉）

毛泽东（长沙）

何叔衡（长沙）

王尽美（济南）

邓恩铭（济南）

张国焘（北京）

刘仁静（北京）

陈公博（广州）

周佛海（旅日）

【陈独秀指派代表】

包惠僧

【列席的共产国际代表】

马林

【列席的共产国际代表】

尼克尔斯基

中共一大会址

共产国际代表马林和共产国际远东局书记兼赤色职工国际代表尼克尔斯基出席了会议。

13位中国共产党代表中，湖北籍的5位，湖南籍的4位，二省相加占9位。来自北京大学的占5位（陈公博、张国焘、刘仁静曾是北大学生，毛泽东曾在北大工作，包惠僧在北大短期学习过），曾经留学日本的有4位。

晚上8时半，中国划时代的一幕就在这间十几平方米的餐厅里揭开。从莫斯科、伊尔库茨克、日本，从中国的北方、南方，操德语的、英语的、汉语的，湖北、湖南口音的，江西、广东、贵州口音的，乘远洋海轮、长江轮船、坐长途火车，13位代表终于头一回聚在了一起。

餐厅里开着发出黄晕光线的电灯。餐桌上放着一对荷叶边粉红色花瓶，插着鲜花——那花瓶原是李书城和薛文淑几个月前结婚时置的。

鲜花给这次难得的聚会增添了喜庆的气氛。桌子上铺着雪白的台布。桌上还放着紫铜烟灰缸、白瓷茶具和几份油印文件。

桌子四周放了12只橙黄色的圆凳，加上四把紫色椅子，有了16个座位。初次的会议很随便，先来先坐，后到后坐。

毛泽东和周佛海担任记录，紧挨着大餐桌而坐。

昨日在预备会上被推选为主席的张国焘，已经预先做了些准备。他宣布中国共产党第一次代表大会开始，24岁的他，比31岁的主人“二李”活跃，富有交际能力，主持大会。

张国焘在报告了筹备经过之后，提出了制定党的纲领、工作计划和选举中央机构的大会议题。

张国焘念了陈独秀交给陈公博带来的信，信中转达了他“党员的发展与教育；党的民主集中制的运用；党的纪律；群众路线。”四点意见。

刘仁静坐在马林旁边，把张国焘的话译成英语，讲给马林听。有时，坐在马林另一侧的李汉俊也翻译几句。

张国焘讲了20来分钟。接着，马林代表共产国际致辞。马林讲话，声若洪钟，滔滔不绝，一派宣传鼓动家本色。

他说：“中国共产党的正式成立，具有重大的世界意义。共产国际增添了一个东方支部，苏俄布尔什维克增添了一个东方战友。”

马林讲毕之后，尼克尔斯基致辞。他的致辞很简单。他在向中国共产党一大表示祝贺之后，介绍了在伊尔库茨克建立的共产国际远东书记处，并建议给共产国际远东书记处发去电报，报告代表大会的进程。此外，他还介绍了刚刚成立的红色国际工会的情况，认为中国共产党应当重视工人运动。

尼克尔斯基讲毕，张国焘便宣布散会。当代表们分批走出李公馆的后门时，黑黢黢的夜如墨染一般，在这黑夜之中，老百姓早已酣然入梦，然而，那些嗅觉异常灵敏的人物仍睁着眼睛。法租界的密探们是不是从这个夜晚起就开始监视李公馆，尚不得而知。不过，李公馆后来处于密探们的严密监视之中，却是事实。

这是中国共产党一大唯一一次全体到齐的会议。

在接下来的会议中，代表们围绕着党纲展开了激烈的争论。

30日晚，举行第六次会议时，突然有一陌生男子闯进了会场，当询问他时，他答称走错了地方。其实这个人是法租界巡捕房的一个暗探。他的行动引起了与会人员的警觉。会议立即中断，代表们迅速分头离开。十几分钟后，法国巡捕赶来，包围并搜查了会场，但一无所获。当晚，代表们商量改换会议地点，在李达夫人的提议下，决定到嘉兴南湖去开完最后一次会议。7月31日，代表们来到南湖，在一艘游船上举行了第七次会议。会议通过了《中国共产党党纲》《关

浙江嘉兴南湖红船

于当前实际工作的决议》，选举了党的领导机构。至此，党的第一次全国代表大会胜利闭幕。

在一大会议上，毛泽东除担任记录外，只作过一次发言，介绍长沙共产主义小组的情况。的确，毛泽东有着许多实际活动经验，但他不像在座的李汉俊、刘仁静、李达等精通外文，饱读马克思主义著作，常常引经据典，涉及许多理论问题。据李达日后回忆，毛泽东给与会者留下的印象是“很少发言，但他十分注意听取别人的发言”。他很注意思考和消化同志们的意见，常在住的屋子里“走走想想，搔首寻思”，乃至“同志们经过窗前向他打招呼的时候，他都不曾看到，有些同志不能体谅，反而说他是个‘书呆子’‘神经质’”。

一大的召开，标志着中国共产党在组织上完成了建党。

1930年3月，上海《萌芽》月刊第一卷第三期曾刊载鲁迅的一篇杂文《非革命的急进革命论者》。文章一开头，鲁迅便写道：“倘说，凡大队的革命军，必须一切战士的意识，都十分正确，分明，这才是真的革命军，否则不值一哂。这言论，初看固然是很正当，彻底似的，然而这是不可能的难题，是空洞的高谈……”

在论述这一命题时，鲁迅说了一段颇为深刻的话：

“因为终极目的的不同，在行进时，也时时有人退伍，有人落荒，有人颓唐，有人叛变，然而只要无碍于进行，则愈到后来，这队伍也就愈成为纯粹，精锐的队伍了。”

用鲁迅的这段话来形容那张大餐桌周围的13位代表后来行进的轨迹，是最恰当不过的。

这13个人当初从天南地北走向李公馆的大餐桌，确是出于对马克思学说、对共产主义的信仰，为着建立中国共产党坐在一起的。不论他们后来怎么样，应当说，当他们走进李公馆的时候，当他们参加建立在当时“非法的”秘密组织——中国共产党的时候，是冒着被密探追捕的危险，追求并投身于共产主义事业的。

然而，在离开那张大餐桌之后的道路是漫长的。在行进中，有人继续奋进，“也时时有人退伍，有人落荒，有人颓唐，有人叛变”。

人是变化着的。退伍、落荒、颓唐、叛变是后来。大可不必因后来如此，去否定这些人当年曾经有过贡献；也不必因后来如此，而大为迷惑：这些人怎么也是中共一大代表？

当然，最为可贵的是一直向前、向前、向前的。有人在前进途中，抛头颅、洒热血，为着“共产主义真”；也有人成为中共领袖，领导着中共一步步从胜利走向胜利——虽然在晚年陷入了严重失误之中，但通观他的一生，毕竟功绩超过过失。

谁都希望直路通天。然而，历史的道路总是曲曲弯弯，九曲十八弯。曲尽管曲，弯尽管弯，然而，一江春水依然向东流。江水，在曲曲弯弯中向东流。这便是历史。

中共一大13位代表的曲折经历，尽现复杂离奇的社会变迁，折射出剧烈动荡的时代特点，也让后人留下对人生深深的感慨和思考。

中共一大13位代表有五类人生的归宿。

第一类，是践约信念，奋斗终生。其中包括毛泽东、董必武、王尽美三位代表。

第二类，是英勇献身，视死如归。其中包括何叔衡、邓恩铭、陈潭秋三位。

第三类，性格倔强，身离心仪。其中包括李达、李汉俊两位。

第四类，是误入歧途，迷途知返。其中包括刘仁静和包惠僧两位。

第五类，是投敌叛党，下场可耻。其中包括陈公博、周佛海、张国焘三人。

毛泽东在中共一大上，含而不露。诚如刘仁静在1979年3月答复中共党史研究者关于“毛主席在一大会议上发言的内容是什么”所说的：“在一大会议上，毛主席很少发言，但他十分注意听取别人发言。毛主席在北大图书馆当办事员时，就与我认识了，我当时觉得他对报纸很重视，无论什么报纸他都看，不管是反动的或进步的报纸。嘉兴南湖会议结束后，毛主席曾对我说，你今后要多做实际工作。他对我讲这句话，可能与他当时是搞实际工作并在实际斗争中研究马列主义有关系，也可能是认为我在一大的发言有点夸夸其谈。”

在中共一大上，毛泽东与马林没有什么个人接触。但是，没多久，毛泽东便给马林留下了印象，诚如马林1935年与美国教授伊罗生谈话时，回忆当初道：“另外还有一个很能干的湖南学生，他的名字我想不起来了。”这个“能干的湖南学生”，便是毛泽东。

马林与毛泽东在1923年夏作过直接交谈。正因为这样，迄今在荷兰的马林档案中，存有一份当时的记录：《与毛泽东同志的一次谈话》。毛泽东赞同、支持马林关于国共合作的战略。这样，毛泽东在中共三大上，当选为五位中央委员之一，并兼任中共中央局秘书，这是毛泽东第一次在中共中央担任显要职务。

紧接着，在国民党一大上，毛泽东当选为候补中央执行委员。不久，还成为国民党中央宣传部代理部长。

毛泽东重视农民运动。1926年11月，他出任中共中央农民运动委员会书记。

对于中国共产党来说，1927年是一场严格的考试。陈独秀在这场考试中“不及格”，从此失去了他在中共中央的领导地位。毛泽东却在这场考试中获优，他领导了湖南农民的秋收起义，进军井冈山，从此走上了武装斗争的道路。

1935年1月，中共中央政治局在长征途中召开的遵义会议，确立了毛泽东在红军和中共中央的领导地位。从此，毛泽东成为中国共产党的领袖，直至他病逝，达41年。

对于中国共产党来说，毛泽东是第一位成熟的领袖。当年坐在李公馆大餐桌四周的13位代表之中，毛泽东对于中共、对于中国的贡献是最大的。

毛泽东是中国现代史上的伟人。即便是他的政敌，也无法否认这样的客观事实：毛泽东深刻地影响了中国20世纪的历史进程。

毛泽东成功地领导中共战胜了蒋介石，建立了中华人民共和国。紧接着，他又领导中共进行社会主义革命和建设。

毛泽东是一位久经风霜的政治家，也是一位深谙韬略的军事家，虽然他没有军衔，但是他实际上堪称大元帅。他不愿像斯大林那样给自己授大元帅之衔。

毛泽东是一位深邃广袤的思想家，一位勤于笔耕的著作巨匠。

以他的名字命名的“毛泽东思想”，被视为马列主义在中国的运用和发展，成为中共的指导思想。

## 三 做『农民运动的王』

毛泽东是中国共产党中早期工人、农民运动的主要组织者和领导者之一。

中国共产党是工人阶级的政党，党的性质决定了党在初期的革命活动中，集中主要力量开展工人运动。在党的二大以后，全国很快出现了以工人运动为主体，农民运动、青年运动和妇女运动蓬勃发展的新气象。

# 四下安源

中共一大后，1921年8月11日，中国共产党在上海成立了中国劳动组合书记部，推选张国焘为书记部主任，1922年7月，由邓中夏接任。

同时，各地也相继成立了四个中国劳动组合书记部分部。

在北京建立了北方分部，负责人有邓中夏、罗章龙、王尽美、邓培等。北方分部联络的地区包括河北、山东、山西、陕西、甘肃及东北三省，工作重点是北方的铁路工人和开滦煤矿工人。

在汉口建立了武汉分部，负责人有包惠僧、林育南、项英等，工作重点是湖北各地区和京汉、粤汉铁路工人。

在长沙建立了湖南分部，负责人有毛泽东、李立三、刘少奇、郭亮等，工作重点是湖南各地及江西安源路矿工人。

在广州建立了广东分部，负责人有谭平山、阮啸仙、冯菊坡等，工作重点是机器工人。

各分部在本地区开设工人夜校，创办工人刊物，提高工人的阶级觉悟，并按产业组合的原则建立工会组织，领导罢工斗争，对工人运动发展起到了推动作用。

从1922年1月开始，到1923年2月，中国共产党领导的工人运动形成第一次高潮，前后持续时间13个月之久。在此期间，爆发的罢工斗争达100多次，参加罢工的工人达30万人以上。其中大部分是党组织或党领导的工会组织直接发动的。工人运动的迅猛发展，锻炼了工人阶级队伍，巩固了党的阶级基础，扩大了中国共产党和工人阶级在全国的政治影响。

在领导南方的工人运动中，毛泽东的卓越才能崭露头角。

油画：《毛主席去安源》

在毛泽东任中国劳动组合书记部湖南分部主任的两年后，湖南有了20多个工会组织、5万多名会员。1922年时，湖南的中共党员猛增至100多人。每一个工会成立，毛泽东都设法把党员安插进去任总干事。

"文革"时，有一张家喻户晓的刘春华作的油画，画的是毛泽东去安源。那时，他不止一次去安源，那里的山山水水都留下了他的足迹。

1921年深秋，毛泽东首次到安源路矿考察，到1923年初，他四次到安源。

安源路矿是江西萍乡的安源煤矿和由湖南株洲到萍乡安源的株萍铁路的合称。该企业是德国、日本资本控制的汉冶萍公司的一部分，共有工人1.7万人。工人们深受帝国主义和封建主义的残酷剥削与压迫，劳动条件差，生活非常困苦。

毛泽东身着白长衫，沿着铁路步行到安源，但他一看到这座小城就脱了长衫。安源很脏，12000名矿工工作条件恶劣，每天15个小时的繁重劳动使人累得麻木。在方圆约六公里的范围内有24座基督教堂，却只有一个小小的医疗所为工人服务。

毛泽东以湖南平民教育促进会教员的身份，做发动工人起来与资本家作斗争的工作。到达安源煤矿的第二天一早，毛泽东就请来一位工人陪他下井去。"哪个井工人最多？"他问。"西平掌子面工人最多，就是里面条件最差，又没有任何安全设施，经常发生事故，你不要去。"陪同的工人劝道。毛泽东和蔼地笑了笑，说："你们工友们成年累月在那里干活都不怕，我进去一次又怕什么！"带路的工人只好陪他下井。

毛泽东提着一盏发着微弱光线的油灯，跟着工人下井，穿过又矮又小的巷道，上了又陡又窄的煤山，来到了掌子面。这里通风排气严重不足。待一会就会闷得让人出不了气，脚踩在地上就会烫起泡，工人们叫它“火焰山”。另一头，滴水像下雨，积水成了河，工人们叫它“水库”。工人使用粗笨的原始工具，有的侧身躺在地上挖煤，有的拖着沉重的煤筐在地上爬来爬去。他们口渴了，就喝一口黑黑的脏水；热得受不住了，就到臭水沟里泡一泡。毛泽东看到他们个个赤身裸体，全身沾满了煤灰，只是头上围条布手巾，关心地问大家：“劳动条件为什么这样差呀？为什么没有穿衣服呀？”

工人们围拢来，一个个痛诉着心中的不平。他们说：洋人、资本家只顾自己发财，根本不管我们这些工人的死活。工人没有任何劳动保护用品，都是自备一块“三尺布”，在井下包着头当矿帽，出井时围在腰上当遮羞布。工人还常常无故挨打，动不动就被洋人、资本家、工头打得皮开肉绽。“你们为他们做工还要挨打，他们真不讲道理！你们真苦啊！”毛泽东同情地说。接着他又亲切地问：“大家说，我们工人为什么这样苦？”一位工人叹口气回答：“唉，命中注定啊！”毛泽东摇摇头说：“不，我们工人受苦不是命里注定的，是帝国主义和资本家剥削的结果。资本家从来不做工，生活却那么好，而我们工人成年拼命地干活，生活却这么苦。这不是命不好，是因为我们创造的财富，都叫洋财东和官僚资本家剥削去了。”

“你们这样苦，要站起来，想个办法才是。”毛泽东以此启发、引导工人寻求自己的出路。“那有什么办法呢？”工人们问。毛泽东告诉大家：“办法是有的，就是工人阶级要团结起来！”他打了个比方：只有一块石子，大老板看到随便用脚一踢就踢开了。要是把许多小石子掺上沙子、石灰结成团，就会坚如磐石，大老板也搬不动了，工人们组织起来，结成团体，同心协力，就能把压在我们头上的帝国主义、地主、资本家掀掉，打倒剥削者，建立劳动人民当家做主的新世界。

安源工人受苦多年，第一次听到如此生动而深刻的革命道理，终于找到了自己受苦受难的根源。毛泽东的话，拨开了工人们心中的迷雾，照暖了矿工们的心窝。

从安源回到长沙后，毛泽东就派李立三和蔡增准到安源开展工作。后来又陆续派刘少奇、蒋先云、黄静源、毛泽民等到安源工作。1922年1月，安源建立了第一所工人补习学校。李立三、蔡增准担任学校的教员。他们经常与各处工友进行联系，并通过“十人团”“百人团”等形式组织工人。

1921年12月，毛泽东和弟弟毛泽民一起第二次到安源。这一次他头戴草帽，身穿破旧的上衣，脚上是草鞋，看起来土气多了。

在12月的几周时间内，他们两人住在一家客店里。在每个大雾弥天的清早，他们都外出说服矿工。“你们的双手创造了历史”，毛泽东不停地对着这些黑黝黝的面孔和疲惫无神的眼睛说。

毛泽东在夜校给工人上过课，他在黑板上写上一个“工”字，然后解释道，上边的一条横线是“天”，下边一条是“地”，中间的竖线代表工人阶级自己，工人是站在地上，顶天立地，整个世界都是他们的。

安源办起了阅览室、合作社、工人议事会，有60%以上的工人参加了共产党领导的各级工人俱乐部。五一节举行了庞大游行，十月革命的周年纪念日、列宁的生日，甚至远在德国的马克思主义者李卜克内西的生日都有庆祝活动。

1922年2月，建立了中共安源支部。到7月间，党员发展到十余人。同年5月，安源路矿工人俱乐部成立，李立三被推选为俱乐部主任。

1922年5月，毛泽东第三次来安源巡视工作，调查安源工人运动的发展情况，指示中共安源路矿支部，要尽快巩固和壮大党、团组织，在工作中要克服急躁情绪，注意斗争策略，准备迎接新的斗争。

1922年9月初，当毛泽东第四次来到安源时，这里已是山雨欲来风满楼。他对罢工作了部署。9月12日，李立三主持召开安源支部会议，并成立罢工指挥部，由李立三任总指挥，刘少奇任俱乐部全权代表。同时，还成立侦察队等组织，以负责维持罢工期间的秩序。

经过充分的准备，安源路矿17000多名工人于9月14日举行大罢工。俱乐部发表《萍乡安源路矿工人罢工宣言》，提出保障工人权利、增加工资、改善待

油画：《刘少奇与安源矿工》

遇、发清欠饷、废除封建把头制等17项要求。这次罢工迅速得到全国各地工会的声援和社会舆论的支持。

安源路矿当局在工人罢工后，极为恐慌，玩弄各种阴谋诡计对罢工进行破坏，甚至悬赏银洋，密遣暗探，阴谋刺杀李立三等人。工人们发誓“俱乐部主任若被害，当使路矿当局全体职员不得生离安源”；同时加强戒备予以保护，使路矿当局的阴谋无法得逞。路矿当局迫于工人罢工和社会舆论的压力，只得直接派代表到俱乐部，请工人代表到戒严司令部商量解决办法。

16日，罢工工人的全权代表刘少奇等人，冒险来到戒严司令部进行谈判。戒严司令李鸿和恐吓刘少奇说：

“如果坚持作乱，就把代表先行正法！”

刘少奇面无惧色，态度坚定地说：

“万余工人如此要求，虽把代表砍成肉泥，仍是不能解决！”

谈判过了一个小时，集合在戒严司令部周围的数千名工人担心代表受害，高呼：“谁敢动全权代表一根毫毛，我们就同路矿当局同归于尽！”

路矿当局此时仍拒绝接受罢工条件。当晚，罢工总指挥李立三声明：如果当局不磋商条件，他立即离开安源，任凭工人暴动。路矿当局怕李立三走后，工人起来暴动，被迫答应继续谈判。

17日下午，工人俱乐部代表李立三、路局代表李毅寰、矿山代表舒季缓以及调停人四位商绅，磋商复工条件。李立三提出：罢工条件不能再让步，接受就复工，不接受就撤离安源。

经过五天的英勇斗争，路矿两局破坏罢工的阴谋均告失败。在广大工人的压力下不得不让步，基本接受了工人提出的罢工条件，将工人提出的17项条件合并为13条，于9月18日上午签字。

条约的签订，标志着安源路矿工人罢工取得完全的胜利。条约签字的当天，工人俱乐部举行了罢工胜利庆祝大会和游行。俱乐部在发表的上工宣言中表示：“从前是‘工人牛马’，现在是‘工人万岁’！我们的第一步目的已经达到。”“从今日起，结紧团体，万众一心，为我们自己权利去奋斗！”罢工的胜利，提高了党组织在工人群众中的威信，扩大了党的影响。这次罢工，是中国共产党第一次独立领导并取得完全胜利的工人斗争，是中国工人运动史上的一次壮举。它大大提高了党组织的威信，扩大了中国共产党的影响。为此，安源还赢得了“小莫斯科”的光荣称号。

罢工胜利后，毛泽东让李立三、刘少奇和他的有经济头脑的弟弟毛泽民留在安源继续开展工作。他自己则在湖南的很多地方继续播撒革命种子。

1921年冬至1923年4月，毛泽东和杨开慧住在清水塘。清水塘地处长沙市郊小吴门外，因为环境比较僻静，所以挑选来做湖南党组织的秘密活动机关。这也是毛泽东成为职业革命家以后一段难得的温馨岁月。

长沙青水塘毛泽东故居

在这里，毛泽东领导了长沙6000名泥木工人的罢工。

他经常深入到泥木工人中，帮助他们组

织工会。根据泥木工人多、居住不集中、做工分散的特点，毛泽东指示任树德、宋有富、仇寿松等积极分子采取十人一团，由小到大的组织方法。经过三个月的艰苦工作，1922年9月5日，泥木工会正式在长沙成立。

国画：《长沙泥木工人大罢工》

泥木工会成立后，毛泽东领导工会为争取自己的权利和利益而斗争。工会在全城散发坚决要求调整工价的传单，扩大社会影响，以逼迫长沙县知事接受工人要求三角四分工价的条件。可是，长沙县署不仅不接受工人的要求，反而在城内外贴出告示，污蔑工人，并派巡官警察四处监视工人的活动。对此，工人们怒不可遏，一个晚上就把全城布告撕个精光，换上了工会的传单，并同无理干涉、殴打工人的警察进行了坚决斗争。根据毛泽东的建议，工会成立了罢工委员会，并且议决了具体的罢工措施。

10月6日，泥木工会宣布罢工。这一天，全城的建筑工地空无一人。正在施工的省长公署、第一师司令部和县公署庆祝“双十节”的牌楼，也全部停工。

罢工开始以后，毛泽东积极为争取社会同情和支援而奔走，并且向全国发出通电，发动全国各地工人声援、支持长沙泥木工人罢工。罢工坚持到10月16日，长沙县署仍未接受罢工条件。罢工委员会根据毛泽东的指示，向长沙县知事周瀛干发出了通牒：“如10月17日尚无解决希望，即将于19日举行示威。”

10月23日，4000多名泥木工人一大早就集合在省教育会坪。为了便于进行说理斗争，大家推选了任树德、仇寿松、朱有富等16人为请愿代表，易礼容为首席代表。上午9时，游行队伍向县公署进发。队伍前面一块长牌上写着：“硬要三角四分，不达目的不上工！”毛泽东冒雨走在示威请愿工人的行列中。他带领工人呼口号，要长沙县知事周瀛干出来答话，周始终不敢出来。请愿代表分两批与周瀛干进行谈判。第一批代表进去谈判没有结果，又派第二批代表进去谈判。

直到午后还没有消息，工人们见代表们仍未出来，就开始往衙门里冲，守卫在门口的卫兵用刺刀阻拦，均被工人们缴了械。

赵恒惕立即派来一个连的武装包围了工人队伍，但工人们仍不屈服。赵见硬的不行，又改用缓兵之计，派参谋长出面"调解"，答应"三天之内解决"。工人代表们坚定地回答："什么时候解决问题，什么时候回去。"一直坚持到凌晨3点钟，迫使湖南省政务厅厅长吴景鸿不得不答应次日下午3时召开公团协商会议，请工人代表出席协商。

赵恒惕派两个便衣特务跟踪毛泽东，妄图绑架杀害他。一天，赶来长沙宝南街鲁班庙开会的毛泽东在门口与两个特务肩并肩碰在了一起。两个特务不认识毛泽东，毛泽东迎上前去问：

"二位是要找姓毛的吗？"

"你跟他熟啰！"

"怎么不熟，昨晚上还跟他吵了一架。"

"告诉你，我们是来抓毛泽东的！赵省长有重赏。只要你指一下，喂，起码两块光洋（银圆）。"

"你们在外边等着，让我先进去看看。只要毛泽东在，我就出来喊你们。我不喊你们，你们就不要进来。还有，说话要算数，两块钱先给我。"

毛泽东转身离去，机智脱险。

10月24日，毛泽东亲自担任泥木工人的首席代表，率领几名工人代表，来到了省政务厅。在谈判中，毛泽东利用赵恒惕的"省宪法"，为争取泥木工人增加工资和营业自由权，同吴景鸿进行了辩论。

正当毛泽东与代表们在省政务厅同吴景鸿舌战时，成千的工人齐集省教育会坪，为进去谈判的代表们助威，并不断打电话警告吴景鸿："无结果，只得来省署请愿。"吴景鸿在工人群众的催逼之下，于晚上8时，终于被迫答应泥木工人增加工资和营业自由的要求。毛泽东当场将代表与吴的谈话记录下来，要吴签字，作为依据。

至此，坚持20多天的泥木工人罢工斗争，在毛泽东的直接领导下，终于胜利了。全市2万多工人在教育会坪召开罢工胜利庆祝大会。

另外，对长沙9000名人力车夫的艰苦生活，毛泽东关心尤切。他拿出党的活动经费，帮助车夫罢工，要求该市总共3100辆人力车的大小车主降低车租，并取得了胜利。

有些车夫具备了入党条件，毛泽东在南门外为他们举行了简短的入党仪式。他把中国共产党的旗帜挂在榕树上，车夫们一个接一个地前来旗下，举起右手随毛泽东宣誓："牺牲个人，阶级斗争，严守秘密，服从纪律，努力工作，永不叛党。"喜悦的神色在每个入党的车夫眼中闪现，毛泽东给每位新党员一份证书和一些学习文件。

毛泽东还曾多次到长沙北门外新河车站和机车修理厂了解工人的工作、生活和要求，同他们谈心，启发他们联合起来反对帝国主义、官僚、军阀的压迫和剥削。

# 发表《湖南农民运动考察报告》

中国共产党领导的农民运动最早是从浙江萧山的衙前村开始的。

衙前人沈定一，1920年与陈独秀等在上海发起“马克思主义研究会”，成立上海共产主义小组，是中共早期党员之一。

1921年4月，颇具才气的沈定一回到家乡衙前村，开展农民运动。他穿普通农民衣服，头戴毡帽，操着一口浓厚的萧山方言，用农民常见的事例作比喻，以现身说法表达了当地农民的心声。

8月19日，沈定一在龛山作了《谁是你们的朋友》的演讲，从“金钱的发生”揭露剥削的秘密，提出“世界上一切东西，都应该归劳动者所有”。9月23日，他在船坞山北作了《农民自决》的演讲，进一步揭露了地主剥削的残酷，亮出了“废止私有财产”、实现“土地公有”的政治主张，这些都使农民听了“如见天日”。

此后，沈定一为了迅速建立农民组织，出资兴办了衙前农村小学，邀请原浙江一师的进步师生刘大白、宣中华、徐白民、唐公宪、杨之华等到衙前任教，在传授文化知识和实用知识的同时，向广大农民宣讲革命道理。

其中，杨之华系中国妇女活动家，中共早期领袖瞿秋白的妻子，也是萧山坎山人。

同年9月27日，衙前农民运动协会成立，建立了中国共产党领导的第一个农民协会。沈定一等人在成立之日起草了中国现代农民运动史上第一个革命斗争纲领——《衙前农民协会宣言》和《衙前农民协会章程》。

早在1921年春，衙前村手无寸铁的农民李成虎拿起农耕工具愤然向绍兴市安昌镇发动了催讨油菜籽赊购款的行动。这成为中共第一次农民运动的预兆和先声。

李成虎还领导农民夺回了在西小江的养鱼权和捕鱼权，被大家称之为“虎将”，成为衙前人眼中的英雄。

农民协会成立后，李成虎带领着农友们开展了声势浩大的减租反霸斗争，不准地主高额收租，不准地主用大肚斗量租，一律使用农协监制的标准斗；取消地主下乡收租时的一切额外苛杂费用。农民群众的减租斗争，使地主豪绅失去了往日的威风。有的害怕不敢出门收租，有的同意“三折还租”。

地主因收不到租，也联合起来，集中了80多只收租船向农民逼租。农民协会得到消息后，立即鸣锣召集1000多名农友，高呼斗争口号，向收租船投掷烂泥石块，吓得地主们狼狈逃走。

于是，地主们联合向当局写信，说农民的斗争是“以共产主义煽惑愚众”为由，要求“严惩祸首”。1921年12月18日，各村农民协会正在衙前东岳庙开联合会，当局派兵包围了东岳庙，逮捕了单夏兰等人，搜去了各村农民协会委员的总名册。此后，当局到处张贴布告，强令解散各地农民协会，又派军警弹压，对各村农民协会领导人按名追究，还派军警随地主下乡逼租。27日，农民协会主要领导之一的李成虎在田里耜泥时被捕，于次年1月24日遇害。

衙前农民运动引起了地主阶级的恐惧与镇压，虽然最后失败，但作为中国共产党领导的第一个有组织、有纲领的农民运动而载入史册。

毛泽东是最早重视农民问题并致力于农民运动的中共领导人之一。瞿秋白称他为“农民运动的王”。

中国是一个农业大国，这样的国情决定了农民占全国人口的绝大多数，农民问题是中国革命的首要问题。1923年，中国的工人运动转入低潮后，毛泽东等共产党人开始认识到农民革命才是国民革命的根本问题。1923年6月，在中共三大上，毛泽东向党的代表大会正式提出了一个全新的问题：农民运动。他说：“湖南工人数量很少，国民党员和共产党员更少，可是满山遍野都是农民。”因而他得出结论：“任何革命，农民问题都是最重要的。”

在中共三大召开前的1923年4月，毛泽东和中共湖南党组织派出的到衡山县岳北白果地区开展农民运动的中共党员刘东轩、谢怀德一起，以村庄为单位，成立农民组织，十户为一小组，产生十代表，百户产生百代表，全区产生总代表。经过几个月的努力，很快就发展近300多名骨干分子参加农运的组织工作。中共三大后，9月3日至6日，他们在白果召开农工会会员大会，到会约3000人，正式成立岳北农工会。大会选举刘东轩、谢怀德等七人为委员，刘东轩、谢怀德任农工会正、副主任，并发表了宣言和行动案，竖起了湖南农民运动的第一面红旗。

岳北农工会成立之后，立即领导、组织开展了反对地主将粮食外运的“平粜阻禁”运动，并狠斗了岳北有名的大地主廖连元和赵念慈（赵恒惕的胞兄），其影响迅速扩及衡阳、湘乡、湘潭等县。这时，岳北农工会会员已发展到4万多人。岳北农工会的发展，极大地冲击了地主阶级的利益，军阀赵恒惕不能容忍革命的火焰从他的老家烧起，派兵镇压了岳北农工会，枪杀了农会骨干周德二、赵丙炎、廖芳炳、李玉邕等人，逮捕了农工会干部和积极分子70多人。后来，毛泽东高度评价了衡山农民的斗争精神：“衡山岳北农工会和广东海陆丰农会同是我国最早的农民革命组织。岳北农民敢于在军阀赵恒惕的肚皮里大舞金箍棒，有着光荣的革命传统。中国有五岳，首先燃起农民革命火焰的是南岳衡山，要把这革命之火燃遍五岳。过去赵恒惕想扑灭它，扑灭不了。今后任何人想扑灭它，也将会跟赵恒惕的命运一样。”

在湖南党组织领导下，湘潭八叠乡农运骨干汪先宗于1924年夏发动了向土豪劣绅开展“平粜阻禁”斗争，掀起了湘东地区最早的农民运动。1924年9月23日，湘东农村最早的党支部——中共湘潭县东一区八叠乡支部建立，书记易春庭。1925年2月，毛泽东得知八叠乡农民的斗争消息后十分高兴，立即派出共产党员贺尔康到株洲、朱亭、淦田一带从事秘密农民运动，帮助八叠乡组织秘密农会，并于同年5月正式成立了八叠乡农民协会，这是湘东最早的农会。

1925年，毛泽东利用回韶山养病的机会，兴办了20多所农民夜校，建立了

20多个秘密农协组织，亲手发展了韶山的第一批共产党员，建立了中国最早的农村党支部之一。韶山农民运动的成功实践，使毛泽东取得了关于组织开展农民运动的宝贵经验。

1925年8月底，毛泽东从韶山农民运动第一线回到长沙，并召开了秘密会议，向中共湘区委报告韶山农民运动的情况，交换农民问题的意见。中共湘区委按照毛泽东的建议，开始着手选派同志到广州学习，到各县农村秘密组织农会和发展国民党组织的工作。9月14日，第五届农民运动讲习所在广州开学。中共湘区委选派了雷晋乾、庞叔侃、易子义、袁德生、毛泽民、廖去恶（高文华）、贺尔康、蔡协民、朱友富、夏明震等43人前往学习。

毛泽东到广东后，于1926年3月16日接任第六届广州农民运动讲习所所长。这一届农运讲习所在全国20多个省区招收了316名学员，重点培训农运骨干，中共湖南党组织选派的学员数是人数最多的两个省区之一。

农讲所设在广州市中心的一座古雅的孔庙里。毛泽东喜欢利用祖宗遗产从事反抗传统的活动。他住在农讲所的一间小屋里，晚上睡硬板床，没有蚊帐。

竹书架上摆着毛泽东在湖南考察期间所做的笔记，这些笔记使他能够开出长达23课时的讲座“中国农民问题”。

他还亲自负责9课时的“农村教育方法”以及他素来喜爱的地理。他开设了讨论式的独立学习课程，在教室里提出对权威的怀疑，他开创了新的卫生课教学。他还采用了新的教学方法，把课堂搬到海丰，让学员参观彭湃领导下的轰轰烈烈的农民运动。

毛泽东亲自挑选了15名教师，他们中大多数都有实际工作经验，办事扎实。他选择举止文雅的周恩来讲授军事课程。

1926年后，虽然大革命如火如荼，但国共合作已出现危机。基于此，毛泽东坚持一手抓农民运动，一手抓革命的领导权。然而，在这两个事关中国革命成败的重大问题上，毛泽东同当时我们党的主要领导者陈独秀却产生了明显的分歧。1936年毛泽东同斯诺谈话时曾说：“根据我的研究和我组织湖南农民运动的经验，我写了两本小册子，一本是《中国社会各阶级的分析》，另一本是《赵恒惕的阶级基础和我们当前的任务》，陈独秀反对第一本小册子里表示的意见。陈独秀拒绝在党中央机关报刊上发表它。”

1926年11月，毛泽东就任中共中央农民运动委员会书记后，领导和推动了以湖南为中心的中国农村大革命。他明确提出农民运动应“集中在湘、鄂、赣、豫四省发展”的正确计划，并得到中央批准。

12月1日，湖南省第一次工人代表大会和农民代表大会在长沙教育会前坪地同时召开。来自全省的170名农民代表和175名工人代表出席了这次盛会，分别代表全省136万农协会员和32万多工会会员。李维汉、熊亨瀚、夏曦及各机关、学校、团体代表500人，参加开幕典礼，全省有工农组织的地方都举行了庆祝大会。

12月17日，毛泽东应邀回湘出席会议并指导工作，他表示了对工农革命斗争的支持，并强调指出：“国民革命的中心问题，就是农民问题”“国民革命是各阶级联合革命”。

摘自2016-02-16大洋网-广州日报

1927年1月4日至2月5日，在32天里，中共中央农民运动委员会书记毛泽东步行700多公里，实地考察了湘乡、湘潭、衡山、醴陵、长沙五县的农民运动情况。在乡下和县城，毛泽东广泛地接触和访问广大群众，召集农民和农民运动干部，召开各种类型的调查会，获得了大量的第一手资料。李维汉和中共湖南区委员会积极给予配合和安排。毛泽东结束考察回到长沙后，应湖南区委之邀，在区委举办的农民代表、党团员训练班上作了三次关于农民问题和调查方法的报告，向区委、党校和团校各作了报告，草拟了给中央的报告大纲，向湖南区委作了概要介绍，阐述了他关于湖南农民运动的基本观点，赞扬了党对农运工作的领导和湖南农运的大好形势。

2月12日，毛泽东回到中央农民运动委员会驻地武昌，在武昌都府堤41号住所的卧室内，撰写了《湖南农民运动考察报告》这篇重要的马列主义文献。从3月5日起，这篇报告先后在中共湖南区委机关报《战士》周报、汉口《民国日报》《湖南民报》等连载。当时主管中共中央宣传工作的瞿秋白非常重视这个报告，他于3月间在中共中央机关刊物《向导》周刊发表了这篇文章的前两章。4月，汉口长江书店以“湖南农民革命（一）”为书名，将《湖南农民运动考察报告》以单行本出版发行。瞿秋白在为该书所作的序言中说：“中国革命家都要代表三万万九千万农民说话做事，到战线去奋斗，毛泽东不过开始罢了。中国的革命者个个都应当读一读毛泽东这本书。和读彭湃的《海丰农民运动》一样。”

1927年5月27日和6月12日，共产国际执委会机关杂志俄文版和英文版的《共产国际》先后以“湖南的农民运动（报告）”为题，转载了《向导》刊载的毛泽东的《湖南农民运动考察报告》。这是毛泽东第一篇被介绍到国外的文章。英文版的编者按说：“在迄今为止的介绍中国农村状况的英文版刊物中，这篇报道最为清晰。”当时的共产国际执委会主席布哈林在执委会第八次全会扩大会上谈到毛泽东的《湖南农民运动考察报告》时说：“我想有些同志大概已经读过我们的一位鼓动员记述在湖南省内旅行的报告了。”并称赞这篇报告“文字精练，耐人寻味”。

在《湖南农民运动考察报告》中，毛泽东驳斥了党内外非难农民运动的种种谬论，指出农民运动是“好得很”，不是“糟得很”。论述了农民问题在中国民主革命中的重要地位和无产阶级领导农民斗争的极端重要性，提出了解决农民问题的理论和策略。

他说：“孙中山先生致力国民革命四十年，所要做而没有做到的事，农民在几个月内做到了。这是四十年乃至几千年未曾成就过的奇勋。这是好得很！”“国民革命需要一个大的农村变动，辛亥革命没有这个变动，所以失败了。现在有了这个变动，乃是革命完成的重要因素。”他明确地提出，一切革命的党派和同志，都应当站在农民的前头领导他们前进，而不是站在他们的后头指手画脚地批评他们，更不是站在他们的对面反对他们。他强调，必须依靠广大贫农做“革命先锋”，团结中农和其他可以争取的力量，把农民组织起来，从政治上打击地主，摧毁封建武装，重组农村政权。这是继《中国社会各阶级的分析》一文之后，进一步解决了无产阶级正确对待农民这个最主要同盟军的重大原则问题，丰富和发展了马列主义关于工农联盟的理论，成为无产阶级及其政党领导农民革命斗争的纲领性文献。

在毛泽东的指导下，湖南农民运动蓬勃发展，农会会员达到600万余人，居全国第一位。

1927年春耕季节，湖南农民对土地的要求已迫不及待。长沙近郊农民协会在滕代远的领导下，率先实行减租，谷物收获农民得十分之七，地主得十分之三，并准备清丈田亩，秋收后分田；其他地方的农民也摩拳擦掌，跃跃欲试。对于农民这种自发的实践，中共湖南区委给予了肯定和支持。

在湖南区委的指导下，全省一些地区的农民在当地农会的具体领导下，成立区、乡土地委员会，自己动手，采取清丈田亩、平均佃权、插标占田和分田等方式着手解决农民的土地问题。中共党员、国民党湖南省党部负责人夏曦、易礼容，向国民党中央执行委员会土地委员会汇报了湖南农民迫切要求没收土地，以及有些地方已经在没收地主土地进行分配的情况，提出先没收大地主土地和逐步实行平均地权的办法。

1959年，毛泽东在《七律・到韶山》中写道：红旗卷起农奴戟，黑手高悬霸主鞭。为有牺牲多壮志，敢教日月换新天。热情地歌颂了我党早期领导的湖南轰轰烈烈的农民运动。

# 四 提出『枪杆子里面出政权』

对中国共产党开展武装斗争的重要意义，毛泽东是党内最早认识和极力强调的，并提出了他的著名观点。

# 坚定反对党内的右倾机会主义

自1921年7月至1927年7月，陈独秀连任五届中共中央总书记，但是，在大革命后期，他犯下了严重的右倾机会主义错误，从而导致了大革命的惨痛失败。陈独秀也因此成为悲剧式人物。

毛泽东与陈独秀的关系是从早年的崇拜发展到后来反对其右倾机会主义，在革命的一些重大问题上的裂痕已无法愈合。

1923年夏天，陈独秀发表《中国农民问题》，提出中国农民“不容易发生社会革命的运动”。陈独秀对农民问题的冷淡，在毛泽东心目中留下了阴影；国民党“一大”后，毛泽东和陈独秀在三届二中会议关于国共合作问题上发生了分歧。毛泽东不同意陈独秀避免国共不必要冲突的主张。针对陈独秀《资产阶级的革命与革命的资产阶级》和《中国国民革命与社会各阶级》两文，毛泽东写了《中国社会各阶级的分析》，强调：“中国革命30年而成效甚少，并不是目的错，完全是策略错。所谓策略错，就是不能团结真正的朋友，以攻击真正的敌人。”陈独秀拒绝在《向导》上发表。10年后，毛泽东于1936年对斯诺说：“大致在这个时候，我开始不同意陈独秀的右倾机会主义政策。我们逐渐

鲍罗廷（1884.7—1951.5.29）

地分道扬镳了，虽然我们之间的斗争直到1927年才达到高潮。”

1926年3月20日，蒋介石制造了反共的“中山舰”事件。

事件发生当天，中共广东区委负责人陈延年以及毛泽东、周恩来等人都到苏联顾问地，提议对蒋介石采取强硬态度。毛泽东提出，动员所有在广东的国民党中央执监委员，秘密到肇庆集中，依靠驻防当地的叶挺独立团的力量，争取第二、第三、第四、第五、第六各军的力量，通电反蒋，指责他违反党纪国法，必须严办，削其兵权，开除党籍。然而毛泽东的正确意见没有被采纳。最后由于陈独秀和苏联顾问团对蒋介石采取了妥协退让方针，使原来对蒋介石专横跋扈行为不满的国民党将领也开始附和蒋介石了。3月22日上午，国民党中央政治委员会开会，按照蒋介石的要求通过了处置中山舰办法的决议：“令俄顾问主任季山嘉等引去；第二师各党代表撤回；对不轨军官查办。”按照决议，中国共产党党员退出了国民革命军第一军，由蒋介石完全控制了第一军和黄埔军校。

陈独秀不但看不到中国革命在某种意义上说就是农民革命，农民是革命的主力军，而却指责农民运动“过火”。

1926年12月13日，陈独秀在汉口主持了中共中央特别会议，他说，蒋介石军事政权由于害怕民众运动而逐渐右倾，但民众运动逐渐左倾。因此，我们要把反对这种倾向作为党面临的中心任务。党的“左稚病”有六个方面，即“看不起国民党”“包办国民党”……

会上，李维汉提出，根据湖南农民运动的发展趋势，应当解决农民土地问题。陈独秀反驳说，解决农民的土地问题条件不成熟，并指责湖南工农运动已经“过火”。11月初，陈独秀在中共中央政治局会议上主张武装农民，没收大地主的土地归给农民。不久，共产国际给中央拍来电报，指示北伐军“在占领上海以后，暂时不应加强土地运动”。接到国际电报后，陈独秀改变了这一主张。将土地问题称为“研究室中”的问题。

鲍罗廷支持陈独秀的意见，说：“中国没有土地问题。搞土地革命，缺乏干部。”

毛泽东以中共中央农委书记的身份与会，他坚决主张实行土地革命，支持湖南区委关于实行土地革命的建议，但是根本没有引起重视。毛泽东、李维汉的观点被视为激进，被大会否决。

会议期间，主持湖北省军委工作的聂荣臻去见陈独秀。他汇报工作后，等待陈独秀发表意见。等了一会儿，陈独秀只顾抽烟，似乎还在等待聂荣臻自己谈。大约陈独秀意识到自己应该说点什么，说：“那好……”扯到国民党内的矛盾上来了。聂荣臻见谈不到要害，告辞了。

这次会议反映了陈独秀等人的右倾错误的严重发展。陈独秀在政治报告中，虽然也承认国民党的右倾，承认蒋介石言论虽左，实际行动仍然很右，但报告把党内的“左”倾看成造成联合战线危机倾向的主要原因。这次会议虽然提出目前的农民运动还是以“减租减息，组织自由，武装自卫，反抗土豪劣绅，反抗苛税杂捐”为迫切的要求，但是，却限制工农运动发展，反对解决土地问题，反对建立农民政权，以此换取革命统一战线的不破裂。

汉口会议结束不久，陈独秀发现，毛泽东、李维汉没有错，是自己错了。原来，还在汉口特别会议之前，斯大林批评了那份共产国际暂不加强土地运动的电报，布哈林根据斯大林的意见，在12月1日共产国际执委会第七次大会中国委员会会议上发言说：“土地改革问题或土地革命问题决定了向下一个中国革命发展阶段的过渡……不能认为斯大林只看到了军队，此外他一无所见。我认为农民的组织将起巨大的作用……我认为，我们现在正处在从革命第二阶段向第三阶段过渡的前夕，因此土地问题具有紧迫的意义。我们不得不在农民和资产阶级之间进行选择。我们无疑选择农民。”共产国际七大通过的关于中国问题决议案提出了满足农民土地的要求的问题。

1927年1月底，共产国际七大决议译成中文后，中央委员会陈独秀、瞿秋白、彭述之三人讨论提纲。彭述之（彼得罗夫）认为，在共产国际提纲中没有任何新的东西。

瞿秋白表示完全接受国际路线。陈独秀犹豫后，签发了《中央政治局对于国际第七次扩大会中国问题决议案的解释》，纠正了汉口特别会议中一些错误，说：“在今日以前，我们有一个根本错误，乃死守着数千年以来形式逻辑头脑的错误，即是我们自己头脑中，把国民革命和无产阶级革命之间划了很大的、天然的不可以人力逾越的一道鸿沟，以为今天只能做国民革命，无产阶级革命至快也要到明天早晨。”

但是，在革命的紧急关头，需要领袖采取果断措施，扭转危局的时候，陈独秀却幻想以退让求得合作，竟发表了麻痹共产党员革命斗志的《汪陈宣言》。

就在共产党人面临严峻的挑战之时，在“三二〇”中山舰事变后，被蒋介石排挤出走法国、共产国际誉为“经过考验可靠的左派领袖”汪精卫，从法国途经苏联于4月1日回到了上海，又给上海滩带来了“西伯利亚”寒流。

汪精卫早就把自己打扮成“左派领袖”，以获取反蒋势力的支持，与蒋介石抗衡。汪精卫也正是在共产党和武汉国民党左派为了抵制蒋介石势力，发起“迎汪复职”运动的背景下回国的。

汪精卫一回到上海，便被蒋介石、吴稚晖、李石曾等人包围，并一连在汪精卫下榻处孔祥熙公馆和蒋的司令部进行密谈，谋求反共问题上的一致。密谈开始，蒋介石与吴稚晖等大讲“清共”已迫不及待，武汉的国民党中央已为中共所把持。要求汪精卫留沪领导，并裁抑中共之活动。他们还蓄意挑拨地说：“共产党已经提出打倒国民党，打倒三民主义的口号，并要指使工人冲入租界引起冲突。”

汪精卫想暂时联合共产党对抗蒋介石。于是他对蒋介石表示，将来中央党部和国民政府迁至南京以后，召开（国民党二大）四中全会讨论决定“分共”与“清党”这两件事。

惯耍两面派手法的蒋介石于4月3日发表电告：“中正当专心军旅，所有军权、民权、外交诸端，皆须汪主席指控之下，完全统一于中央。”

陈独秀见了蒋介石的通电，认为完全合于他过去的主张：党权、政权交与汪，军权交与蒋。

4月3日，陈独秀在周恩来的陪同下，去见汪精卫。汪精卫板着面孔，严厉地责问陈独秀：“仲甫，我一回国到上海就听说，共产党已喊出打倒国民党、打倒三民主义的口号，并指使工人冲入租界，确有此事吗？”

“绝无此事！我已多次向吴稚晖声明过。”陈独秀庄重地说。

“完全是造谣，蓄意挑拨两党关系。”周恩来接上说。

“仲甫、恩来，没有此事就好，我再和吴稚晖等谈谈，双方消除误会，团结合作为重。”汪精卫稍稍缓和了语气说。

陈独秀、周恩来走后，汪精卫又向吴稚晖等转达了陈独秀的话。但吴稚晖仍用挑拨性的口气说：“汪主席，那陈独秀口头上骗你的话，不要信他。过去他也和我说过，都是口说无凭的话。”

汪精卫再次把吴稚晖的话转告陈独秀。性情爽直的陈独秀听了，急如星火，直言道：“汪主席，他不信，我可写在纸上，作为书面，表明态度，以释谣传。你看如何？”

“仲甫，事关重大，要认真对待。”汪精卫说。

翌日，陈独秀亲笔起草了《汪陈宣言》即《国共两党领袖联合宣言——告两党同志书》。陈独秀起草后，把自己的名字签在稍后一点，前面留给汪精卫签名。汪精卫看过《汪陈宣言》后说：“仲甫，我同意你的意见。这样，对国民党、共产党都有好处，有利于两党合作。”说着，汪精卫便在《汪陈宣言》上签了名。

《汪陈宣言》称：“国民党、共产党同志们！此时我们的国民革命，虽然得到了胜利，我们的敌人，不但仍然大部分存在，并且还正在那里伺察我们的弱点，想乘机进攻，推翻我们的胜利，所以我们的团结，是时更非常必需。中国共产党坚决承认，中国国民党及国民党的三民主义，在中国革命中毫无疑义地需要，只有不愿意中国革命进展的人，才想打倒国民党，才想打倒三民主义……”

4月5日，《汪陈宣言》公开发表，在国共两党乃至社会各界引起各种不同的反响。

中共浙江区委、中共上海市执委、中共江苏省委也相继发表宣言拥护两党领袖的《汪陈宣言》。

《汪陈宣言》尽管是针对蒋介石的公开反共活动而发的，有反蒋的积极性一面，但在客观上无疑对工人阶级和广大共产党员起了麻痹和解除思想武装的作用，让蒋介石发动“四一二”反革命政变有可乘之机。

不久，陈独秀的领袖地位遭到挑战。

4月12日，蒋介石的叛变，激起了革命人民的极大愤怒，武汉国民政府控制的湖北、湖南等地，群众纷纷举行集会、游行，抗议蒋介石的反革命行径。

4月20日，中共中央发表宣言，斥责蒋介石“已变为国民革命公开的敌人”。

毛泽东领导的全国农民协会也发表《讨蒋通电》，斥责“此贼不除，革命民众无幸存之理，国民革命亦无成功之望。”

这时，已到达武汉的汪精卫，为了与蒋介石争夺国民党的最高领导权，以国民党左派的面目出现，也打起了反蒋的旗号。

当国民政府迁到武汉以后，中共第四届中央委员也陆续来到了武汉，约在1926年底前后，中共在武汉成立了临时中央局。1927年3月底前后，临时中央局致电陈独秀，催他来武汉。陈独秀于4月15日左右到达汉口。他是中共中央五个常委中最后一个到达汉口的。他住进了位于四民街61号中共中央机关所在地。

陈独秀到达武汉以后，他和一批年轻的中共领导人所面临的革命形势越来越险恶了。当时武汉已陷入四面受敌的险境，北有奉系军阀；东有蒋介石；南有受南京政府节制的两广；西有与蒋介石勾结的四川军阀杨森。帝国主义和蒋介石对武汉实行经济封锁，武汉地区物价上涨，日用品缺乏，全市失业工人到5月间增至12万人。与此同时，两湖地区工农运动持续高涨，特别是湖南省的一些地区，农民已开始自动地插标分田，猛烈地冲击着封建土地制度。

当时，对中共制定决策有重大影响的是三个人，即苏俄政府代表、国民党顾问鲍罗廷，共产国际首席代表罗易和中共中央总书记陈独秀。

罗易是1927年2月18日到达广州的，他来中国的主要使命是贯彻共产国际执委会于1926年11月至12月召开的第七次扩大会议所作出的《关于中国形势问题的决议》。

4月2日，罗易来到了武汉。4日至20日，他和鲍罗廷及晚到汉口的维经斯基与中共中央局就当前革命形势举行会谈。罗易认为当前主要任务是进行土地革命和巩固两湖根据地。鲍罗廷坚持北伐，不惜以辞职坚持己见。会议经过争论，包括陈独秀在内的中共中央同意了北伐的意见。接着，在北伐的同时要不要解决土地问题，怎样解决土地问题，又发生了争论。

为了总结过去的工作经验，确定在革命紧急时期的任务，1927年4月27日，中国共产党在武汉召开了第五次全国代表大会。

开幕式在武昌高等师范第一附属小学举行。蔡和森、瞿秋白、毛泽东、任弼时、刘少奇、邓中夏、张国焘、李立三等80位代表出席了大会，代表党员57900多人。

李大钊没能来，五大开幕这天，是他临刑的前夜。

邓培、萧楚女、熊雄、李启汉、刘尔苏没有来。10天前，他们在广州被李济深、古应芳杀害。

上海特委周恩来、陈延年、赵世炎没有来，他们正在“白色恐怖”之中与敌人周旋。

大会秘书长是蔡和森，湖北代表团的主席是罗章龙。

主席台上，挂着马克思和列宁的画像。与挂像相对衬的是台上就座的罗易、鲍罗廷、维经斯基、米夫、罗卓夫斯基。

26岁的俄国小伙子米夫于1927年初来中国。先到上海，后去广州，再来武汉。俄国老牌的工运领袖罗卓夫斯基是红色职工国际代表。

主席台上还坐着国民党人徐谦、谭延闿和孙科。由于武汉当时有“赤都”之誉，中共五大自然可以公开举行，作为友党代表，他们前来表示祝贺。

大会由中共中央总书记陈独秀主持。开幕式十分热烈。在陈独秀致开幕词后，共产国际三位代表讲话，徐谦代表国民党中央致贺词。之后，还有工会、学生会、共青团以及童子军代表致贺词。湖北的织布工人、京汉铁路“二七”罢工领袖之一项英，领着一队湖北工会纠察队入场，向大会道贺。

为防意外，汪精卫赶来致了贺词后，4月29日大会转移到汉口近郊的黄陂会馆举行。场内条桌后的条凳上坐着正式代表，加上工作人员及非正式代表，约有100多人。代表们没有出席证，进门时用“口令”，第一天上午用“冲锋”二字。

陈独秀代表中共中央作了长达五小时的《中央政治报告》。他穿着长衫，操一口带安徽口音的普通话，颇有大学教授讲课的神气。他在报告中，系统地叙述了四大以来的工作，并检讨了所谓自己由于“不了解”而反对北伐与准备退出国民党这个策略的错误。这是陈独秀自从担任中共中央书记以来，第二次在党的全国代表大会上作公开的检讨并承认自己的错误。但是没有分析犯错误的原因，显然，他的检讨，自始至终缺乏诚意。

会议间隙，绰号“大口”的罗亦农走到瞿秋白跟前，叹息着说了“糟糕”两字，表示对陈独秀报告的不满。瞿秋白却头也不抬，抽着烟做沉思状。毛泽东与蔡和森利用休息时间散步。毛泽东说：“当年我们是漫步橘子洲头，其后在广州东山，今天走到黄鹤楼来了。”蔡和森笑笑，说：“你的心情还挺好？”毛泽东说：“自己宽心吧，我自己的情绪倒不要紧，我担心的是再这样下去，中国革命还要受损失。”蔡和森说：“大会没有安排讨论你们的农民问题提案，会不会和你的《湖南农民运动考察报告》有关？”毛泽东回答：“我们的差距的确很大，老头子越来越右倾了。”“陈独秀看不起农民运动。向西北去实质是逃避土地革命，最终是消灭革命。”“他根本不懂农民在革命中的地位，我说农运好得很，他说过火了。”

辩论进行了四天。要求签名发言的达38人，达到参加会议代表的半数，任弼时、瞿秋白等人的发言最引人瞩目。任弼时去莫斯科参加青年共产国际第六次执委会，回到上海正逢“四一二”大屠杀，在了解情况后，迅速离开上海到达武汉。任弼时到武汉后，在武昌都府堤41号见到了毛泽东，他们交换了对当前形势的意见。

瞿秋白（1899.12.9—1935.6.18）

第二天开会时，代表们发现每人的座位上都放着一本4万字的小册子，封面上是：“中国革命之争论问题”，瞿秋白著。扉页上印着：“第三国际还是第零国际？——中国革命中之孟塞维克主义”。

所有代表都被这本小册子吸引住了，饶有兴趣地翻看。

会场上一片笑声和议论声。恽代英戴着一副白丝边眼镜，一边笑，一边说：“这个标题写得好，写得尖锐。目录上的五大问题也提得鲜明：中国革命么？谁革谁的命？谁能领导革命？如何去争领导？领导的人怎样？问得实在好！”

瞿秋白的这个小册子自然是针对陈独秀的右倾机会主义路线的，文章系统地批判了陈的错误思想、政策方针，并肯定地说：我们的党是有病。凡是有病的人，如果“讳疾忌医”，非死不可。而我们党的第一种病，便是“讳疾忌医”。

对陈独秀这位党内老牌权威，许多人在他的家长制作风压制下，敢怒不敢言。一些人把希望寄托在瞿秋白身上，以他的理论素养、亲耳聆听列宁教诲的资历、雄辩的口才，当能起到一定的作用。

这小册子原名叫作“第三国际还是第零国际”，以后改名为“中国革命中之争论问题”。批判的是“彭述之主义”。

彭述之其人，在中共四大上，经陈独秀一手提拔，当选中共中央宣传部部长。瞿秋白的小册子揭露彭述之17条错误。其矛头所向，乃陈独秀。他在会上分发小册子，无疑给陈独秀重重一击。

瞿秋白的小册子果然达到了预期的效果，拉开了系统批判陈独秀右倾机会主义路线的序幕。许多人由此鼓起了勇气和信心。蔡和森、任弼时等先后发言，批评陈独秀的错误。

在素以家长自居的陈独秀眼里，党内能够和他并驾齐驱的人只有李大钊，其余在中央领导层的人，不过是他的学生、翻译和助手。这本小册子和有关的发言，使陈独秀的领袖地位彻底动摇了。随着陈独秀在共产党内声望的急剧下降，瞿秋白的影响日益上升。

周恩来请罗亦农带来两点意见：中央要承认错误，彭述之不能进中央委员会。毛泽东在大会上发言批评了中央的错误，他在大会前和彭湃、方志敏等同志准备了提案，但陈独秀拒绝在大会上交流，并将毛泽东排斥在大会领导之外。

在瞿秋白、任弼时、毛泽东、恽代英等大多数代表的坚持下，会议批评了陈独秀等人的错误，如“三二〇”中山舰事件，使资产阶级占上风；上海工人武装起义，重视拉资产阶级进市民政府，没有提出土地问题及与农民团结；蒋介石叛党时，不能使他孤立等。

陈独秀表示接受代表们的批评。

五大在中国革命的危急关头没有起到挽救中国革命的作用。

大会对陈独秀的右倾错误虽进行了一定的批评，却继续选举他为党的总书记。所以，党的五大未能完成历史所赋予它的使命。

5月9日，中共五大选出了陈独秀等29人为中央委员，毛泽东等11人为中央候补委员。

彭述之终于落选。政治局常委为陈独秀、李维汉、张国焘，周恩来为秘书长。大会以后，很多中央委员分赴各地，党中央的实际领导工作仍然由陈独秀主持，结果使右倾机会主义错误继续在全党贯彻并进一步发展，对革命造成了更加严重的危害。

对于五大上陈独秀的表现，毛泽东认为陈独秀是“动摇的机会主义，在继续妥协显然意味着灾难的时刻，使党失去了决定性的领导作用和自己的直接路线”。

中共五大后，国民党反动派步步进逼，发动了“马日事变”。

此时，武汉地区国民党反动派的反共活动甚嚣尘上。

5月21日深夜，驻扎长沙的唐生智部下第三十五军第三十三团团长许克祥，率部发动武装叛乱，史称“马日事变”。叛军以白袖章白符号为标记，以“土豪劣绅”为口令，分头抢掠和封闭了湖南省总工会、省农民协会、左派国民党省党部，解除工人纠察队和农民自卫军武装，释放了所有被监禁的土豪劣绅，一夜间搜捕共产党工农群众3000余人，杀百余人。在长沙等地屠杀革命志士和工农连续七天之久。

到处是地主豪绅、资本家咒骂工农运动的声音。

急剧恶化的革命形势，迫切要求共产党制定决策。5月24日，中共中央政治局会议，再次发生争论，意见未能统一。

5月26日，中央政治局召开会议，张国焘主张立即采取行动，罗易认为，同国民党关系直接破裂的危险并不存在。

最后通过罗易建议的一项决议，实行策略退却。即取消进攻长沙的计划，将毛泽东调出湖南，到武汉任农民协会会长。

当时，毛泽东对鲍罗廷、陈独秀和谭平山都有意见。

鲍罗廷认为中国革命只有在西北建立军事基地，应当解除工农纠察队的武装。

5月30日，约2.5万人的农民起义队伍从四面八方向长沙进发，共产党湖南省委根据中央委员会的指示下令停止前进，罗易当天给共产国际政治书记处写信：“共产党中央委员会则非常消极，它否决了我提出的关于组织群众运动，要求采取措施镇压湖南反革命的建议。”

两支5000人的浏阳农民军队伍没有接到撤退命令，孤军进攻长沙，袭击了长沙附近的军队，次日失败。

汪精卫讽刺陈独秀说：“你们不是有10万大军吗？怎么连许克祥一个团也

打不赢？”

中共中央对许克祥的武装叛乱，曾经征调10万农民自卫军攻打长沙，平定叛乱，但不久又下令停止，转而依靠国民党平定叛乱。

在这关键时刻，以陈独秀为首的中共中央却不厌其烦地连续下达文件，纠正农民运动的“过火”行为，以便维持那已经无法维持的国共两党合作。这表明，“马日事变”后，以陈独秀为首的右倾机会主义在中共中央占了统治地位。

1927年6月27日晚，冷落的街道不时传来几声汽笛声。武汉的形势已是“山雨欲来风满楼”。

陈独秀在汉口西门子鲍罗廷寓所召开中央政治局紧急会议，研究应付时局的办法。会议决定“公开宣布解散纠察队”，解散童子团。

武汉工人纠察队有5000人，拥有3000支枪，有人反对解散这支队伍，但附议声很小。

同日，颁布《湖北省总工会解散纠察队布告》。该布告宣布“本会为避免反动派借口武装纠察造谣起见，业于本月28日将纠察队全体解散”。所有前领枪弹即刻交存管理汉口卫戍事宜办事处，并请该处派员于29日上午10时来会点收。

当革命正需要加强武装力量，进行自卫反击的时候，以陈独秀为首的党中央竟做出了这种解散工人阶级武装的错误决定。

7月3日，陈独秀主持召开中共中央扩大会议，通过了《国共合作十一条决议》。该决议完全承认国民党“当然处于国民革命之领导地位”；重申共产党人参加国民政府“并不含有联合政权的意义”；要求参加政府工作的共产党员，“为图减少政局之纠纷，可以请假”，决议指出：为了“避免政局之纠纷与误会”，武汉现有的武装纠察队“可减少或编入军队”。

《国共合作十一条决议》充分反映了陈独秀右倾机会主义已经发展到登峰造极的地步。

当然，陈独秀犯右倾机会主义路线错误的根子都在莫斯科。

2002年10月，中共中央党史研究室副主任石仲泉以答《百年潮》杂志记者问的形式发表了一篇重要谈话（《百年潮》2002年第10期）。他在介绍新出版的《中国共产党历史》第一卷中关于陈独秀的新评说时说：“要肯定陈独秀从建党直到大革命运动前期，都是有巨大功劳的。”“他是我们党的主要创始人之一，而且从党的一大到五大一直是党的主要领袖。他那时的威望盖过了其他任何人。”石仲泉说，新的《中国共产党历史》把陈独秀在大革命失败中的错误从“右倾投降主义”，改为“右倾机会主义”。这是因为，“被看作陈独秀犯严重右倾错误标志的对国民党‘二大’、中山舰事件、整理党务案等问题上的让步，即所谓‘三次大退让’，还有对蒋介石、汪精卫等的依赖，以及不重视党直接掌握武装的思想等，都是受共产国际的重大影响。”石仲泉说：“由于那时的中国共产党是共产国际的一个支部（是上下级关系），年幼的党对共产国际的指示，在组织上有服从的义务，同时又缺乏判断的能力。”“因此，共产国际、联共（布）及其驻华代表对中国大革命遭受的严重挫折负有不可推卸的责任。”

后来，毛泽东对陈独秀的功过有过正确的评价。

1936年，毛泽东在与斯诺谈话中指责陈独秀：“在那个时候，陈独秀是中国党的彻头彻尾的独裁者，他甚至不同中央委员会商量就作出重大的决定。”

1942年，毛泽东于3月30日，在中共中央学习组作《如何研究中共党史》的讲话时还说：“陈独秀是‘五四’运动的总司令，现在还不是我们宣传陈独秀历史的时候，将来我们修中国历史，要讲一讲他的功劳。”

# “八七会议”语惊四座

大革命失败后，中国共产党没有被杀绝、被吓倒，他们从地上爬起来，揩干身上的血迹，掩埋好同志的尸体，又继续战斗了。

为了挽救革命，1927年8月1日，周恩来、贺龙、叶挺、朱德、刘伯承等领导了南昌起义，打响了武装反抗国民党反动统治的第一枪，开始了中国共产党独立领导武装革命斗争的新阶段。

8月7日，党中央在汉口召开了紧急会议，确定了土地革命和武装反抗国民党统治的总方针。

大革命失败了，中国共产党完全转入了秘密地下活动。陈独秀拒绝赴苏，他躲在武昌一个偏僻的工人住宅区里。和他住在一起的，只有他的私人秘书黄文容。已“不视事”的他，不再参与中共中央的工作。中共中央临时常委会在7月18日作出重要决定：在南昌组织武装起义！于是，7月20日五常委之一的李立三和谭平山、恽代英、邓中夏、叶挺来到江西九江。26日，另一常委周恩来在陈赓陪同下到达九江。紧接着，常委张国焘也来到这里。这么一来，中共中央五常委之中有三个前往江西。蔡和森在汉口医院养病。留在武汉秘密活动的常委是李维汉和张太雷。那时候，李维汉用的是化名罗迈。

行踪最为奇特的是瞿秋白。7月12日，他出席了由鲍罗廷主持的临时政治局会议，鲍罗廷宣布的新的五常委之中没有他，并声称他要去海参崴。当天夜里，瞿秋白就从武汉消失了。他陪鲍罗廷上庐山“休养”，有着重大的内情。

鲍罗廷熟知中共内情，并已选中瞿秋白接替陈独秀，所以要在离华之前，把领导担子移交给瞿秋白。

山下正风云变幻。在云遮雾障的庐山，“老鲍”跟瞿秋白彻夜长谈，研究着中共下一步的暴动计划、中共新的战略方针和工作原则。

鲍、瞿密谈持续了一个多星期。7月21日，他俩从庐山悄然返回武汉。当天，鲍罗廷便宣布：增加一名中共政治局常委。这位新常委就是瞿秋白。

虽说鲍罗廷没有明确指定六常委中以谁为首，而实际上他安排了新常委瞿秋白主持中共中央工作，可谓“后来居上”。从此，瞿秋白成为中共的第二任领袖，虽然他当时的名义只是中共中央政治局常委。

7月23日，共产国际派往中国的新代表罗明纳兹秘密抵武汉。7月27日，原先的共产国际三位代表奉调回去。罗明纳兹于1898年出生于俄国高加索格鲁吉亚，是斯大林的同乡。来华前是少共国际（青年共产国际）负责人。他来华的任务有两个：一是为共产国际和斯大林本人对中国革命指导上的失误做辩护；二是帮助中国共产党纠正妥协退让的路线。

罗明纳兹一到武汉，便同瞿秋白、张国焘长谈。他是少壮派，根本不把二人放在眼里。他对瞿秋白等说：“我现在是共产国际在中国的全权代表，奉命纠正过去共产国际人员，还有中共中央在中国革命中所犯的错误。”

罗明纳兹的话，瞿秋白听来很刺耳，暗想：“这罗明纳兹哪里像个共产国际的代表？简直是沙俄时代的钦差大臣。下车伊始，什么情况都不了解，就夸夸其谈。”

因为是国际代表，又初次见面，瞿秋白没和他争辩。

共产国际新代表罗明纳兹带来莫斯科新的指令。他与瞿秋白等中共新政治局常委决定召开紧急会议，在中共贯彻新的国际指示。

8月的武汉三镇，热得如同火炉，即便一动不动躺在那里，全身的皮肤也会像漏了似的，汗水不住地汩汩而出。就连树上的知了，也懒得叫唤。

在汉口的俄租界，一幢西式公寓的二楼，20多个中国人却不顾蒸笼般的闷热，聚集在一个房间里，侧耳倾听着一个俄国人的长篇讲话。大约是因为骤然增加了那么多的人，屋里方凳、圆凳、长板凳相杂，显然是临时从别的

“八七会议”旧址

房间里搬过来的。

那个讲话的俄国人，皮肤格外白净，29岁。他便是共产国际新派来的代表罗明纳兹。他自我介绍说名叫“尼古拉”，在文件中也就用他名字英文开头字母“N”作为他的代称。

罗明纳兹的两侧，坐着另两个外国人，是和他一起抵达武汉的。

他的一侧是一个德国小伙子，25岁，名叫纽曼。纽曼是德国共产党党员，23岁出任德共驻共产国际的代表。虽说年纪轻轻，却有着“暴动专家”之誉。因为他20来岁时，曾成功地领导过德国工人暴动。据云，派这位“暴动专家”前来中国，是考虑到中共正需要组织暴动。

罗明纳兹的另一侧，是一位俄国女人，名叫洛蜀莫娃，她是罗明纳兹的助手。

罗明纳兹手中拿着厚厚一叠俄文稿，一边念稿子，一边不时离开文稿“发挥”几句。担任翻译的瞿秋白，穿着白色短袖纺绸衫，脸色苍白，肺病正在折磨着他。此时，他的手中也拿着一叠厚厚的纸，那是他事先把罗明纳兹的俄文稿译成了中文。当罗明纳兹离开稿子“发挥”几句时，他的目光也离开了中文稿补译几句。

瞿秋白扮演的不仅仅是翻译的角色。罗明纳兹的报告，长达三万多字，是瞿秋白参与起草的。

会议是在极度匆忙、万分紧急的情况下秘密召开的。最初定于1927年7月28日召开。可是，外省代表们来不及赶到武汉。推迟到8月3日，仍然来不齐。可是，再等下去不行了。这样，当外地代表来了一部分之后，就决定在8月7日开会。会议非常紧凑，从早到晚，开了一天就结束了。

这次会议，由于代表不齐，无法叫“中共中央全会”，也不是“中共中央政治局会议”，于是称“中共中央紧急会议”。由于在8月7日这天开的，史称“八七会议”。

六常委中的张国焘、周恩来、李立三在南昌前线，未出席会议。留在武汉的三常委瞿秋白、李维汉、张太雷及病中的蔡和森出席了会议。

大会的主席是身材高大、31岁、湖南口音的常委李维汉。当年，他是毛泽东发起的新民学会会员，后来留学法国，在那里加入“旅欧少年共产党”。1922年底他回国，由毛泽东和蔡和森做介绍人，加入中国共产党。他跟毛泽东、蔡和森很早便认识，他在湖南省立第一师范学校第二部求学时，毛泽东、蔡和森则在第一部读书。他在1923年出任中共湘区委员会书记。在中共四大当选中委。在中共五大当选政治局委员。

“八七会议”的出席者有中央委员：罗迈（即李维汉）、瞿秋白、张太雷、邓中夏、任弼时、苏兆征、顾顺章、罗亦农、陈乔年、蔡和森。候补中央委员：李震瀛、陆沉、毛泽东。监察委员：杨匏安、王荷波。共青团代表：李子芬、杨善南、陆定一。湖南代表：彭公达。湖北代表：郑超麟。军委代表：王一飞。中央秘书：邓小平。共产国际代表：罗明纳兹、纽曼、洛蜀莫娃。

这时，陈独秀仍是名义上的党的总书记，仍是中央委员、政治局委员，虽在汉口，却拒不出席会议。

罗明纳兹的长篇报告，经大会讨论，后来稍作修改，以《中央“八七”会议告全党党员书》发出。报告批判了陈独秀的右倾机会主义，扭转了中国共产党的

“指导错误”，结束了陈独秀路线。

毛泽东在会议上作了七次发言，指出了陈独秀犯了四个错误，一是不争取领导权；二是不接近农民群众；三是不重视军事问题；四是关于组织问题。

毛泽东的发言记录，约为1000字。他用幽默辛辣的语言，批判陈独秀在国共合作上的右倾错误。他说，当时大家的根本观念都以为国民党是人家的，不知他是一架空房子等人去住。其后像新姑娘上花轿一样勉强搬到此空房子去了，但始终无当此房子主人的决心。我认为这是一大错误。

他强调说，从前我们骂孙中山专做军事运动，我们则恰恰相反，不做军事运动专做民众运动，蒋唐（即蒋介石、唐生智）都是拿枪杆子起家的，我们独不管。现在虽已注意但仍无坚决的概念，比如秋收暴动非军事不可，此次会议应重视此问题，新政治局的常委要更加坚强起来注意此问题。湖南这次失败，可说完全由于书生主观的错误，以后要非常注意军事。须知政权是由枪杆子中取得的。

当时的毛泽东在中共党内的地位在第十以外，尚未显要，然而他的这段话大有“众人皆醉吾独醒”的意味，超过了他的同时代人。

毛泽东关于枪杆子出政权的这个论断，切中要害地指明了大革命失败的经验教训，把共产党人对武装斗争的认识提到一个新的高度，在党内产生了重要影响。

“八七会议”总结了大革命失败的经验教训，坚决纠正和结束了陈独秀的右倾机会主义错误，撤销了他的总书记职务。会议确定以土地革命和以武装反抗国民党反动派的屠杀政策为党在新时期的总方针，并把发动农民举行秋收起义作为党在当时的最主要任务。中国革命从此开始由大革命失败到土地革命战争兴起的历史性转变。

中国在大动荡，中共在大动荡，中共领导层也在大动荡之中。

中共中央政治局在频繁地改选、换动着：5月9日中共五大闭幕时选出政治局委员九人，常委三人；才两个来月，7月12日，又一次改组，确定新的五常委；这一次，还不到一个月，再一次改组。

根据党章，这次会议虽无权改组中央，但有权选举临时中央局。罗明纳兹带来莫斯科新的指令，认为前任中共领袖陈独秀犯右倾错误，在于知识分子的“动摇性”，因此必须加强中共领导层的工人成分。

工人出身的领袖们，一下子备受重视，被列入中共新领导班子候选名单的有三位：42岁的苏兆征，他是广东香山县淇澳岛（今属广东省珠海市）人，从小在海轮上做工，地道的海员工人出身。1921年1月，他领导了香港海员大罢工；3月，创立中华海员联合总会；1925年，加入中国共产党；1926年，出任中华全国总工会委员长。在中共五大上当选中央政治局委员。

23岁的顾顺章，湖北人。他原本是南洋兄弟烟草公司的事务员，是工人出身。他曾留学德国，回国后加入中国共产党。在上海工人三次武装起义时期担任工人纠察队总指挥。在中共五大上当选中央委员。

47岁的向忠发，湖北汉川人。论出身，此人“根子正”，“标准”的工人。他青年时期先在汉阳兵工厂当学徒，后来做过水手、码头工人。1922年加入中国共产党，被派到湖北省工会工作，担任汉冶萍总工会副委员长。此后历任武汉工人纠察队总指挥、武汉工会委员长、中华全国总工会执委会委员。他当选过中共三大、四大、五大代表，并在中共五大当选为中央委员。

瞿秋白宣布了事先拟好的政治局委员候选人名单，经过投票选举，产生的新的政治局委员名单，跟预拟的人选差别颇多。其名单按得票数的排列是：正式委员：苏兆征、向忠发、瞿秋白、罗亦农、顾顺章、王荷波、李维汉、彭湃、任弼时；候补委员：邓中夏、周恩来、毛泽东，彭公达、张太雷、张国焘、李立三。

7月12日产生的五常委，除瞿秋白外，周恩来、张太雷、张国焘、李立三，票数居末。

毛泽东得票数与周恩来相同，并列第十一位。

按得票数，中共的新领袖当是苏兆征或向忠发。但考虑到作为党的领导，由工人来担当有一定困难，于是，在8月9日召开的中央政治局会议上，确定了三常委是瞿秋白、李维汉、苏兆征。名义上三人都是常委，实际上以瞿秋白为首。

新的临时中央政治局决定设立中共中央北方局、南方局和长江局，决定王荷波任北方局书记，蔡和森为秘书；张太雷赴南方局，任广东省委书记；罗亦农赴长江局工作；毛泽东去湖南领导秋收起义。

如今，召开“八七会议”的那幢房子，设立了纪念馆，坐落在汉口鄱阳街139号（即原俄租界三教街41号）。那是根据李维汉、邓小平、陆定一认定后确证的。

28岁的瞿秋白取代陈独秀成为中国共产党的舵手。后来，他爱人的朋友，著名作家冰心曾对此发表评说，她说，当时瞿秋白是不愿意做领袖的，甚至连诸葛亮也不愿意做，他在中国革命危急的关头担当了革命重任，完全是一种“见义勇为”。

开国领袖

# 五 上山做『山大王』

秋收起义以来，毛泽东一直在思考中国革命的前途，为了保存革命力量，毛泽东带领起义队伍来到了敌人统治薄弱方圆五百里的井冈山、罗霄山脉中段。走上井冈山的毛泽东对战士们讲，站在井冈山，不但可以看到江西、湖南，还可以看到全中国、全世界，从此中国革命的面貌焕然一新，第一个革命根据地诞生了，工农武装斗争的旗帜树起来了。井冈山成为举世瞩目的中国革命摇篮，坚持井冈山的斗争，使中国共产党领导中国工农红军从襁褓中走向成长壮大。

曾有位拉美国家的最高司令官，参观井冈山后，在留言簿上写道："井冈山是令人神往的地方。毛泽东上通天文，下知地理，他选择的这个地方是一块藏龙卧虎之地——藏中国共产党之龙，卧工农革命军之虎。这个根据地的建立，与中国革命的胜利是紧紧连在一起的。"

毛泽东建立革命根据地的思想，逐渐形成于实践过程之中，结论在总结经验之后。"文化大革命"期间有一种说法，说"毛泽东早在长沙读书的时候，口袋里就装有一张地图，对全国的山脉、河流了如指掌。一旦需要，他知道将来应占领哪一个山头"。这显然是先验论。

那么，毛泽东在湖南长沙"一师"读书时，有没有议论过这些事呢？有过。美国作家斯图特·施拉姆写了长篇传记《毛泽东》，作者在撰写此书时，专门去台湾采访政治大学的白余教授。这位白教授是毛泽东在长沙"一师"的同学，他在海峡两岸有较大的影响。1991年他病故时，新华社还发过消息。

当施拉姆请白余教授回忆往事的时候，白先生说了这样一段故事："1917年中秋节，毛泽东又一次而且更加明显地流露出了头脑中的传统观念。一群学生聚集在第一师范后面的山上讨论救国之道，有些人提出进入政界。对此，毛泽东回答说需要有金

革命摇篮井冈山

钱和关系才能当选。又有人提出利用今后当教员的职位来影响几代人，但毛泽东表示反对，说这个办法需时太久。别人要他提出办法，他答道：‘学梁山泊好汉。’”

后来，施拉姆在《毛泽东》这部传记中写道：“梁山泊是一个山地要塞的名字。毛泽东爱读的小说《水浒传》上的绿林好汉在那里安营扎寨，兴起兵事，除强暴以伸张正义，处乱世而求民安。刚好十年之后，毛泽东上井冈山，开始了一条与此并非毫无相似之处的道路。”

梁山英雄所走的路是逼出来的，中国工人阶级走井冈山的路也是逼出来的。因为民主这条路走不通，蒋介石不给一点民主自由的权利；在城市搞武装暴动这条路也走不通，因为敌人的反动统治集中在城市。这种情况逼得我们党非把主要力量转到敌人统治比较薄弱的农村去不可。加上中国的农民在政治上受的压迫和经济上受的剥削，比农村其他阶级都深重得多，对革命的要求也迫切得多，因此，工人阶级领导的农民革命，不但是中国农民的唯一出路，也是中国革命的唯一出路。

应当说，最早认识、提出并坚持这个观点的不是别人，正是毛泽东。1927年7月4日，毛泽东出席了中央政治局常委扩大会议。当讨论到如何对付许克祥镇压湖南农民运动时，毛泽东提出最好的办法是“上山”。他说：“上山可造成军事势力的基础。”“不保存武力，则将来一到事变，我们即无办法。”事实证明这位预言家的正确。时隔两个月，当秋收起义部队打了几个败仗之后，他便决然把部队带上了井冈山。

从此，井冈山成为举世瞩目的中国革命摇篮，也成为人民军队的摇篮。

# “红旗卷起农奴戟”

毛泽东在《西江月·秋收起义》中兴奋地写道：“军叫工农革命，旗号镰刀斧头。修铜一带不停留，便向平浏直进。地主重重压迫，农民个个同仇。秋收时节暮云沉，霹雳一声暴动。”

南昌起义胜利后，中共中央于1927年8月3日发布《关于湘鄂粤赣四省农民秋收暴动大纲》，决定在工农运动基础较好的湖南、湖北、广东、江西四省发动秋收起义。

“八七会议”后，中共中央派临时政治局候补委员毛泽东、彭公达前往湖南省，传达“八七会议”精神，改组湖南省委，发动秋收起义，并指定毛泽东为中央特派员，彭公达为省委书记。8月中旬，彭公达、毛泽东先后由武汉到达长沙。8月18日至30日，改组后的湖南省委多次开会讨论发动秋收起义问题。会议认为，武装起义不能单靠农民的力量，需要有一两个团的军队做骨干；武装起义不应再打国民党的旗帜，而应直接打出共产党的旗帜。毛泽东在会上强调说：我们党从前的错误，就是忽略了军事，现在应“实行在枪杆子上夺取政权，建设政权”。关于暴动区域，经反复讨论，会议接受毛泽东提出的缩小暴动范围的主张。认为根据湖南省的主客观条件，暴动的区域不能过多过大，而应集中力量，在条件较好的以省会长沙为中心，包括湖南省的湘潭、宁乡、醴陵、浏阳、平江、岳阳和江西省的安源等七个县（镇）举行起义。关于起义时间，定于9月9日开始破坏铁路，11日各县同时起义，15日长沙起义，16日各路起义武装会师长沙，夺取长沙。会议决定，毛泽东到湘赣边界担任中共湖南省委前敌委员会书记，领导秋收起义。

当时，在湘赣边界存在着几支革命的武装力量：一支是共产党员卢德铭任团长的国民革命军第二方面军总指挥部警卫团，因为没有赶上参加南昌起义而停留在那一带；一支是平江、浏阳等地的工农义勇队或农民自卫军；还有一支是准备起义的安源路矿的工人武装。

8月下旬，警卫团和平江、浏阳工农义勇队负责人，在湘赣边界的江西修水山口镇举行会议，决定合编为一个师，部队暂时改编为“江西省防军暂编第一师”：警卫团为第一团，驻修水；浏阳工农义勇队为第三团，驻铜鼓；平江工农义勇队分别补入这两个团。因为卢德铭已去武汉向中共中央报告工作，由余洒度任师长，余贲民任副师长，钟文璋任参谋长兼一团团长，苏先俊任三团团长，这就是“工农革命军第一军第一师”雏形。

此外，安源铁路煤矿工人纠察队、矿警队和安福、莲花、萍乡、醴陵、衡山等地的农民自卫军，可以合编为一个团。这几支部队就是毛泽东领导湘赣边界秋收起义时的主要力量。

8月下旬，中共中央传来关于秋收暴动的计划，要求余洒度率部整装待命。余洒度等即根据指示，以“江西省防军暂编第一师”为基础，将部队改编为工农革命军第一军第一师，毛泽东任前委书记，卢德铭任总指挥，余洒度任师长，余贲民任副师长。部队成立了共产党师委会，师部驻在当时的修水县商会（商会是一间占地1200多平方米的大屋，现在的师部旧址已建成秋收起义修水纪念馆）。

组建了自己的队伍后，中央指出秋收起义要亮出工农自己的旗帜，前敌委员会即指派师参谋长陈树华、参谋何长工、副官杨立三负责设计制作军旗。三人通过几天思考推敲，曾设计出几个图案，都觉得不满意。何长工根据他在留法勤工俭学期间，见过苏联红军军旗的式样，提出了自己的设计方案，并画出草图。经过三人反复推敲、修改，最后设计出了工农革命军第一军第一师军旗图样：旗底为红色，象征革命；旗中央是颗黄灿灿的五角星，代表中国共产党；五星内镶着镰刀和斧头，代表农民和工人；旗左边白色涵管上写着“工农革命军第一军第一师”。整个旗帜的含义是：工农革命军第一军第一师是中国共产党领导下的工农革命武装。

军旗图样经组织通过后，共产党领导的工农革命武装从此有了自己的光辉旗帜。军旗式样确定后，何长工立即组织缝制。当时，修水县城的数十名裁缝主动请缨，义务承担了军旗的缝制任务，布店老板无偿献出红布料。经过群众几天几夜的紧张赶制，100面崭新的军旗缝制完成，同时缝制了1000多块红领巾、红袖章，以备起义时用。1927年9月9日，第一面工农革命军军旗在特务连的护卫下，在修水县城升起。

1927年9月初，工农革命军第一军第一师前委书记毛泽东到达安源，在张家湾召开军事会议，具体部署了发动秋收起义的进军路线和行动日期，决定以驻扎修水的工农革命军第一军第一师，驻铜鼓的浏阳工农义勇队，安源工人自卫队、矿警队和醴陵农民自卫队，分三路分别从修水、铜鼓、安源会攻长沙。9月5日，毛泽东赴铜鼓指挥起义。

9月9日，商人装扮的毛泽东来到湖南浏阳与江西邻界的张家坊一个客栈。毛泽东正准备吃饭、休息，忽然被前来搜查的团丁缠住了。团丁队长喝令：“带到团部去审问，若查出是共党，哪怕是嫌疑分子，就地正法。”不由毛泽东分说，便被以“共党嫌疑犯”捕扣了。这是毛泽东一生中唯一的一次被捕。他同其他“共党嫌疑犯”一道，被团丁们押往离此地不远的团防局。

负责押送毛泽东的两个团丁看他态度温和，没捆他。他被脱去鞋（浏阳迷信传说，处死的人无法从阴间回来报复），赤脚走在押送队伍的最后边，其前后各有一个背着大刀的团丁。毛泽东边走边想，赶到地点等于送死，便决计用贿赂团丁的办法死里逃生。毛泽东认为，这样做是可能成功的，因为团丁是雇佣兵，枪毙自己对他们并没有特别的好处，团丁不会错过捞钱的机会。于是，毛泽东在与两团丁谈得热乎时，达成了“君子协定”，趁机塞给两个团丁几块大洋。在离团防局大院约200米的地方，毛泽东看准了有利地形，拔腿就跑。待毛泽东跑远了，两个受贿的团丁才喊：“跑了，跑了，快追啊！”几个团丁手持梭镖追来。

毛泽东翻过山岭，发现一个水塘四周长满高高的荒草，便潜入草丛，把身子全没在水中。毛泽东后来在陕北保安描述了当时的险情：“我跑到一个高地，下面是一个水塘，周围长了很高的草，我在那里躲到日落。士兵们在追踪我，还强迫一些农民帮助他们搜寻。有好多次他们走得很近，有一两次我几乎可以用手接触到他们。尽管有五六次我已经放弃任何希望，认为自己一定会被再次抓住，可是不知怎么地我没有被他们发现。最后天近黄昏了，他们放弃了搜寻。”天黑了，敌人走远了，毛泽东爬出了水塘。

为避免暴露，他又回到山林草丛中穿行。鞋没有了，脚扎伤得很厉害，脸和手也被树枝刮得血痕道道。毛泽东有点弄不清方向了，于是在路旁边的石头上坐下来，又饥又累又渴，正在发愁时，一个村民从山坞里挑着一担柴走过来，毛泽东站起来凑近前去问路：

“老哥，我向您打听一下，这离铜鼓城还有多远？”

“铜鼓城，离这可不近！天都快黑了。”这位村民边说边从头到脚打量着毛泽东，怀疑地问道：“你怎么走到这山坞里来的？”

井冈山博物馆国画：《秋收暴动》

毛泽东把被团丁押送和途中脱险的事说了一遍，并恳求他帮忙。村民答应了。

天黑了，这位好心的村民把毛泽东领到了家里。在吃饭时，毛泽东询问附近能否买到鞋和伞。村民说可以想想办法。毛泽东拿出两块光洋，托他去买一把伞、一双鞋和一些吃的。待毛泽东洗了脸、洗完脚，他就把东西买回来了。第二天一早，这位村民又把毛泽东送到了进入铜鼓的边界，然后就走了。

9月8日，余洒度接到中共中央“即率部由平江直攻长沙”的命令后，便部署部队行动。9月9日拂晓，工农革命军第一军第一师1000余名官兵，颈戴红领巾，臂佩红袖章，高举军旗，在修水县城紫花墩集合举行了秋收起义誓师大会。随后，部队官兵高唱“红色领带系在颈，宁为死来不顾生”，浩浩荡荡挥师北进，县城数千群众夹道欢送。

当部队行到修口，与总指挥卢德铭会合后，卢德铭便传达了当时中共湖南省委负责人向警予的指示，在与收编的邱国轩部会合后，于渣津桥头召开军民大会，宣传秋收起义的意义，号召工农团结起来与国民党反动派和土豪劣绅作殊死的斗争。随后，部队向平江进发，一路消灭了数支反动武装。

9月10日下午，部队第一团率先跨过湘赣边界，并迅速占领了湖南平江龙门。正当部队乘胜前进之时，敌人在长寿一带增加了一个团的兵力，而收编不久的邱国轩部在金坪乘机反戈，致使先锋部队第一团腹背受敌，遭受巨大损失，团长钟文璋失踪。卢德铭得信后，立即派部增援一团，同时师部率主力退往平江、修水、铜鼓三县交界的台庄，向驻扎铜鼓的第三团靠拢。由于敌强我弱，二团、三团相继受挫，部队未能直攻长沙，而是一路转战台庄、三溪坳到达铜鼓排埠。9月14日，毛泽东在上坪召开紧急会议，决定各路部队会师浏阳的文家市。接到指示后，卢德铭率部转到文家市与其他部队会师。这时，工农革命军第一师已由原来的5000人锐减到1500余人，受到严重挫伤。9月15日晚，中共湖南省委决定停止原来准备在第二天发动的长沙暴动。

9月19日晚，毛泽东在文家市里仁学校主持召开有师、团主要负责人参加的前敌委员会会议，讨论工农革命军今后的行动方向问题。工农革命军第一师师长余洒度仍坚持“取浏阳直攻长沙”，这是符合中共中央的主张的，起义部队中也有不少人抱有这种情绪。毛泽东清醒地对客观形势做出判断，认定当地农民起义并没有形成巨大声势，单靠工农革命军的现有力量不可能攻占国民党军队强固设防的长沙，湖南省委原来的计划已无法实现，断然主张放弃进攻长沙，把起义军向南转移到敌人统治力量薄弱的农村山区寻找落脚点，以保存革命力量，再图发展。提出这个主张，在当时是需要有极大勇气的。会议经过激烈争论，在总指挥卢德铭等支持下通过了毛泽东的主张，“议决退往湘南”。

这个决定，从形式上看似乎是后退，其实是一个突破性的进展。它既符合当时中国的具体情况，也符合马克思列宁主义的基本原则。邓小平1978年在谈到中国共产党实事求是的优良传统时说道：列宁曾经领导布尔什维克党在帝国主义世界的薄弱环节俄国搞革命取得胜利，我们中国军阀分割，先到敌人控制薄弱地区搞革命，“这在原则上是相同的”，不过，我们不是先搞城市而是先搞农村。

当时的局势依然是严峻的。起义军转兵南下以来，一路艰苦战斗，指挥员牺牲，伤员增加；连续行军，长途跋涉，有些人因为怕艰苦不辞而别；疟疾流行，病员增多，一些人掉了队，少数伤病员因缺医短药死在路旁。一些长官还存在打骂士兵的旧军队习气，党组织也不健全。在这支队伍里行进的赖毅回忆说：“那时，逃跑变成了公开的事，投机分子竟然互相询问：你走不走？你准备往哪儿去？这真是一次严峻的考验。”这些问题不解决，部队的战斗力就无法保持，很难继续前进。

起义军就是在这种情况下来到三湾的。9月29日，部队翻过山口，来到永新县三湾村宿营。这里群山环抱，追敌已被摆脱，又没有地方反动武装，比较安全。部队在村里住了5天。这是工农革命军自秋收起义以来第一次得到从容休整的机会。进村的当晚，毛泽东在“泰和祥”杂货铺召开中共前敌委员会扩大会议，讨论部队现状及其解决的措施，决定对部队实行整顿和改编，这就是著名的三湾改编。

三湾改编的主要内容是：第一，把已经不足1000人的部队缩编为一个团，称工农革命军第一军第一师第一团，团长由陈浩担任，实际上取消了余洒度对军队的指挥权（而余洒度这时对起义已因悲观失望而灰心丧气了）；下辖一、三两个营，还有特务连、卫生队、军官队、辎重队各一个，共有700多支枪；改编时，毛泽东宣布愿留则留，愿走的发给路费，将来愿意回来还欢迎。第二，在部队内部实行民主制度，官兵平等，待遇一样，规定官长不准打骂士兵，士兵有开会说话自由。连以上建立士兵委员会。士兵委员会有很大的权力，参加对部队的行政管理和经济管理，官长要受它的监督。第三，全军由党的前敌委员会统一领导。各级部队分别建立党的组织：班排设小组，支部建立在连队上，营、团建立党委；连以上设党代表，由同级党组织的书记担任。部队的一切重大问题，都必须经党组织集体讨论决定。这三项措施开始改变了旧式军队的习气和农民的自由散漫作风，是一个需要有极大魄力才能实行的了不起的改革。

油画：《三湾改编》

在三湾，毛泽东还提出一个重要问题：我们要和地方结合起来，要取得地方的支持。一方面我们把伤病员交给他们，他们可以把我们的伤病员安置好；另一方面我们可以发枪给他们，帮助他们发展起来，这样我们就不会被敌人打垮。这多少已提出了武装斗争要同建立农村革命根据地结合的思想。他按照中共江西省委的介绍，派人同宁冈县党组织和驻在井冈山北麓宁冈茅坪的袁文才部取得了联系。

10月3日，毛泽东率部队离开三湾，出发前，对刚刚进行了改编的部队作动员。他说：敌人在我们后面放冷枪，没有什么了不起。大家都是娘生的，敌人有两只脚，我们也有两只脚。贺龙同志两把菜刀起家，现在当军长，带了一军人。我们现在不止两把菜刀，我们有两营人，700多条枪，还怕干不起来吗？这些话，在部队处境艰难、不少人情绪消沉的情况下是很能鼓舞人心的。在继续行军途中，人们纷纷议论：“毛委员不怕，我们还怕什么？”“贺龙两把菜刀能够起家，我们几百人还不能起家吗？”

三湾改编，实际上是人民军队的新生。由此开始，确立了我们党对人民军队的绝对领导，阶级团结、官兵一致也成了增强军队战斗力的传家宝。如果不是毛泽东果断、英明地解决当时存在的根本问题，这支队伍便始终不会有坚定的政治灵魂和明确的行动纲领，旧军队的军阀习气、知识分子软弱作风、农民自由散漫作风都不可能得到改造，其结果不是被敌人消灭，就是成为流寇。由此，可以肯定地说：三湾改编是从组织上、政治上、思想上奠定了新型人民军队的基础，也可以说，毛泽东实行的三湾改编造就了中国共产党领导下的新型人民军队的雏形。三湾改编是建设新型人民军队的重要开端，在人民军队的建军史上有重大意义。

秋收起义部队在三湾改编后，10月3日到达江西省宁冈县的古城。宁冈是一个深山中的偏僻小县，古城曾是县城所在，这时已很荒凉，人口稀少。在这里，召开了两天前委扩大会议，史称古城会议。参加的还有前去联络的宁冈县委（当时称区委）书记龙超清和袁文才部文书陈慕平（他原是武昌中央农民运动讲习所的学员）。会议根据“八七会议”的精神，总结了湘赣边界秋收起义以来的经验教训。毛泽东指出，现在我们人少了，但是很精干，大有希望。会议着重研究了在罗霄山脉中段建立落脚点和开展游击战争问题，认为在井冈山落脚是理想的场所。对原在井冈山的袁文才、王佐这两支地方武装要从政治上、军事上对他们进行团结和改造，并尽快先在茅坪设立后方留守处和部队医院。

井冈山地区过去长期有“山大王”，当时的两支绿林式农民武装王佐部驻在山上的茨坪和大小五井等处，袁文才部驻在井冈山北麓的宁冈茅坪，互相配合，互相呼应。

袁文才（1898—1930）

王佐（1898—1930）

袁文才和王佐这两支绿林武装的共同目标是“劫富济贫，除暴安良”，所以土豪劣绅对他们恨之入骨，多次勾结官府派兵“进剿”。可是敌人大部队来不了，小部队又不敢来，每次“进剿”都是“竹篮子打水”。因为井冈山林海苍茫，峭壁屹立，人烟稀少，交通阻塞，用毛泽东的话来说，这里历来是“土匪散军窟宅之所”。几百年来，没有任何一届政府真正统治过这块地方。附近平原的土豪对这两支绿林武装，更只能望而生畏。

1926年冬至1927年春，在中国共产党领导下，这两支绿林队伍均被改为宁冈和遂川的农民自卫军，袁文才、王佐分别担任自卫军团长。他们彼此配合，即使在陈独秀责令向土豪劣绅交枪、蒋介石发动“四一二”反革命政变、边界各县工农武装遭到严重破坏的情况下，袁、王也无所畏惧，各自保存了约60支枪。

不久，领导秋收起义的前委在江西安源召开军事会议。毛泽东听了赣西农军总指挥王兴亚说过有关袁文才、王佐的情况，从而对这两支农民武装有了初步的了解。

工农革命军要在井冈山落脚，得不到袁文才、王佐的允许是根本不可能的，而事情并不那样简单。他们两人虽然参加过大革命，袁文才还是共产党员。但他们对前来的这支工农革命军毕竟没有多少了解，还担心这支比他们力量大得多的部队上山会不会“火并山寨”，夺取他们原有的地盘，心中难免存有疑虑。在古城会议期间，袁文才表示：可以接济工农革命军一些给养，但请工农革命军“另找高山”。据何长工回忆，“当时工农革命军中，有人曾提议，解除他们的武装，把他们解决，他们那几十支枪，一包围缴械就完了。毛泽东同志说，谈何容易，你们太狭隘了，度量太小啦。我们不能采取大鱼吃小鱼的吞并政策，三山五岳的朋友还多呢！历史上有哪个能把三山五岳的土匪消灭掉？三山五岳联合起来总是大队伍。毛泽东同志说服我们，不能只看到几十个人、几十杆枪的问题，是个政策问题：对他们只能用文，不能用武，要积极地争取改造他们，使他们变成跟我们一道走的真正革命武装。”这是关系到工农革命军能不能在井冈山地区站住脚跟的关键性决策。袁、王部队的人数虽不多，但在当地有相当的社会基础，许多群众拥护他们。尽管他们存在一些弱点，仍是能接受教育和改造的。如果当时采取了有些人所主张的狭隘和鲁莽的做法，而不取得他们的支持，就很难设想能在井冈山建立起巩固的革命根据地来。

怎样说服和争取这两支农民武装？毛泽东决定先从已加入中国共产党的袁文才入手，再通过他去做王佐的工作。

他从袁文才的代表陈慕平的谈话中已经知道，他们最看重枪，人可以少一个，枪却不能少一支。袁部有150多人，只有60支枪。于是，毛泽东向前委提议，准备一下子送他们100支枪，将袁文才的全部人员都武装起来。前委成员听到这个大胆的设想，有的人表示怀疑，余洒度坚决反对。经过毛泽东反复说明，才以多数通过。

古城会议后，毛泽东从绿林重义气、多猜疑的特点出发，只带几个随员到宁冈大仓村去会见袁文才。那是10月6日。袁文才原来还有些怕，预先在林家祠堂埋伏下20多人，20多支枪。见到毛泽东只来几个人，他就比较放心了，埋伏的人始终没有出来。见面中，毛泽东说明是由江西省委介绍来找他们的，充分肯定他们“劫富济贫”的革命性，同时说到工农革命军目前的困难。双方谈得很投机。毛泽东当场宣布送给他们100多支枪，这很出袁文才的意料，也使他很受感动。袁文才向毛泽东表示，一定要竭尽全力帮助工农革命军解决各种困难，随即回赠给工农革命军600块银圆，并同意革命军在茅坪（一个有60多户人家的村

宁冈大陇村，改造袁文才农民自卫军的地方

小井红军医院旧址

子）建立后方医院和留守处，还答应去做王佐的工作。

当然，问题并不是在一次见面中就能全部解决的。袁文才当时对毛泽东说：“你们既然来了，就有福同享，有难同当，伤员和部队的粮油我管，但钱宁冈有限，还需要到酃县、茶陵、遂川一带去打土豪。”

话讲得很客气，但显然已包含着推托的意思。至于王佐的态度如何，那时还不知道。解决这些问题，需要一些时间而不能操之过急。

因此，毛泽东决定工农革命军主力在井冈山周围盘旋打游击，先向湘南的酃县方向挺进，筹些款子，熟悉周围环境探听南昌起义军进入广东后的情况，而把留守部门和伤病员安置在茅坪，请袁文才代管。不久，又应袁文才的要求，派游雪程、徐彦刚、陈伯多等党员军事干部到袁文才部队里帮助他们进行政治和军事训练，工农革命军和袁、王部队的关系一天天密切起来了。

工农革命军到了井冈山后的第一件事，就是抓军队和地方的建党工作。没有一个坚强有力的党组织形成核心，军队也好，根据地也好，都会松散无力，难以巩固和发展。所以，毛泽东把这件事看作一切的根本。

在三湾改编时，一个重要内容便是军队要在党的领导之下，并且确定了“支部建在连上”的原则。但那时时间仓促，许多措施还来不及落实。部队到酃县水口村后，10月15日，毛泽东在叶家祠堂主持了六名新党员入党宣誓仪式，各连党代表都来参加。会场的墙上挂着一块写着“CCP”的红布。他详细地解释了入党誓词的意思，然后带着六名新党员举起右手宣读入党誓词：“牺牲个人，努力革命，阶级斗争，服务组织，严守秘密，永不叛党。”到遂川大汾镇，另一个连也举行了入党宣誓仪式。不久，各连的党支部都先后建立起来，党支部一建立，连队立刻有了灵魂。支部布置党员要做好三件事：学习目前的形势；了解群众思想状况，帮助他们解除顾虑；培养和发展新党员。连里的政治空气逐渐浓厚，党员数量逐渐增多，各种工作迅速开展起来，显得十分活跃。

在军队内部建党的同时，毛泽东也抓紧地方党组织的恢复和发展。井冈山附近各县，在革命时期都建立了党的组织。党组织负责人很多是外地回来的学生，也有当地农会的骨干分子。大革命失败后，多数党组织给打散了。但不少党员仍在坚持斗争。毛泽东采取军队的党帮助地方党发展的做法。工农革命军进驻茅坪的当天晚上，毛泽东就召集在井冈山“打埋伏”的永新、宁冈、莲花县部分党员开座谈会。11月上旬，又在茅坪召开宁冈、永新、莲花等县原党组织负责人会议。1928年1月攻克遂川后，召开了前委和万安、遂川县委联席会议。在这些会议上，毛泽东分析形势，要求大家在斗争中重建和发展党的组织。他还从军队里抽调一批有政治工作经验的党员干部，到农村基层去开展建党工作。

到1928年2月，湘赣边界各县党组织初步恢复发展起来，成立了宁冈、永新、茶陵、遂川等县委，酃县特别区委，莲花特别支部；各县的区、乡两级大都建立起党的组织。前委还同万安县委建立了联系。

与此同时，毛泽东也抓紧对袁文才、王佐这两支绿林式农民武装的教育改造工作。他多次同袁文才谈心，既肯定他们反对土豪劣绅的革命精神，又指出他们受封建帮会影响、政治目标不明、阶级界限不清等问题，循循善诱地帮助他们提高政治思想水平。袁文才十分佩服毛泽东，他对部下说：“跟毛委员一起干革命不会错。”毛泽东又几次上山同王佐交谈。王佐逢人就说：“毛委员是最有学问的人，同他谈上一次话，真是胜读十年书！”应王佐的要求，毛泽东在1928年1月上旬派曾经留学法国的何长工到王佐部当党代表，做团结、改造王佐部队的工作。何长工经过耐心的多方面的工作，逐步消除了王佐原有的戒心，特别是帮助王佐消灭了他多年的宿敌尹道一后，取得王佐的信任，使改造王佐部队的工作得以顺利展开。

经征得袁、王同意后，毛泽东在他们部队里也建立起党的基层组织和士兵委员会。工农革命军又派了20多名党员干部，分别任袁、王部的连长、排长和党代表。部队的政治和军事素质有了提高。1928年初，王佐加入了中国共产党。同年2月中旬，袁、王部队正式改为工农革命军第一师第二团，袁文才任团长，王佐任副团长，何长工任团党代表。工农革命军和袁、王部队正式合为一体，在井冈山站稳了脚跟。

自古以来，人们总认为军队的任务就是打仗。提出军队的任务不仅是打仗，而且要做群众工作，这是毛泽东对人民军队学说的巨大贡献，使初创的人民军队一开始便在这样明确的指导思想下进行建设，影响深远。毛泽东所以能不受历来旧观念的束缚，提出新的学说，不仅是因为他原来就有丰富的群众工作经验和独到见解，更重要的是，他在探索中能够重视实践中遇到的新情况和新问题，坚持从实际出发，大胆地作出新的概括。

当工农革命军从茶陵撤到宁冈前，同遂川相邻的赣西南万安县农民武装再次进入县城。为了声援万安的起义，毛泽东率领工农革命军第一团掉头南下，在1928年1月4日攻占遂川县城，并在这里分兵做发动群众的工作，建立中共遂川县委和县工农兵政府。工农革命军的“三大纪律、八项注意”就是在遂川形成的。

1928年2月18日，工农革命军打破了国民党军队对井冈山的第一次“进剿”。

这是井冈山工农革命军对国民党正规军的第一个歼灭战。俘虏那么多国民党正规军，这对工农革命军是个过去没有经验的新问题。当工农革命军和赤卫队把俘虏押回宁冈砻市时，途中出现过打骂俘虏、搜俘虏腰包等行为。毛泽东发现这个问题，立刻提出优待俘虏的政策。他向广大指战员说明，国民党军队中许多士兵是被作为壮丁抓来的穷人，不应该打骂他们，而要进行说服教育，使他们反戈一击。他明确宣布：工农革命军不杀、不打、不骂俘虏，不搜俘虏腰包，对伤病俘虏给予治疗；经过教育、治疗后留去自由，留者开欢迎会做革命军战士，去者开欢送会并发路费。优待俘虏的事实，戳穿了国民党散布的“共匪见人就杀”的宣传。赣军的《九师旬刊》上，对这种做法发出了“毒矣哉”的惊叹！

到1928年2月，工农革命军由不足一个团发展为一个师两个团，并且同当地农民运动紧密结合，摧毁了茶陵、遂川、宁冈三县的旧政权，建立起新的工农政权以及赤卫队、游击队。土地改革开始了试点，取得初步经验，但尚未普遍展开。井冈山红色区域的范围有2600多平方公里，人口有13万余人。

从1927年10月下旬，工农革命军来到井冈山的茨坪，经过5个月的游击战争，中国革命的第一个农村根据地初步建立起来。用最简单的语言解释革命根据地，就是有党、有军队、有政权、有群众的坚强阵地。打开了实现工农武装割据的新局面。

# “师长见军长”

南昌起义失败后，起义部队撤出了南昌。由朱德等人率领的一部经福建不断转移，最后来到了赣南。在艰苦的环境里，朱德以其宽宏大度、以身作则、与士兵同甘共苦的优良品德和卓越军事指挥才能，在部队中树立起了崇高威望。他“红军之父”“总司令”的美誉和地位，就是在此时奠定的。

1927年11月初，朱德到达崇义上堡，与张子清、伍中豪率领的秋收起义时分散的第三营会合。几天之后，当时正在朱德部队中的毛泽东的弟弟毛泽覃便肩负着朱德的重托，上井冈山与毛泽东联络去了。

朱德并不知道，毛泽东早在一个月前便派出何长工经长沙下广州，四处打探朱德队伍的下落。此时的朱德为保存南昌起义的火种，为中国革命，在苦苦地探索，为这支队伍非常慎重地选择最佳的落脚点。正在他为部队生计一筹莫展之时，他在云南讲武堂时的老同学范石生出现了。范石生就在汝城，时任国民革命军第十六军军长。

范石生是朱德在云南陆军讲武堂的同期同班同学。他们曾结拜为兄弟，一起秘密参加同盟会，一起参加昆明的“重九起义”，又一起在蔡锷的领导下参加护国讨袁战争。后来，范石生成为滇军的高级将领，他同粤系、桂系、湘系军阀都有矛盾，而同蒋介石的矛盾更为尖锐。

朱德同陈毅商量后，便写信给第十六军军长范石生，希望同他们合作。

朱德给范石生的信发出去后约半个月，范派人送来了复信。

11月22日，朱德在汝城会见范石生。最终，朱德部以第四十七师第一四〇团的番号编入第十六军，朱德用王楷化名，任第一四〇团团长。

接下来发生的事情更加奇巧。

油画：《井冈山朱毛红军会师》

毛泽东派出的“特使”何长工10月上旬出发，费尽周折赶到广州，一路寻寻觅觅又到了韶关，离开井冈山已两月有余，却一无所获。正绝望之际，在进澡堂洗澡时，从范石生部队军官的聊天中轻易地获得了他为之踏破铁鞋的消息。

何长工找到了朱德、陈毅，向他们通报了井冈山的情况，转达了毛委员关心南昌起义部队，盼望到井冈山会师，共同发展井冈山革命根据地的心愿。朱德等同志高兴极了。朱德说：“从敌人的报纸上，我们才知道了井冈山的消息，我也正要找毛泽东同志呢，前些天派毛泽覃同志到井冈山去联系了。”

1928年1月，朱德率领部队到达湖南南部，同湘南特委一道发动湘南暴动。蒋介石和当地军阀对朱德恨得咬牙切齿，必欲除之而后快。3月下旬，湘南起义部队遭到广东、湖南国民党“协剿”军的南北夹击，朱德在湘南难以立足，决定向井冈山进军，同毛泽东会师。

3月份，得知朱德、陈毅、王尔琢率领的南昌起义军余部在发动声势浩大的湘南暴动取得巨大成功后遭到强大敌军追击，正向井冈山方向撤退的消息。毛泽东立刻派袁文才、何长工率第二团西进资兴，接应从郴县撤出的湘南农军；自己率第一团在桂东、汝城方向阻击国民党追击部队。4月20日，他同团长张子清又指挥第一团占领酃县县城并在城西阻击追敌，掩护朱德部撤退。

4月21日，袁文才、何长工率领的工农革命军第二团、陈毅率领的湘南农军，在酃县沔渡同朱德率领的湘南起义主力部队会合。次日，工农革命军第二团按毛泽东指示，先期回宁冈砻市，筹备两军会师事宜。4月24日，朱德、陈毅率领湘南起义一部分直属部队从沔渡到达宁冈砻市。而此时，毛泽东也率领部队从湘南的桂东、汝城返回了砻市。

何长工后来回忆道：“毛泽东一到砻市，得知朱德、陈毅住在龙江书院，顾不上一路征尘，立即向龙江书院走去。朱德听说毛泽东来了，赶忙与陈毅、王尔琢等主要领导干部出门迎接。我们远远看见他们，就报告毛泽东说：‘站在前面的那位，就是朱德同志，左边是陈毅同志，朱德同志身后的那位是王尔琢同志。’毛泽东点点头，微笑着向他们招手。快走近书院时，朱德抢先几步迎上去，毛泽东也加快了脚步，早早把手伸出来。不一会儿，他们的两只有力的大手，就紧紧地握在一起了，使劲地摇着对方的手臂，是那么热烈，又是那么深情。”

毛泽东见到朱德时说：“这次湘赣两省国民党军竟没有整倒你们！”朱德说：“我们转移得快，也全靠你们的掩护。”

毛泽东同朱德这次历史性的会见，是我党我军历史上光辉的一页，从此，毛泽东和朱德的名字便紧紧地联系在了一起。

毛泽东提议，利用“五四”纪念日，部队和群众开联欢大会，庆祝胜利会师。大家一致赞成。

5月4日，砻市洋溢着盛大节日气氛。主席台搭在砻市南边的大草坪上，主席台两旁红旗飘扬，插着“庆祝两支革命部队胜利会师”“打倒国民党反动派”的标语板。上午10时，大会在鞭炮齐鸣、口号震天、军号嘹亮、军民欢腾的气氛中开始，党、政、军、工、农各界组成的主席团在主席台就位。大会执行主席陈毅宣布：“中国工农红军第四军，今天正式成立，朱德任军长，毛泽东任党代表，军委书记陈毅（后改为政治部主任），参谋长王尔琢。”红四军辖第十、十一、十二师，共三个师11000人。在朱德军长讲话之后，党代表毛泽东讲话。毛泽东首先讲了会师的重大意义，明确了部队不光要打仗，还有发动群众、组织群众的任务。指出：敌人并没有孙悟空的本事，即使有孙悟空的本事，我们也有办法对付他们，因为我们有如来佛的本事。他们总逃不出如来佛的手掌。毛泽东的讲话引起热烈的掌声和欢呼声。

据1955年被授予上将军衔的陈士榘将军回忆：会师这天天气很好，井冈山碧绿如洗，红军标语鲜艳夺目，到处都洋溢着喜悦的气氛。“我清楚地记得，自跟随毛泽东参加秋收起义到上井冈山，从来没有看见毛泽东背过枪。第一次也是唯一一次看见他背枪就是在宁冈砻市红四军成立大会上。这天，毛主席特别高兴，他挎上匣子枪，走到行伍出身，经常一身戎装的朱老总跟前诙谐地说‘背上驳壳枪，师长见军长！’”

毛泽东诙谐地把自己称作师长，其中的原因在于：党中央原定湘赣边界秋收起义的目标是打长沙的。其实，并没有打长沙，起义部队只占领了铜鼓、浏阳、醴陵这几个县城就遭到了很大的损失。毛泽东当机立断，放弃打长沙的计划，把队伍带上井冈山。中央知道了毛泽东没有按照“八七会议”的决定去打长沙，而是上了井冈山，就于11月9日在上海召开政治局扩大会议，对毛泽东作了处分决定，说他“未能实现党中央的新策略，在政治上确犯了极严重的错误”。于是，把他的中共湖南省委委员和中央政治局候补委员给撤掉了。

接着，党中央派湖南省军委特派员、湘南特委军事部部长周鲁来井冈山传达中央决定。周鲁在传达时又走了样，说中央开除了毛泽东的党籍。

党籍被开除了，党代表不能当了，书记也不能当了，毛泽东只能当师长。他顶住高压，以师长的身份继续率领红军在井冈山打游击。

1956年，毛泽东还很风趣地讲了他在井冈山当过“民主人士”的那段历史。他说：“开除党籍了，又不能不安个职务，就让我当师长。我这个人当师长就不那么能干，没有学过军事。因为你是个党外民主人士了，没有办法，我就当了一阵师长。后来又说这是谣传，是开除出政治局，不是开除党籍。啊呀，我这才松了一口气！”

朱德、陈毅来到井冈山，澄清了“开除党籍”的谣传，所以两军会师时，毛泽东又担任红四军党代表。同年7月在莫斯科召开党的六大时，他坚持井冈山的斗争，没有出席，但依然当选为中央委员，而且所得选票还很多。到11月份，根据党中央的指示，重新成立井冈山前委，依然是毛泽东任书记。

朱德、毛泽东两军会师将部队改编为井冈山工农革命军第四军，为什么要称为第四军？对这个问题，1937年朱德在延安对美国记者尼姆·尔斯是这样说的："1928年在井冈山，我和他（指毛泽东）的部队合编为新的'第四军'。之所以用这个番号，是为了继承国民革命军第四军即铁军的名声。在大革命中，铁军曾是我们的革命中坚。"

朱德讲的这个第四军当中有个"叶挺独立团"，是以共产党员为骨干力量组建的。叶挺是这个军的参谋处长兼独立团团长。北伐期间，他率领独立团在湖北省的汀泗桥与贺胜桥两次战役中，打垮了军阀吴佩孚的主力。攻克武汉后，叶挺任第四军二十五师师长兼武汉警备司令。由于立有卓越的战功，第四军赢得了"铁军"的称号，叶挺也荣获"北伐名将"的声誉。为了继承发扬他们的光荣传统，所以井冈山红军番号也叫"第四军"。

不久后，中国工农革命军第四军改名为中国红军第四军，简称红四军。然而，当时的"红四军"并没有被叫响，倒是"朱毛军"的称号风靡天下了。

朱毛红军的会师，是中国工农红军发展史上的一件大事。朱德率领的南昌起义军余部是以具有很强战斗力的北伐劲旅叶挺独立团为基础形成的，有2000多人、近千支枪，训练严格，装备齐整，作战有经验。他们的到来，大大增强了井冈山革命根据地的实力。根据地的发展与巩固成为蒋介石的心腹大患。国民党叫嚣要"杀猪去毛"，屡次对井冈山"进剿""会剿"。朱德和毛泽东运用"十六字诀"游击战术，两打永新，四次粉碎敌人的"进剿"，威震井冈山。

史沫特莱称朱毛会师是中国现代历史上最重要的事件之一。中国历史开始进入一个新的时代——朱毛时代，从此，"朱毛"便成为根植于中国现代革命斗争史深处的伟大称号。从井冈山开始，毛泽东和朱德开始了历时半个世纪的交往。直到晚年，毛泽东仍时常提起"朱毛"的称呼，对朱老总说，你是"猪"，我是"毛"，我是你身上的一根"毛"，没有朱，哪有毛，朱毛朱毛，朱在先嘛！

# “黄洋界上炮声隆”

朱毛会师后，井冈山的革命形势发展很快：成立了边界党的特委，党员人数发展到1万多人；成立了边界政府，红色区域的人口有50多万人；主力红军有四个团合计6000多人；根据地农民普遍分到了土地，平均每人有三亩多田。所以毛泽东称这个时期为井冈山根据地的“全盛时期”。

面对这发展的大好形势，湖南省委有点头脑发热。于是酿造了边界斗争的“八月失败”。

1928年6月26日，湖南省委给边界特委和红四军军委来了一封信，命令朱毛红军向湖南的郴州地区发展，而且要“毫不犹豫地向湘南发展，只留200支枪同赤卫队保卫边界”即可，并派了杨开明来边界代理毛泽东任特委书记。

毛泽东认为湖南省委的这个决定是不妥当的。6月30日，他在永新县城主持召开了军委、特委和永新县委联席会议，研究如何对待省委的这个决定。

经过充分讨论，会议认为红四军应该巩固扩大罗霄山脉中段政权，如果远离根据地，冒进强敌驻守的湘南，那就有“虎落平阳被犬欺”的危险。

7月4日，毛泽东以军委、特委的名义向湖南省委写了一个报告，申述如上理由，要求省委根据目前实际情况，重新作出决定。

红四军还没有接到湖南省委的答复，湖南省委代表杜修经便利用二十九团（由湘南农军编成）想打回老家去的思想，强行把二十八团、二十九团两个团从湖南酃县调去攻打郴州。结果，在郴州与敌军的一个补充师和两个主力团打了一仗，红军损失一半，其中由湘南农军组成的二十九团只剩下100多人。

8月中旬，毛泽东率三十一团退守在永新西乡的小西江山区。这时，湖南省委派代表袁德生携带着省委7月20日给红四军军委和湘赣边界特委的指示信件来根据地巡视工作。湖南省委在这次信中突然改变了6月份要红军去湘南的指示精神，而认为，“湖南军阀政治已经到了异常混乱状况”，统治阶级已经“十分动摇”“恐慌万状”了。强调红四军去湘东是“绝对正确”，因而指示红四军要“坚决地向湘东发展”，命令边界党组织“很坚决地执行”省委这一决定。

其实，红军的主力已改变永新联席会议决定，奉湖南省委之命，在酃县已变计开赴湘南去了。此时，连边界的正常工作在大兵压境之下都无法顾及，省委又再指示红军主力向湘东发展只不过是纸上谈兵了。

在省委代表袁德生的催促之下，毛泽东、杨开明在永新小西江区的九陇村主持召开紧急会议，专门讨论湖南省委关于去湘东的指示信。红三十一团连以上的干部和地方党的负责同志共20余人参加了会议。袁德生首先在会上传达了湖南省委的指示精神，并代表湖南省委再次强调红四军应毫不犹豫地向湘东发展，造成湘东的割据局面。会议开到深夜尚未结束。

这天夜里，一个为红军二十八团、二十九团挑伙食担子的当地农民刚好从湘南赶了回来，他带来了红军主力在郴州严重失利的不幸消息。与会者闻讯后，无不气愤，怨恨上级的错误指挥，同时也都在为所剩的红军主力二十八团的安危担忧。毛泽东得到湘南失利的消息后，一直在沉思着。他知道，目前摆在他面前的急需解决的问题太复杂了，要么放弃井冈山根据地斗争的基础，也不顾及红军主力二十八团的安危，遵照省委的指示率红三十一团去湘东，但这是他极不愿意做的；要么不遵守省委去湘东的指示，既要挽救湘南部队的失败，又要坚持井冈山的斗争，以求扩大和巩固井冈山根据地，这当然是他的主张，但由于强敌的进攻和革命力量的损失，面对眼前的形势，眼下凭他身边一个只有两个营编制的第三十一团的兵力，实在是太艰难了。

然而，在九陇村会议上，毛泽东陈述了坚持井冈山斗争，保存革命实力的重要意义的意见，获得了与会者的一致赞同。在艰难而关键的时刻，去湘东，进湘南，还是守井冈山？毛泽东又一次作出了一个大胆而关键的决策：三取其二，既要守山，又去湘南。毛泽东和宛希先率三十一团第三营离开根据地直奔湘南去寻找红二十八团回山，命团长朱云卿、团党代表何挺颖率三十一团第一营会同袁文才、王佐的三十二团留守边界，坚持斗争，保卫山区。

会议一结束，毛泽东和宛希先便立即率三十一团第三营经永新的三湾，宁冈的古城、茅坪，井冈山的黄洋界、荆竹山，进入湖南的酃县，而后走大院、黄挪潭等地直奔湘南而去，8月23日进驻桂东县城，终于和朱德、陈毅等率领的红二十八团会合了。红二十八团的指战员们听到毛泽东亲自率第三营跋山涉水，历尽艰辛来湘南寻找他们，都异常兴奋和激动，一扫受挫后的低落情绪和各种担忧。

毛泽东率部去了湘南后，朱云卿、何挺颖带领第一营在永新赤卫队的配合下，在永新的西南乡山区巧妙地同敌人周旋，坚持游击战，有力地保卫着小块山区的红色区域。

正当毛泽东去湘南的时候，湘赣敌军发现井冈山根据地内力量空虚，企图调集力量，乘虚而入，攻占红军的井冈山军事根据地。于是，湘敌调集了四个团，赣军集合了三个团，分别从湖南的酃县，江西的永新、遂川方向向井冈山压来，妄图用分进合击的办法，最后全部摧毁井冈山革命根据地。

8月下旬，湘赣两省敌军率先组织了四个团的兵力来会攻黄洋界和大小五井。其中有湘敌吴尚第八军的三个团，由酃县进入宁冈往黄洋界脚下的大陇推进，赣敌王均第三军的一个团由永新朝宁冈茅坪村开来，然后，两股敌军合击黄洋界，企图攻破红军哨口，进占井冈山革命根据地的腹地大小五井和茨坪。

这时，在永新随团部特务连先期回到井冈山上的三十一团团长朱云卿、团党代表何挺颖，从大井暴动队队长邹文楷等人在湖南大院侦察得来的军事情报中得知：湘赣两省敌军将在近期内“会剿”井冈山！就在守山兵力不足而又面临强敌压境的紧急情况下，朱云卿、何挺颖立即同边界特委负责人在大井召集了红军机关及医院负责人会议，讨论粉碎敌人进攻的对策。

会上有两种意见：一种主张撤退；一种主张坚守。主张撤退的同志认为：这次敌人兵多、装备好、来势凶猛，而我们主力不在、人少粮缺、武器差，敌我力量过分悬殊，要坚守下来困难很大，不如把伤员转入深山，大家分散到大山里去打游击，等主力从湘南回来以后再打回来。而主张坚守的同志认为：井冈山是中国革命的一块重要阵地，如果把它丢了，影响很大，而且伤员难以隐蔽，士气必受影响。虽然留在山上的主力不多，但我们有群众的支持，又占据有利的地势，只要发动群众坚决和敌人作斗争，守住井冈山不成问题。会上，坚持守的同志占绝大多数，这个意见得到三十一团团部领导和特委负责人的肯定。团党代表何挺颖说："目前是全国革命的低潮时期，许多地方的起义都遭到失败，我们必须以生死与共的决心来坚守井冈山，保卫这块根据地。只要井冈山这块根据地还保存着，井冈山这面红旗不倒，就一定能逐步扩大我们的胜利，为全国人民带来更大的希望。"

何挺颖的讲话，统一了守山的思想。会议决定：根据敌情，我们必须集中力量坚守五大哨口，保卫井冈山军事根据地，将守山主力放在黄洋界哨口。当即，团长朱云卿下达命令：驻守在永新西南山区的三十一团一营营长陈毅安留下第二连在永新牵制敌人，率其余部队火速赶回井冈山待命，对付已逼近我军事根据地北面的湘赣敌军；由王佐率三十二团第二营，在地方武装的配合下守卫其他四个哨口；袁文才率三十二团第一营在山下骚扰敌军；特委机关则在山上发动各区、乡群众准备作战物资，削竹钉，送水送饭，参军参战，支援前线。

在永新的一营营长陈毅安接到团长的命令后，遵照团长指示，留下二连连长张宗逊率全连指战员留守永新，以牵制敌人。陈毅安亲率一、三两个连队，背着三天的粮食，日夜兼程，终于于8月29日下午赶回了井冈山。一营一到，朱云卿、何挺颖便立即在大井召集连以上干部会议。团领导分析了敌我形势，讲明了守山的意义，坚定了一营干部守山必胜的信心，然后，朱云卿团长部署了守山作战的任务。

营长陈毅安率三十一团一营一、三连和大小五井的暴动队、赤卫队、儿童团等地方武装守卫黄洋界哨口。整体的兵力部署是：哨口西侧主要工事上由一个连守卫，阻击从大陇方向来犯的湖南敌军；哨口北侧工事放一个排守卫，防御从茅坪方向进犯的江西敌军；后山顶的瞭望哨上，布置了两个排，作为预备队，监视山下敌军，掩护前面两个工事；大小五井的赤卫队、暴动队、妇女会、儿童团等隐蔽在附近山头，协助红军作战；由袁文才率三十二团一营和宁冈部分地方武装在黄洋界下牵制、袭击敌人，骚扰敌后方；由王佐率三十二团二营一部和三十一团特务连防守桐木岭、朱砂冲两个哨口，阻击从遂川方向和罗浮、永新方向的敌军；三十二团一营另一部会同酃县赤卫大队守双马石、八面山两个哨口。

散会后，根据大井会上的部署，各部迅速展开紧张的准备工作。陈毅安立即召开一营指战员动员大会，明确这次战斗的任务和意义，坚定了大家保卫井冈山根据地的决心。随后，红军指战员和赤卫队、暴动队员们一起连夜赶赴黄洋界哨口，迅速进入各自的阵地，做好加固工事的准备；根据地内的妇女们组织了支前队，负责送水送饭，看护伤员；农民们组织了担架队、运输队，向各个哨口运送各种作战物资；儿童团也担负起了站岗放哨的任务。红四军宣传队队长伍若兰还带领宣传员曾志、彭儒、段子英、伍道清等一起上了黄洋界，准备在火线上向敌军喊话。大小五井的群众不分男女老幼，平均每人超额完成了削制200枚竹钉的任务，并全部运到黄洋界哨口上。经过一夜的战前准备，每个工事前沿防线都进一步得到了加固，全体军民众志成城，严阵以待，准备痛击敌军。

黄洋界雪景

8月30日清晨，黄洋界上浓雾缭绕，几米之外便不见任何东西，山下的敌军也不敢贸然进攻。时至8时左右，云雾散去，这时湘敌吴尚部的三个团首先由大陇方向向黄洋界哨口发起攻击。守山军民们同仇敌忾，隐蔽在各个山头上，正密切注视着山下敌人的动向。

敌人开到山脚下后，就疯狂地向哨口西侧工事一阵射击，接着便攻上山来。当敌人进入红军哨口第一道竹钉防线时，营长陈毅安一声令下，红军战士立即朝敌军一齐射击。这一阵猛射，打得敌军乱作一团，你拥我挤，慌不识途，山路狭窄，赶忙朝小路两旁逃命，却正好踩上那一排排被杂草盖着的竹钉，有的刺伤了脚跟，有的刺穿了脚板，疼痛难忍，狼嚎鬼叫，一派狼狈相。这时，红军战士又一排子弹射出，隐蔽在各个山头上的赤卫队、暴动队也同时用单响枪、鸟枪、土制手榴弹向敌人还击。敌人无力再向前推进，只好败下山去。就这样，敌人的第一次攻击被井冈山军民打退了。接着，又连续打退敌军的第二、第三次冲锋。激烈的战斗，从上午一直持续到下午。

战斗空隙，红军指挥员已命红军战士从茨坪红军军械处抬来了一门刚修好的迫击炮架在瞭望哨上，不过，仅有三发炮弹。下午4时许，敌军在猛烈的炮火掩护下，又一次向黄洋界哨口发起猛攻。这次出动的兵力比红军多了十几倍。当敌军进入红军有效射程内，红军战士一阵射击过后，朱云卿团长在哨口工事上指挥群众将石头、木头一齐向山下砸去，第四道防线上的滚木礌石也如山崩地裂般向敌人飞去；群众在爆油桶里点燃了鞭炮，“嗒、嗒、嗒”如同一挺挺机关枪怒射的声响；隐蔽在各个山头上的妇女会、儿童团、暴动队等众多群众，有的摇旗，有的吹号，“杀呀！”“冲啊！”巨大的吼声在山谷中久久回荡，黄洋界上出现了一幅气吞山河、雄伟壮观的人民游击战的宏图。敌军不知红军虚实，一时间，不知所措，胆战心惊，退下山去，就在这时，朱云卿命令在瞭望哨上掌管放炮的谭希林、刘显宜等人，立即朝敌军营地放炮。炮手们将炮口对准敌军设在源头村腰子坑指挥所的方位，连放两发炮弹。但因炮弹已受潮失效，都没有炸响。再放第三发时，这发不仅发出了，而且正好落在腰子坑，在敌军指挥所里“轰隆”一声爆炸了！顿时，敌军失去了指挥中心，更是惊恐万状，不知所措。只见山上，机枪声、喊杀声交织在一起，既有那许许多多的红旗，更有那满山遍野怒吼的人群，炮声也响了，敌人误以为毛泽东、朱德已率红军主力回到井冈山，便不敢再贸然进攻了，急忙命令向后撤退，沿途又遭到宁冈地方武装的袭击，于是，湘敌连夜逃回湖南酃县去了。

赣敌王均部一个团的兵力，正准备经宁冈茅坪进攻黄洋界。走到半路，突然听到湘军三个团已从源头败退的消息，也不敢再向前进，立即掉转头，退回永新去了。

在井冈山军民的顽强阻击下，湘赣敌军“会剿”井冈山的计划彻底破产了。8月30日夜，湘赣两省敌军连夜逃窜之后，战斗在黄洋界上的军民们，欣喜若狂，彻夜未眠，欢呼胜利。杨至成等几位京剧爱好者，当即就在黄洋界上模仿京剧《空城计》中诸葛亮的唱段，编了一段《空山计》。大家有的敲着竹板，有的击着脸盆，兴高采烈地你一句、我一段地唱了起来，歌颂井冈山军民团结御敌的胜利，嘲讽反动军队的失败：我站在黄洋界上观山景，忽听得山下人马乱纷纷。举目抬头来观看，原来是湘赣发来的兵。一来是，农民斗争少经验；二来是，二十八团离开了永新。你既得宁冈茅坪多侥幸，为何又要侵占我的五井？你莫左思右想心不定，你既来就该把山进，为何山下扎大营？我这里内无埋伏外无救兵，你来，来，来！我准备着南瓜红米——红米南瓜，犒赏你的众三军。你来，来，来！请你到井冈山上谈谈革命。

这首歌，在黄洋界上，在罗霄山峰回荡。这时，正值毛泽东、朱德、陈毅率红军主力从湖南回师井冈山途中。当毛泽东到达遂川大汾时，得知赣敌刘士毅还盘踞在遂川县城，当即决定去打遂川。在井冈山刚刚指挥黄洋界战斗的团长朱云卿又得到了毛泽东的命令，要他率部去参加攻打遂川的战斗。于是朱云卿又率领井冈山军民从山上赶到遂川的大汾镇。9月5日在大汾镇见到毛泽东后，当即将黄洋界保卫战的胜利喜讯报告给毛泽东。毛泽东欣喜不已，欣然命笔，挥毫写下了《西江月·井冈山》这首不朽的诗篇：

山下旌旗在望，山头鼓角相闻。
敌军围困万千重，我自岿然不动。

早已森严壁垒，更加众志成城。

黄洋界上炮声隆，报道敌军宵遁。

就这样，红军以不足一个营的兵力，在广大人民群众的配合下，凭借黄洋界的天险，发挥人民战争的威力，终于粉碎了湘赣两省敌军第二次“会剿”井冈山的企图，取得了黄洋界保卫战的胜利。这次战斗的胜利，毛泽东当时就给予肯定。他兴奋地说：“这一仗保存了我们最后根据地，且使敌胆为之而寒，不敢轻视共军，为边界名战之一。”黄洋界保卫战的胜利，如同响雷，振奋了井冈山根据地军民的精神，扫除了“八月失败”以来的沉闷空气，坚定了军民们巩固和发展井冈山根据地、坚持井冈山斗争的决心和意志。

# “星星之火，可以燎原”

毛泽东认为，革命势力会“星火燎原”。

1930年的新年刚过，毛泽东读到了一封奇特的写给他的“新年贺信”，信中透露了一股悲观情绪，主张大敌当前之际，红四军应分散去打游击，各自找出路。

信的作者是林彪。此时，林彪已是红四军第一纵队司令员，正在出征赣南途中。

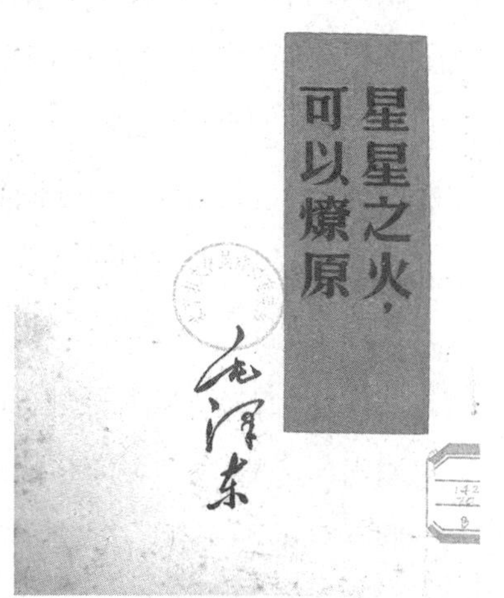

《星星之火，可以燎原》图册

尽管戎马倥偬，但是1月5日，毛泽东仍当即在古田村的一间民房里，用了整整一天时间，给林彪写了一封长达7000余字的复信。除了向中共中央写汇报信比较长之外，毛泽东很少写长信。这次他给林彪写长信是个例外。此信是一封公开信，写毕印发到红四军各基层单位。毛泽东写毕此信，翌日便率第二纵队离开古田，向赣南进发。

这封长信，后来收入《毛泽东选集》第一卷，成了著名的文章：《星星之火，可以燎原》。

林彪比毛泽东小14岁，生于光绪三十三年丁未十一月初一，即1907年12月5日。湖北黄冈县人氏，本名林育容，又写作林毓容。

林彪的父亲，亲友通常称他“四爹”，在杂货铺里当店员。后来到长江小火轮上当会计，也做过织布工人。

林彪的母亲，亲友通常叫她“毓四婆”。

林彪有一个哥哥，一个姐姐，两个弟弟。

林彪的父亲在抗日战争时从湖北带全家逃往衡阳，再逃往柳州。林彪的母亲死于逃难途中。大嫂在去贵阳途中被日本飞机炸死。父亲辗转打听到林彪的消息后，找到重庆八路军办事处，被送往延安。解放后来到北京，1961年病死，终年84岁。

林彪的哥哥在黄冈参加过游击队，1959年因脑溢血而死。大弟弟林向荣曾任中国人民解放军团政委，战死于太原。二弟弟林毓菊后来在天津一家医院担任党委书记。姐姐则生活在湖南。

林彪在9岁时读私塾，11岁入八斗湾浚新学校。1921年，新学校停办后，他随堂兄到武汉读书。他受同乡陈潭秋、林育南的影响，思想日渐进步。1923年，林彪加入了中国社会主义青年团。1925年，林彪成为黄埔军校第四期学员，在那里加入了中国共产党。他自进入黄埔军校起，由原名林育容改名林彪。

北伐开始时，林彪担任国民革命军第二十五师七十三团排长。

南昌起义时，林彪担任第十一军军部特务连连长。

此后，他随朱德、陈毅上了井冈山。上山后一个月，出任中国工农革命军第四军第十师二十八团一营营长。过了半年，1928年11月，他升为二十八团团长。这个团是朱德南昌起义带过来的主力团。过了一年多，他升任红军第四军第一纵队司令员，成为红军的骨干将领。

林彪此人性格内向，言语不多，论指挥作战，确有一套本事。也正因为这样，他才从排长、连长、营长、团长、纵队司令，一个一个台阶地迈上去。他在红军建设上也有贡献，例如“三大纪律、八项注意”中最后两项“注意”，便是林彪提出来的。不过，林彪又常常左右摇摆。在井冈山，在面临第三次“会剿”时，他便曾提出“红旗到底打得多久”的疑问。毛泽东曾批评他“娃娃不懂事”。这一回，毛泽东读了林彪的“新年贺信”，一下子便抓住了林彪的悲观情绪。此时的毛泽东，刚刚在古田会议上批判了党内种种错误思想，却未曾对悲观情绪来一通批判。而毛泽东对林彪悲观情绪的反感，由来已久，毛泽东收到中共中央的“二月来信”，就直截了当地复函称中央“太悲观了”！一股激情在毛泽东的心中升腾，终于把思绪从笔端汩汩流出，写出了致林彪的长信。他借林彪来做文章，以端正红四军上上下下的对形势的错误估计。

毛泽东此信，后来在20世纪50年代收入《毛泽东选集》时做了删节。信的开头一段，是《星星之火，可以燎原》一文中所没有的。毛泽东此信的原文是这样的：新年已经到来几天了，你的信我还没有回答。一则有些事忙，二则也因为我到底写点什么给你呢？有什么好一点的东西可以贡献给你呢？搜索我的枯肠，没有想出一点适当的东西来，因此也就拖延着。现在我想得一点东西了，虽然不知道到底于你的情况切合不切合，但我这点材料实是现今斗争中的一个重要问题，即使于你的个别情况不切合，仍是一般紧要的问题，所以我们就把它提出来。

我要提出什么问题呢？就是对于时局的估量和伴随而来的我们行动问题。我以前感觉到至今还有些感觉你对于时局的估量是比较的悲观。去年5月18日晚上瑞金的会议席上，你这个观点是最明显。我知道你相信革命高潮是不可避免地要到来，但你不相信革命高潮有迅速到来的可能。因此，在行动上你不赞成一年争取江西的计划，而只赞成闽粤赣交界三区域的游击；同时，在三区域也没有建立赤色政权的深刻观念，因之也就没有由这种赤色政权的深入与扩大去促进全国革命高潮的深刻观念……似乎你认为在距离革命高潮尚远的时期的建立政权的艰苦工作为徒劳，而希望用比较轻便的流动游击去扩大政治影响，等到全国各地争取群众的工作做好了，或做到某个地步了，然后来一个全国暴动，那时把红军的力量加上去，就成为全国形势的大革命。你的这种全国范围的包括一切地方先争取群众后建立政权的理论，我觉得是于中国的革命不适合的。

你的这种理论的来源，据我的观察，主要是没有把中国是一个帝国主义最后阶段中互相争夺的殖民地一件事认识清楚。

以上这些被删去的原文，可从中共中央北方局1944年印行的《抗战以前选集》中查到。毛泽东在信中，提及了中共中央的“二月来信”。他写道：中央二月来信就是代表那时候党内悲观分析的证据……

中央二月来信的精神是不好的，这封信给了四军党内一部分同志以不良影响。（毛泽东：《星星之火，可以燎原》，《毛泽东选集》第一卷，第104页，人民出版社1991年版）

毛泽东对悲观情绪的根源作了如下分析。

1927年革命失败以后，革命的主观力量确实大为削弱了。剩下的一点小小的力量，若仅依据某些现象来看，自然要使同志们（作这样看法的同志们）发生悲观的念头。但若从实质上看，便大大不然。这里用得着中国的一句老话："星星之火，可以燎原。"这就是说，现在虽只有一点小小的力量，但是它的发展会是很快的……我们看事情必须要看它的实质，而把它的现象只看作入门的向导，一进了门就要抓住它的实质，这才是可靠的科学的分析方法……中国是全国都布满了干柴，很快就会燃成烈火。"星火燎原"的话，正是时局发展的适当的描写。（毛泽东：《星星之火，可以燎原》，《毛泽东选集》第一卷，第99页、102页，人民出版社1991年版）最后，毛泽东以充满诗意的笔触，如此热烈欢呼到：

油画：
《毛泽东在井冈山》

但我所说的中国革命高潮快要到来，决不是如有些人所谓“有到来之可能”那样完全没有行动意义的、可望而不可即的一种空的东西。它是站在海岸遥望海中已经看得见桅杆尖头了的一只航船，它是立于高山之巅远看东方已见光芒四射喷薄欲出的一轮朝日，它是躁动于母腹中的快要成熟了的一个婴儿。（毛泽东：《星星之火，可以燎原》，《毛泽东选集》，第一卷，第106页，人民出版社1991版）

毛泽东此信，写得这般潇洒，表明他复出后充满着必胜的信心。

信的结束语，也是后来被删除的。原文是：

我所不赞成你的是指你缺乏建立政权的深刻的观念，因之对于争取群众促进革命高潮的任务，就必然不能如你心头所想的完满地达到，我这封信所要说的主要的就在于这一点。

古田镇赖家坊“协成店”小屋的油灯，彻夜通亮。毛泽东一气呵成地写成了给林彪的这封长信。同时他加上了《时局估量和红军行动问题》，交付油印，发至各大队党支部。后来，此信以“毛泽东同志写给林彪同志的信”为题，收入1941年出版的《六大以来》。1947年出版的《毛泽东选集》，也全文收入此信。

1948年2月28日，林彪致函中共中央宣传部，要求印行《毛泽东选集》时，此文不要公开他的名字，称这样可以“不在群众中引起误会”，避免国外“种种无益的推测”。此时，林彪已是东北野战军司令员、中共东北局书记。

毛泽东同意了林彪的请求，将此信改题为“星星之火，可以燎原”，同时删去了信的开头几段和末段中直接涉及林彪的文字。

这样，由中共中央毛泽东选集出版委员会编定的《毛泽东选集》第一卷在1952年印行时，《星星之火，可以燎原》一文的题注没有提及林彪：“这是毛泽东同志的一篇通信，是为批判当时党内的一种悲观思想而写的。”“文革”中，林彪成了中共中央副主席，仍耿耿于怀于这笔旧账。1969年9月，林彪授意他人，代表他写了《西江月·重上井冈山》一词：

繁茂三湾竹树，
苍茫五哨云烟。
井冈搏斗忆当年，
唤起人间巨变。
红日光弥宇宙，
战旗涌作重洋。
工农亿万志昂扬，
誓把敌顽埋葬。
四十年前旧地，
万千往事萦怀。
英雄烈士启蒿莱，
生死艰难度外。
志壮坚信马列，
岂疑星火燎原。
辉煌胜利尽开颜，
斗志不容稍减。

1972年7月，中共中央办公厅印发：《粉碎林彪反党集团反革命政变的斗争》（材料之二）说，内中的“岂疑星火燎原”一句，显然是想把那笔旧账勾销。据云，拟稿者最初写作“何疑星火燎原”，林彪改为“岂疑星火燎原”。

如此反反复复，历史云遮雾嶂。直至1991年《毛泽东选集》第二版问世，《星星之火，可以燎原》一文的题注才如实写上：这是毛泽东写给林彪的一封信。

1965年，离开井冈山已36年的毛泽东说：“我老了，经常梦到井冈山。很想去看看……”1965年5月19日，陪同毛泽东外巡的中共中央办公厅副主任、公安部副部长汪东兴打电话通知中共江西省委并井冈山管理局，准备22日接待毛泽东上山。

5月21日上午10时许，毛泽东结束了在长沙的21天生活，由中共湖南省委第一书记张平化和汪东兴等人陪同去江西考察。

中共湖南省委办公厅小车队司机赵毅雍开着银灰色吉姆轿车送毛泽东去长沙火车站东站。

赵毅雍将毛泽东送到长沙火车站东站后，毛泽东便登上专列向东飞驰而去。

赵毅雍驾驶着吉姆在湘东丘陵的崎岖山路上奔驰，后面跟着十余辆大小车辆，组成了一个浩浩荡荡的车队，直奔湘东铁路线上的醴陵。

下午1点多钟，车队到达醴陵县城。

醴陵邻接江西，浙赣铁路横贯这里。在距醴陵县城仅几公里的一个叫阳三石的小站，赵毅雍奉命独自开着那辆豪华的苏式银灰色吉姆轿车离开车队，悄悄来到这里，等待着专列的到来。其余的车辆则停在距车站两公里的地方待命。

下午1时许，毛泽东乘坐的专列，经过两个多小时的运行抵达阳三石车站。

毛泽东上了赵毅雍所开的那辆吉姆轿车，20余辆汽车组成一列车队，奔驰在丘陵地区的公路上。

车队进入攸县境内的菜花坪，前面是湘江支流洣水河，汽车必得要从渡船上过河。车队驶上轮渡，毛泽东坐在银灰色吉姆内。有个船工透过窗玻璃，看见了车内的毛泽东，高兴极了，轻声地叫了一声：“毛主席！”毛泽东朝他笑了笑，船工脸上露出幸福的笑容。

5月21日下午，毛泽东的车队驶抵茶陵县城。当晚，毛泽东下榻在中共茶陵县委招待所。毛泽东对茶陵县委领导人说：38年前，路过茶陵很狼狈，吃住都很困难，这一次可完全不一样了！

毛泽东毫无睡意，要看书，叫人把《茶陵州志》借来，开始挑灯夜读，一直读到凌晨3点。

5月22日，毛泽东离开茶陵县城，进入江西省永新县。

午饭后，车队向宁冈进发。车过宁冈砻市，毛泽东让车开慢一点。宁冈砻市是毛泽东与朱德1928年5月4日会师的地方。毛泽东坐在车内，眼睛平视前方，不时浏览砻市的风景，脸上露出了笑容。

小轿车沿着盘山公路缓缓前进。下午4点，毛泽东来到了井冈山下的茅坪村，车队在谢氏慎公祠前的空坪停了下来。

在谢氏慎公祠后面，有一栋土砖结构的两层楼房，楼上有一个八角形天窗，当地群众称之为八角楼，毛泽东曾在这里主持召开过苏维埃湘赣边界第一次代表大会。1928年，毛泽东在这座简陋的小砖房里，写下了《中国的红色政权为什么能够存在？》一文，分析了中国红色政权的发生和存在的原因，预言了中国革命的光明前景。

警卫人员和随行人员都下了车，可毛泽东对司机赵毅雍说："老赵，不要停车，你慢慢地转，我们慢慢上山！"于是，银灰色吉姆在八角楼前缓缓地兜了一个大圈，毛泽东撩开窗帘，浏览了一下谢氏慎公祠和八角楼外景。稍后，车子乘势掉过头来，直奔通往黄洋界的盘山公路。

银灰色吉姆穿过崇山峻岭，转了几十道弯，终于第一个跃上海拔1343米的井冈山的高峰黄洋界。

72岁的毛泽东手持从北京带来的竹拐杖，他站在黄洋界上极目远望，山风飒飒。他来到一座木头做的纪念碑前。这块碑上一面刻着毛泽东1928年秋写的那阕《西江月·井冈山》词，一面刻着朱德题写的"黄洋界保卫战胜利纪念碑"。

毛泽东心潮澎湃，他大声对张平化等陪同人员说："这首词是1928年9月初写的。那时刚刚在黄洋界打退湖南、江西两路敌人的进攻，那一次我不在山上，你们知道这一仗吗？"接下来他讲道："1928年8月30日，敌湘赣两军各一部趁我军在赣西南欲归未归之际进攻井冈山，我守军不足一营，好险哦！守军凭险抵抗，反复较量，终于把敌人赶下山，才保存了这个根据地。"接着，毛泽东深情地指着架设在哨口的一门大炮，向人们介绍道：这门大炮是南昌起义军带上井冈山的，至于黄洋界上的三发炮弹，人们都说前两发受潮，第三发没有受潮，所以

“炮声隆”，其实也受潮了，只是打前两发时，使炮膛加热，为打响第三发提供了条件，“从这点上说，前两发的功劳不能抹杀哟！这就是事物的辩证法。”大家听后，觉得很有道理。

毛泽东特意请摄影师在纪念碑前拍照留念。他首先跟张平化夫妇在纪念碑前合影。张平化是这次陪同毛泽东井冈山之行的领导干部中唯一的一位井冈山老战士，他全家有7口人为革命献身。接着，毛泽东跟江西迎接的同志合影，然后与汪东兴等随行人员合影留念。车队在黄洋界足足停了40分钟，毛泽东才依依不舍地离开。

这时太阳开始下山，车队直奔茨坪。来到大井，毛泽东凝望五井碑片刻，若有所思。

1927年秋天，毛泽东率领秋收起义部队来到井冈山时，茨坪不过是一个只有十几户人家的小山村。毛泽东到了这里后，茨坪便成了井冈山革命根据地的政治、军事、经济中心。湘赣边界特委、湘赣边界工农兵政府，都曾设在这里。东南山脚下，有一栋简陋的小民房，那就是毛泽东旧居。1928年11月间，毛泽东在这小屋里写下《井冈山的斗争》一文。

1965年的茨坪，俨然一座山中美城。车队到达茨坪时，天色已经暗下来，千百盏灯火齐放光明，一片辉煌，稀落的行人在自由漫步，喇叭里播送着当年中央苏区的民歌《十送红军》。毛泽东在车上高兴地说井冈山有电灯啦！话音刚落，车队已停在灯火辉煌的宾馆门前。

宾馆刚建成不久，坐落在青松翠竹之中，显得幽静而舒适。毛泽东下车后环顾宾馆四周，感慨地对身边的工作人员说：“这可和当年太不一样了！那时敌人前堵后追，我们靠两条腿拼命走，这一千多公里走了半个多月，这次坐汽车两天就到了，还是机械化好。”又说：“没有井冈山人民支持，没有井冈山的艰苦奋斗就不会有今天！”

毛泽东下榻在井冈山宾馆一楼115房间。这里特为他预做了又宽又厚的木板床，床上一边放被褥，一边留给他放书。根据先遣人员的安排，撤掉房间里的九斗桌，搬来一张方桌（吃饭）和三斗桌（办公），窗帘换成了黑色。

考虑到毛泽东和随行人员长途跋涉的辛苦，同时也想表达井冈山人民的一片心意，第一天晚餐桌上特地摆上了茅台酒、米酒酿、水果、香烟和丰盛的菜肴。汪东兴发现后，立即纠正，并批评："不是说好了嘛，主席每餐四菜一汤，每天两元五角钱伙食标准。一路上都没有喝酒，你们也将烟酒、水果都撤掉。主席的随行人员按每天一元五角的标准就餐，一分钱也不能多。"

毛泽东在宾馆每天吃的都是家常便饭，尤其是辣椒、青菜那是不能少的，他还喜欢吃泥鳅、小鲫鱼。敬老院有一位老赤卫队员，知道当年的毛委员爱吃小竹笋，特地拔了一些送来。毛泽东吃得津津有味，高兴地说："很久没有吃过小竹笋了，小竹笋味道好，我有这个菜就行了！"

他特别交代厨房工作人员，四菜一汤的量不要多，够吃就行，吃不了的菜不要倒掉，留到下餐再吃。

到井冈山第二天，毛泽东问宾馆工作人员："井冈山当年的红米现在还有没有？"当听说还有红米，他非常高兴。此后，每天中餐都为他蒸一小碗红米饭。

在井冈山逗留期间，毛泽东的情绪非常好，常和人谈起当年井冈山的斗争，一谈往往就是一两个小时。他工作时间安排得十分紧凑，凌晨两三点钟房间里的灯还亮着。他不断地向当地干部了解这里的建设和人民生活情况，问及这里的水利情况、公路建设以及茨坪各项新建筑。听了人们的介绍以后，毛泽东高兴地说："几十年了，井冈山变化很大。"

毛泽东特别怀念袁文才和王佐两位革命烈士，肯定袁、王为中国革命胜利做出了贡献，并特意抽出时间专门接见袁、王二位烈士的遗属。当他跟袁文才的遗孀谢梅香见面时，未待有关人员介绍，他就认出来了，叫了一声"袁嫂子"，谢梅香老人眼泪"哗"地流出来了。他见谢梅香哭，自己也很难过。当年，他在闽西，听说袁文才、王佐被错杀，在很长一段时间里心神总不安宁，他跟袁、王的感情是很深的。30多年过去了，千言万语难以诉说。毛泽东紧紧地握着谢梅香那双颤抖的手，神情格外凝重。

毛泽东还特别叮嘱随行工作人员，轮流到大小五井、井冈山革命博物馆参观，参观后要向他汇报。井冈山管理局领导将井冈山革命博物馆陈列大纲呈上给他审阅，他阅后很满意，说：“是这样的。”

5月27日，毛泽东在汪东兴、张平化等人的陪同下，手持井冈山的竹杖，向井冈山宾馆的后山登攀。他爬上山坡，高兴地举起手杖，寓意深长地说：“这东西是好武器，平时可以帮助我们走路，坏人来了可以用它自卫打击敌人。”毛泽东谈笑风生，健步向前。井冈山陪同的同志告诉他：“毛主席，那边没有路了，不能去了！”毛泽东微笑着说：“路是人走出来的嘛，我就不相信这里的山没路，有山必有路。”说着，他挥起竹杖拨开荆棘继续往前走，给随从人员踩出一条小路。

晚饭后，毛泽东经常由汪东兴、张平化、刘俊秀等陪同外出散步，一边漫步，一边漫谈。

毛泽东深情地说：“我离开井冈山已经36年了，这次旧地重游，心情特别激动，为了创建这块革命根据地，不少革命先烈牺牲了自己的生命。我早就想回井冈山看一看，没想到一别就是36年。”“今天井冈山各方面比起36年前大不相同了，上山坐汽车，住楼房，吃饭四菜一汤，穿的是干净整齐的衣服，真是神气多了。我相信，井冈山将来还会变得更好，更神气。但我劝大家日子好过了，艰苦奋斗的精神不要丢了，井冈山的革命精神不要丢了。”

从5月22日到29日，毛泽东在井冈山共住了七天。这七天时间，每到夜阑人静之时，毛泽东总在宾馆寓所里来回踱步，沉吟不已。他以忆往昔、抒豪情的海阔心胸、浩然情愫，结合自己重上井冈山所见所感，填写了两首词。

**水调歌头·重上井冈山**

久有凌云志，重上井冈山。千里来寻故地，旧貌变新颜。到处莺歌燕舞，更有潺潺流水，高路入云端。过了黄洋界，险处不须看。

风雷动，旌旗奋，是人寰。三十八年过去，弹指一挥间。可上九天揽月，可下五洋捉鳖，谈笑凯歌还。世上无难事，只要肯登攀。

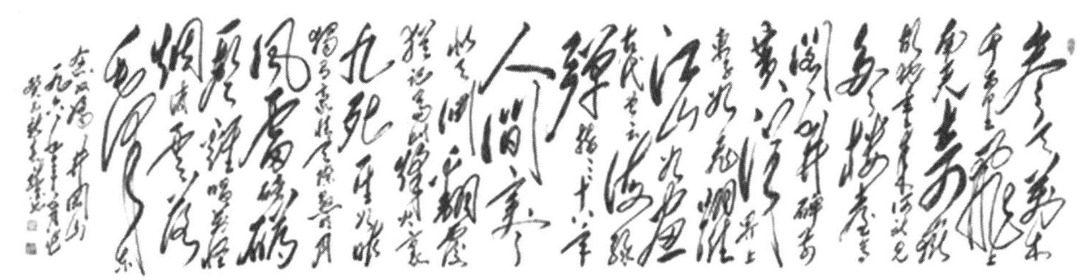

毛泽东《念奴娇·井冈山》

**念奴娇·井冈山**

参天万木，千百里，飞上南天奇岳。故地重来何所见，多了楼台亭阁。五井碑前，黄洋界上，车子飞如跃。江山如画，古代曾云海绿。

弹指三十八年，人间变了，似天渊翻覆。犹记当时烽火里，九死一生如昨。独有豪情，天际悬明月，风雷磅礴。一声鸡唱，万怪烟消云落。

5月29日早上，毛泽东下山去南昌，他的生活管理员吴连登跨进了宾馆会计室，找到了会计雷良钊。

毛泽东回井冈山

“小雷，毛主席今天要走了，请你结一下伙食费。”

“什么，结伙食费？”雷良钊好像没听清他的意思，瞪大了双眼。

“是的，毛主席有交代，他的账

一定要按生活标准收，每天两元五角钱，一路上都是这样的。”吴连登平静地笑道。

毛泽东在井冈山会见大小五井、拿山、罗浮等地的革命老人和干部

雷良钊很为难，如果收下这些钱和粮票将使他无法向井冈山人民交代。山里人没有什么好东西招待毛主席他老人家，只是按规定为毛主席做了几餐家常菜，于是，说什么他也不肯收下这钱和粮票。吴连登只得耐心地解释：“你不知道，主席和我们工作人员外出都有严格规定，这是纪律，我们必须遵守。在我们的约法中有这样的一条，‘凡是首长需要的物品，托当地代办的，必须付清货款，如果地方不收钱，就不能拿东西’，这钱和粮票你们一定要收下，不然我回去是要挨批的！”正在雷良钊左右为难之际，吴连登又说：“毛主席最反对搞特殊化。前几年，主席身边的个别工作人员，利用跟随主席外出巡视的机会，向地方上索取了一些东西，主席知道这件事后，非常生气，立即将那名工作人员调离中南海。为了挽回影响，他从自己的稿费中拿出一笔钱，派人分别到这些地方进行退赔和道歉。你们说，今天这钱和粮票没交清，我能离开井冈山吗？”

听了吴连登这番话，当了六年会计、业务上非常拔尖的雷良钊惊呆了。在吴连登一再严肃的催促下，他这才拿起了账本。平常只需五分钟便可结清的账，今天他用了半个多小时还没有算好。在写错了四次之后，还是吴连登提醒他：“交款人就写首长吧！”雷良钊这才在号码为“006482”这一联发票上写下了“首长伙食费，7天，每天2.5元，计17.50元”等字样，发票开具时间为1965年5月29日。

5月29日，这天一大早，人们从山下赶来聚集在宾馆门前的坪场上，等待毛泽东的接见。这些人里有当年的老红军、老赤卫队员、老暴动队员，也有烈士遗孀和子女。

上午9点钟，毛泽东来到坪场上，人群中立刻响起长时间的热烈鼓掌。毛泽东边鼓掌边招手，缓步走到人群中，微笑着和他们一一握手，当毛泽东来到革命老人谢槐福面前时，他停了下来，深情地望着这位革命老人。从1927年至1928年间，毛泽东曾多次在他家住过。数九寒天，红军未来得及筹办棉衣，毛泽东和红军战士一样穿着单衣。红军发了棉衣后，毛泽东却把自己领到的一件棉衣送给了穷得没有衣服穿的谢槐福。此刻，谢槐福站在毛主席身边，心情无比激动，仿佛仍感受到那件棉衣的温暖。

此时，从茨坪、拿山、罗浮，从井冈山各个山村赶来见毛主席的群众正在公路边等候着。毛泽东走出小坪场，步下台阶，人群中爆发出一阵欢呼声，千百名群众欢呼雀跃，掌声、欢呼声经久不息，在群峰间久久回荡。

毛泽东向人群频频挥手告别致意，显得依依不舍。在震耳欲聋的群众惜别声中毛泽东下了井冈山……

# 六　指挥红军三次『反围剿』

从1930年底到1931年9月，毛泽东指挥中国工农红军第一方面军在江西南部灵活机动、势如破竹般地连续三次粉碎了国民党军大规模的『围剿』，从而巩固了中央革命根据地，沉重打击了蒋介石的反动统治。

# 活捉张辉瓒

自1927年南昌起义、秋收起义和广州起义之后，全国的红军发展很快。除了赣南毛泽东、朱德领导的红军第一方面军之外，全国许多地方都组建了红军，其中鄂豫皖边区的第四方面军和湘鄂地区的第二方面军发展尤快。第四方面军是在黄麻暴动的基础上逐步发展起来的，1931年11月7日在湖北黄安县七里坪正式编为红军第四方面军，辖第四军和第二十五军，总兵力3万多人，徐向前任总指挥，陈昌浩任政治委员，著名将领有曾中生、旷继勋、倜钟、蔡申熙、王树声、王宏坤、王新亭、陈赓、许世友、徐海东等。第二方面军是在桑植起义的基础上发展起来的。1936年7月正式编为红军第二方面军，贺龙任总指挥，任弼时任政治委员，萧克任副总指挥，关向应任副政治委员，全军辖二、六两个军团。

除了红一方面军、红二方面军、红四方面军三大主力红军外，邓小平、张云逸、韦拔群在广西百色发动起义创建了第七军，邓小平、李明瑞在左江创建了红八军，方志敏、邵式平在闽赣一带创建了红十军。

1930年2月12日，中共中央政治局会议决定：中共中央军事部与中央军事委员会合并，成立新的中共中央军事委员会（简称“中央军委”），作为全国红军的最高指挥机关，仍由周恩来担任书记。

中共中央机关设在上海的沪中区，周恩来派熊瑾玎、朱端绶扮成夫妻，以湖南土布土纱商人的名义租了地处上海闹市区中心的云南路447号的“生黎医院”二楼，作为中央政治局开会和办公的地方。

中共中央设在上海，各地党组织来上海汇报工作的负责干部自然不少。红一方面军的陈毅，红二方面军的贺龙、周逸群、许光达，红四方面军的徐向前、郭述申、许继慎等许多高级领导人都先后到过上海，接受任务，汇报工作。周恩来和各地红军保持着紧密的联系，及时地予以指导。他利用上海的条件，为红军培训干部，输送药品，派钱壮飞打入国民党特务机构核心，派张克侠、何基沣打入国民党部队。在党的领导下，到1930年时，红军已有从第一到第十三共13个军，有湘赣、赣南、闽西、湘鄂赣、闽浙赣、洪湖、湘鄂西、鄂豫皖、左右江等大大小小共15块农村革命根据地。

毛泽东、朱德携手开创的闽赣苏区成为全国苏区的中心地区，这块根据地自然也就被称为中央苏区。

在中央苏区，在毛泽东和朱德的领导指挥下，一支上井冈山时只有3600人的红军，发展到十几万人马；在第一、二、三次反“围剿”中，红军总共打败敌军60多万人，歼敌7万多人，并创造形成了人民军队作战的战略战术原则。

蒋介石把赣南定为“剿匪重点”。1930年12月，蒋介石从南京飞到南昌市，部署第一次围剿朱毛红军的行动。

蒋介石的下榻处是位于南昌市中心洗马池地区的江西大旅社。蒋介石到来前，江西省主席又对宾馆进行了装修，从武汉行营赶来的何成浚在宾馆周围布下了严密的警戒。由于在最近结束的蒋冯阎大战中大获全胜，蒋介石的心情很好，一到江西大旅社，就着实夸奖了何成浚几句：“这次我能打垮阎锡山、冯玉祥，和你在南线的出色工作是离不开的。可以说你老兄在南线指挥若定，谈笑退三军呵！”何成浚谨慎地说：“都是委座指导有方，我只不过是执行了委座的指示。”蒋介石笑着说：“成浚兄就不要过谦了，这次围剿朱毛红军，你还要多出些力啊！”

蒋介石在旅社里四处看看，蛮有兴趣地问鲁涤平：“听说当年八一南昌暴动时，这里就是周恩来的指挥所？”鲁涤平恭敬地回答说：“是的。当年周恩来的办公室就是委座下榻的那间房子。”蒋介石点点头说：“好，好。周恩来这个人我是了解的。当年黄埔军东征打陈炯明，他是立了大功的，很有才干。清党时，我劝他选择国民党的党籍，可是他不干，到南昌组织暴动，到底叫他闹了个局面出来。毛泽东在赣南的部队主力和主要骨干，还都是周恩来从南昌拉走的那个二十五师的人。你知道他，还有蒋先云、陈赓这些学生为什么放着高官不做，偏要走这条危险而艰苦的路吗？”鲁涤平答不上来，蒋介石挥挥手说：“就是他们有信仰，愿意为信仰而死。他们有几万军队这并不可怕，我有几百万军队打他们。可怕的是他们的这种甘愿为信仰肝脑涂地的献身精神，这一点，值得我党所有同志学习啊！”

第二天，蒋介石在江西大旅社召开军事会议，围剿军的师长公秉藩、张辉瓒、谭道源等人出席了会议。蒋介石训示道：“以前会剿朱毛红军，各省拥军自保，只要能把匪军逐出本省了事，致使毛泽东可以从容寻找薄弱地区打击之。国府有鉴于此，决定成立陆海空军总司令南昌行营，由江西省主席兼第九路军总指挥鲁涤平为行营主任。统一调集12个师，围剿朱毛匪部，务要荡平共匪，根本解决。据情报，朱毛匪部共有兵3万余人，徒手者甚众，我围剿军10万人，装备精良，人数、装备占绝对优势。诸位要发扬总理提倡的革命精神，长驱直入，分进合击，猛进猛打，一鼓奏捷。”

部署完毕，蒋介石飞回南京去了。10万“围剿军”在鲁涤平的指挥下，大举向赣南杀来，张辉瓒率主力十八师一马当先，逼近红一方面军驻地东固。

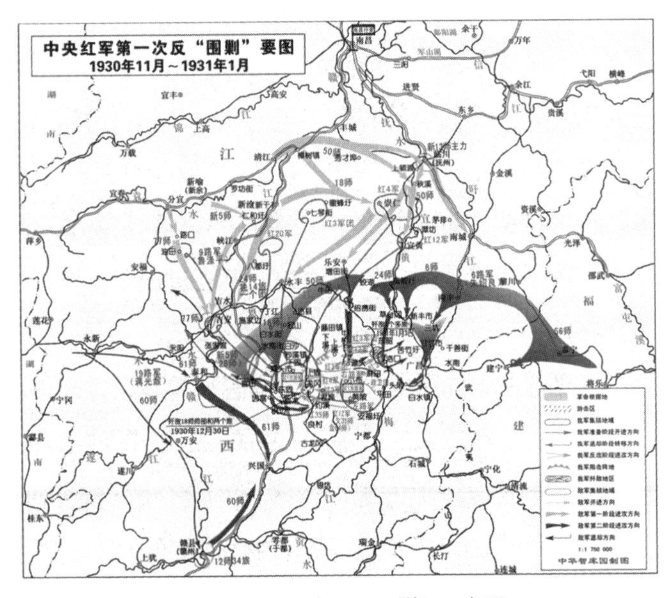


中央红军第一次反“围剿”示意图

如何粉碎敌人的“围剿”，在红一方面军作战会议上，将领们议论纷纷，有主张北上迎敌的，有主张打九江南昌吸引走敌军的。毛泽东摆摆手说：“不行不行，你们说的这些办法都不行。北上迎敌，那是硬拼，是叫花子和龙王比宝，长沙城下的血的教训还不深刻吗？打九江、南昌也不现实，我军打不下九江南昌，敌人是明白这个道理的，所以也吸引不走他们。再说，我们一走，根据地丢了，结果是扁担未扎，两头打塌。”

张辉瓒（1885—1931）

毛泽东继续说：“让敌人进来。放进来打。”有人一听放敌人进入根据地马上就叫起来了：“不行，这是右倾，逃跑！我们怎能让敌人进入我们神圣的根据地。”毛泽东说：“谁人不知，两个拳师放对，聪明的拳师往往退让一步，而蠢人则气势汹汹，使出全副本领，结果让对手看出破绽，一拳击倒。”讲到这里，毛泽东语气和缓地说：“你们看《水浒传》上的梁山好汉林冲发配沧州时，途经柴进庄上，洪教头要和他比对，抡着棒子连唤来来来，气势汹汹，恨不得一棒打倒林冲。聪明的林冲退让三步，乘洪教头步子混乱时，手起一棒打倒了他。我们对敌人也采取这个办法。把敌人放进来打。强敌犯境，我们必须退让一步，退让中寻找敌之弱点，选择有利时机，有利地形，集中兵力，连续吃掉他几股，就可以打败围剿。这就是《孙子兵法》上所说的避其锐气、击其惰性的战略。”

毛泽东的一番道理说服了大家。再则，敌进甚疾，也没有时间让大家可以从容讨论。毛泽东立即命令召开誓师大会。他让秘书们铺好纸，自己挥毫泼墨，写了一副大会主席台的对联：

敌进我退，敌驻我扰，敌疲我打，敌退我追，游击战里操胜券；

大步进退，诱敌深入，集中兵力，各个击破，运动战中歼敌人。

这十六字诀游击战术的由来，与毛泽东在井冈山上的斗争分不开。

毛泽东刚上井冈山时，听说有一个叫山大王的朱聋子，本名朱孔阳，在井冈山当了几十年的“山大王”，官府多次捉他一直捉不到。他利用井冈山地势险峻，到处是悬崖绝壁，山里树密林深，气候多变，经常是云雾弥漫的天气，与官府兵周旋。官府兵一进山，他就与之满山转圈子，你到这里来，我到那里去，使官府兵对他无可奈何。他的基本经验是：“在井冈山不要会打仗，只要会打圈。”毛泽东研究了朱聋子这一经验，从中受到启发，“打圈”是为了避实就虚，摆脱敌人的追击；而打仗是为了吃掉敌人，战胜敌人，从而引出了敌人新的思路。他对红军的战士们讲，我们要把“打圈”和打仗结合起来，把“山大王”的办法改为“红军不但会打圈，还要会打仗”。敌人向我们“进剿”，我们就退避三舍。我们一退，敌人不知我们的去向，他就得重新侦察。我们先领着他兜圈子，等他的弱点暴露出来，我们就打他个干净利落。

1927年12月，毛泽东在茶陵与战士们笑谈战术，说了一段极精彩的话：打得赢就打，打不赢就走；赚钱就来，蚀本不干，这就是我们的战术。按照这个战术，毛泽东在井冈山很少做蚀本的买卖。

1928年1月中旬，江西的敌人以一个团又一个营的兵力对井冈山发动第一次“进剿”。在此情况下，毛泽东在遂川主持召开了前委和万安县委的联席会议，总结井冈山工农革命军和万安农军开展游击战的经验，把这一时期开展游击战的经验概括为：对付敌人的办法，要看敌人的多少，打得赢就打，打不赢就走，敌人来了我们退，敌人去了我们后面追，提出了“敌来我走，敌驻我扰，敌退我追”的游击战原则。这是毛泽东第一次比较系统地总结出来的“十二字秘诀”。

毛泽东运用这一原则，率工农革命军主力由遂川返回井冈山，经过充分准备，对进占新城的敌人，从南、北、东三面突然发起进攻，经数小时激战，全歼守敌，攻占新城。此次战斗，我军首次全歼敌正规军一个营，俘敌近300人，打破了敌人的第一次“进剿”，为井冈山根据地的建立奠定了基础。

1928年5月中旬，蒋介石调集湘赣两省10个团的兵力，向井冈山根据地企图实施分进合击。当敌人从吉安向永新推进时，毛泽东和朱德采用“敌来我走”的办法，令红军于5月底主动撤出永新城，集结于宁冈待命。敌人占了永新后，不知红军的虚实，不敢贸然行动。红军从宁冈出发，向西佯攻酃县，引诱赣敌第九师杨池生、第二十七师杨如轩部向西深入。红军带着敌人转了一个圈子之后，突然回师东进宁冈新城，占领了七溪岭有利地形。6月23日激战一天，全歼敌人一个团，击溃其两个团，又乘胜猛追40里，缴获大批枪支，取得了龙源口大捷的胜利，粉碎了敌人对井冈山根据地的“进剿”。根据地的人民赞扬说：“不费红军三分力，打败江西两只羊（杨）。”

毛泽东从战争学习战争，并不断总结游击战争的经验，逐步形成了游击战争的战略战术原则。他在1929年4月5日代表前委给中央的信中，作了这样的概括：“我们三年来从斗争中所得的战术，真是和古今中外的战术都不同。用我们的战术，群众斗争的发动是一天比一天扩大的，任何强大的敌人是奈何我们不得的。我们的战术就是游击的战术。大要说来是：‘分兵以发动群众，集中以应付敌人。’‘敌进我退，敌驻我扰，敌疲我打，敌退我追。’‘固定区域的割据，用波浪式的推进政策。强敌跟追，用盘旋式的打圈子政策。’‘很短的时间，很好的方法，发动很大的群众。’这种战术正如打网，要随时打开，又要随时收拢。打开以争取群众，收拢以应付敌人。三年以来，都是用的这种战术。”

这是井冈山自1927年到1929年三年游击战术的一次大汇总。所以，这次在三万主力红军的反“围剿”誓师大会上，毛泽东才不忘在楹联中嵌入“十六字诀”。

誓师大会刚开完，军报传来，张辉瓒率十八师已经出动。毛泽东看看地图，判定张辉瓒要从东固出发西攻龙冈。占领了龙冈，张辉瓒可与已在东固的新编第五师师长公秉藩联手南进，互为犄角。从东固到龙冈只有60多里路，红一方面军这时驻在东固附近，必须要赶在张辉瓒的前面，在龙冈布下埋伏。军情紧急，不及细说，毛泽东下令部队立即向西面的龙冈前进。红四军军长林彪、政委罗荣桓得令后，立即在路旁竖了一块大门板，用粉笔写了几句动员词：“军长、政委示：上固无敌，敌在龙冈，望全军将士奋起精神消灭之。林彪、罗荣桓。”战士们看见军长政委的命令，加快步伐，小跑着赶往龙冈。

1930年12月29日，红军经紧急行军赶到龙冈，进入了伏击阵地。龙冈位于江西永丰县，是一个小镇，周围高山环绕，中间是一条狭窄的山谷，大路就从谷底通过。黄公略率红三军将领蔡会文、周子昆、陈伯钧、李涛、朱良才、李聚奎等将领和全军将士埋伏在正面。林彪、罗荣桓率红四军将领陈奇涵、赵尔陆、罗瑞卿、杨成武、萧克、刘亚楼等将领和全军将士埋伏在西侧。罗炳辉、谭震林率红十二军将领谭政、杨立三、杨至诚、寻淮洲、张宗逊、邓华等将领和全军将士埋伏在左翼。毛泽东在苦竹岭设下指挥所，和朱德一起指挥战斗。

张辉瓒杀人如麻，有“屠夫”之称。他率十八师全体人马近万人浩浩荡荡地从东固向龙冈行进。张辉瓒素好排场，坐着大轿，前后是他的装备精良的警卫连。全连士兵都是左挎盒子炮，枪柄上的吊金红丝穗挂在脖子上；背上一把雪亮的马刀，刀柄上的国民党小党旗迎风飘舞。

张辉瓒出身行伍，毕业于清军讲武堂，后来又留学日本和德国的军事学校，既有丰富的实战经验，又有较高的理论修养。龙冈地形不好，他是一清二楚。但是一则据鲁涤平介绍，红军只是一群乌合之众，不堪一击；二则张辉瓒求战心切，所以不顾龙冈地形险恶，大举进兵。

从东固到龙冈，几十里的路上毫无敌踪，张辉瓒又喜又急。喜的是红军果然不堪一击，听见十八师到来，早已远逃，足见十八师之威名赫赫。急的是什么时候才能抓住红军。张辉瓒急令部队加速前进。

12月30日，毛泽东在苦竹岭指挥所里接到报告，得知张辉瓒迅猛逼近龙冈，忙命部队做好战斗准备。下午3时，敌进龙冈，山间忽然升起浓雾，毛泽东高兴地说，真是天助我也，浓雾将使敌军无法判定目标。

张辉瓒见浓雾升起，暗叫不好，正想退兵，周围山头上一声大喊，子弹如雨点般射来。一阵弹雨飞过，数万红军从山头上冲杀下来。张辉瓒大惊，原来红军并不是乌合之众，他们早就在这里布下了伏兵等着自己，他不由得骂鲁涤平情报不准，骗了自己。他想着调整部署，据守顽抗，但浓雾中根本无法调动部队，眼睁睁看着红军将十八师分截为数段。经从上午8时至下午4时，红军全歼敌人9000人。敌十八师全军覆灭。师部被捣毁后，张辉瓒眼见已无力回天，便急忙扔掉身上的中将呢子军服，换上了一件士兵上衣，穿着来不及脱下的将军服裤子，只身向万功山山顶爬去。当他爬到半山腰时，忽听山顶上有枪声，知道山顶已被红军占领不能再上了，便慌慌张张四下观望，发现不远处的一棵大枫树下有个土坑，便急急忙忙爬过去钻进土坑，将边上的茅草使劲往身上盖。不一会儿，红四军第十师几个搜山的战士来到了这棵大枫树下。他们见土坑边的茅草被人刚刚扒拉过，便上前用枪一挑，藏在里面的人露了出来。张辉瓒就这样被红军战士活捉了，被押往毛泽东指挥所。

张辉瓒是长沙人，大革命时期与毛泽东有过交往，那时毛泽东是国民党中央宣传部代部长，是张辉瓒的上级。他比毛泽东长7岁，一见面就鞠躬，“润之先生”一刻不停地叫，毛泽东哈哈大笑：你一再说过，要剃朱、毛的头，想不到，今日被我们剃了头！张连忙说：惭愧！惭愧！有罪，有罪！

“都是鲁涤平骗了我，说你们是乌合之众，不堪一击。润之兄，念在过去的情分上，你就饶我一命吧。”毛泽东严肃地说：“按说，你杀了我们那么多人，今天杀你一千遍也不为过。不过，我们是优待俘虏的，我不但不杀你，还要请你给我们红军学校的学员上课呢。毕竟，你喝过洋墨水啊！”张辉瓒一听不杀他，一下跪倒在地：“润之兄不杀之恩，小弟定当结环以报。”毛泽东让他起来，命令战士们押往后方。

但是张辉瓒民愤太大，押往东固后，被当地政府公审处决。

毛泽东率红一军团追击，1931年1月3日在东韶追上谭道源之第五十师，歼其一旅。五天连打两仗，歼敌一个半师，余敌惊惶退出根据地，第一次反“围剿”胜利结束。

这次反“围剿”，红军缴获无算。特别令毛泽东高兴的是，这次还缴获了张辉瓒和谭道源的两部无线电台。红军终于有了自己的无线电台，毛泽东下令成立红军的第一个无线电台，任命王诤为台长，冯文彬为政委；又下令成立报务员训练班，以王诤、刘寅为教师，培训红军通信干部。王、刘二人是随电台被俘的报务员，自愿留下当红军，以后都成为领导人民军队无线通信工作的高级将领。

第一次反围剿胜利后，毛泽东写下了《渔家傲·反第一次大“围剿”》

万木霜天红烂漫，天兵怒气冲霄汉。
雾满龙冈千嶂暗，齐声唤，前头捉了张辉瓒。
二十万军重入赣，风烟滚滚来天半。
唤起工农千百万，同心干，不周山下红旗乱。

## “横扫千军如卷席”

1931年2月，蒋介石派军政部长何应钦赴南昌百花洲，代理总司令职权指挥南昌武汉两行营，并将“围剿”红军不力的首任行营主任鲁平撤职。

41岁的何应钦，虽然出生于贵州义兴，但祖籍江西。他跟蒋介石有着颇深的交情。1908年，18岁的何应钦赴日本留学，在振武学堂结识比他大3岁、来自浙江奉化的蒋介石。同窗之谊，使蒋何之间变得亲密。

何应钦回国后，在黔军中任团长、旅长以至成为黔军总参谋长。由于黔军总司令王文华突然遭刺，他失去靠山，离黔出亡，到广州任孙中山元帅府参谋。当蒋介石出任黄埔军校校长时，他任战术少将总教官兼黄埔军校教育长，从此蒋何携手。1929年，蒋介石出任海陆空军总司令，何应钦出任海陆空军司令部总参谋长。翌年，又任国民政府军政部长。

蒋介石反省上次“围剿”之败，败在“长驱直入”，入了毛泽东布下的“口袋”。这一回，他把战略方针改成：“稳扎稳打，步步为营，紧缩包围。”

何应钦调集了20个师又3个旅，兵力20万人，比第一次“围剿”增加了一倍，亦即毛泽东的词中所谓“二十万军重入赣，风烟滚滚来天半”。

这时红军的总兵力为35000人，只及国民党军队的1/6。为此，蒋介石以为消灭红军将不费吹灰之力，他发表演说，紧握拳头，大声宣称：“三个月内消灭共军！”

面对六倍于己的敌军，红军统帅部在青塘召开了苏区中央局扩大会议，展开了深入的讨论和研究。

项英提出转移，主张“跑”，把红军开到四川去。他引述斯大林的话来作为依据：“四川是最理想的根据地。”也有许多人主张“分兵退敌”，以为红军分散游击，可以分散敌军的目标。

毛泽东力排众议，提出“诱敌深入，集中兵力，先打弱敌，并在运动中各个歼灭敌人”的作战方针。他指出这20万“全部是蒋之非嫡系部队”，主张“拣弱的打”。

经过前后一个半月、四次会议的反复讨论，毛泽东的意见终于得到了中共中央新派来的“三人团”的认可。

何应钦指挥着20万大军，“齐头并进，稳扎稳打”，西起赣江，东至福建建宁，连营700里，徐徐朝南推进。到了4月下旬，已推进至富田、广昌、建宁一线。直至此时，何应钦仍不知红军主力何在。

毛泽东是一位军事奇才，是一位“无师自通”的将才。他约了彭德怀，在东固一带的群山之中钻来钻去，一边摘吃山上的刺梅，一边查看地形，他看中了这块地方。

东固在上回“捉了张辉瓒”的龙冈之北，地形很有点像井冈山，只是没有井冈山那么高罢了。东固群山环抱，北有东固岭、钟鼓，东南有名为“狐狸十八歇”的大山，南有大乌山、荒石岭，西南有白云山，西有观音崖，西北有九寸岭，群山之间，只有五条羊肠小道，类似于井冈山那五大哨口。这是易守难攻的好地方。自1931年4月20日起，毛泽东竟把3万红军主力调入东固，派兵严守各山口。3万大军在这深山之中悄然待命，伺机而动。

这时，东固的西、北、南三面皆有蒋军，而且挨得很近：西有王金钰部队，驻扎在富田坡下一带，离东固不过40里；北面郭华宗部队，驻扎在水南、白沙，离东固只70里；南面，蒋光鼐、蔡廷锴的两个师，占领了兴国县城。毛泽东所下的是步险棋，一旦消息走漏，三军夹击，那就天机尽泄，陷入包围圈之中。项英挖苦毛泽东，说他“钻牛角”。毛泽东坦然答曰：“我们就要钻这个‘牛角’！”

毛泽东看中东固，除了那里群山环立、地形极为有利之外，还在于中共在东固有很深的根基，那里曾被誉为赣西南“群众斗争最红的地方”。3万大军进山，那里的妇女、孩子都帮助放哨，查“路条”，家家户户借粮给红军。

不过，东固原本只有万把人。陡然增加了3万青壮年，粮食顿时紧张，蔬菜也不够供应。于是，红军从每日三餐改为每天两顿，纷纷上山挖竹笋，下田逮泥鳅，入河摸螺蛳，权且当菜。

何应钦和毛泽东两位主帅都在摸对方的底。何应钦觉得好生奇怪，怎么一路“稳扎稳打”，从未遇上有力的抵抗，不见红军主力的踪影？毛泽东坐在深山之中，却在终日琢磨，选择什么时机突袭，才会收到最好的战果？

何应钦的右路军总指挥为王金钰，其部队之一是第二十八师，师长公秉藩，乃是红军的老对手。该师参加过第一次“围剿”，那时首先攻占东固并跟张辉瓒部队在浓雾中火并。要不是逃得快，早就全军覆没，此次又与毛泽东交手，未免心惊胆战。

1931年5月8日，公秉藩的八十二旅旅长王懋德报告说，他们探知红军主力在东固，那里集中了红军七八个军！

不过，公秉藩对此将信将疑，于是急报何应钦，何下令对东固进行飞机侦察，漆着青天白日的侦察机在东固上空反复盘旋，没有发现异常迹象。

于是，5月11日，何应钦复电公秉藩：

“连日派飞机侦察均未见敌踪，仍盼鼓励所属，不顾一切，奋勇前进，如期攻下东固，树各路之先声。”

这时，红军已经有了无线电台。这个电台跟随红一方面军司令部行动，成了毛泽东、朱德的“耳朵”。此刻，在东固，红军电台昼夜有人值班，监听着国民党部队发出的每一个无线电信号。国民党部队做梦也未曾想到，红军居然也在接收着他们之间的联络电报！

在监听中，要算公秉藩师部发出的无线电报信号，最为“嘹亮”，因为其他部队用的都是15瓦特的收发报机，而公秉藩师部用的是100瓦特的收发报机。红军盘算着如何把公秉藩师部的收发报机完好无损地弄到手，因为那台大功率的收发报机足以跟上海的中共中央直接联系。

红军主力3万大军，在东固大山之中，已经埋伏了整整25天，很多人都已烦躁起来，怀疑毛泽东钻“牛角”，究竟能不能钻得成？

正在这节骨眼上，1931年5月15日黄昏，红军电台从空中捕捉到重要情报，那是公秉藩师部跟该师吉安留守处之间的明码往返联络：

师部台：“我们现驻富田，明晨出发。”

吉安台：“哪里去？”

师部台：“东固。”

红军电台马上把这份重要情报送到毛泽东和朱德手中。总司令部的灯火通宵亮着，毛泽东和朱德忙碌着调兵遣将，在公秉藩师必经之路上布好“口袋”。

5月16日清早，前方侦察部队向公秉藩汇报，说通往东固的道路“平静得和水一样”。

迎着朝阳，公秉藩率师向东固前进了。山间路窄，队伍呈一列纵队前进，前前后后达五六里长。内中最显眼的是三顶大轿，里面分别坐着师长公秉藩以及副师长、参谋长。

上午10时许，公秉藩师全部进入毛泽东的“口袋”。一声令下，寂静的山谷忽地响起炒豆般的枪声，喊杀声震天动地。红军在前，独立团、赤卫队在后，以战斗队形从山上猛冲下来，敌人兵力无法展开，机枪、重炮丧失优势，敌人死伤严重。这时，红军电台收到了公秉藩师部发出的“SOS”呼救号声，红军总司令部闻讯笑声连连。

下午3时，战斗结束。公秉藩的二十八师全军覆没，一个旅也被歼灭。这一仗，红军共歼蒋军1万多人！

师长公秉藩也被红军活捉。不过，他化装成士兵。红军宽待俘虏，给回家的蒋军士兵每人发两块“花边”银圆。公秉藩也混在士兵中领大洋。发到他的时候，只剩一块大洋。红军要他等一下，过一会儿补发一块大洋给他。他生怕有变，连声说“一块花边足够用”，赶紧逃脱，溜之大吉。

至于公秉藩那部100瓦特的电台，真的完好无损地被缴获。另外，还缴获了六部15瓦特电台。从此，红军建立了无线电总队，王诤任总队长，伍云甫任政委。这支无线电总队一直窃听着蒋介石部队的往返电报，为红军提供了重要情报。

东固一战，朱毛红军威风大振。从5月16日至31日的15天内，红一方面军由西向东横扫700里，在东固、白沙、中村、广昌、建宁，五战五捷，歼敌3万多人，缴枪2万多支。第二次反“围剿”又取得了胜利。

毛泽东又一次显露了他的韬略雄才。彭德怀从此称他是“摇鹅毛扇的”，把他比作诸葛亮。彭德怀说了一番佩服毛泽东的话：“我在这次战役中学到一些东西：毛泽东对战役部署，固然是异常细心地反复思考，力求无缺；对战术问题也是异常细心的，反复推究，特别是不耻下问，虚心听取别人的意见。此役集中优势兵力，‘伤敌十指，不如断敌一指’，他对此运用得最熟练。”

胜利之时，毛泽东诗兴大发，写下《渔家傲·反第二次大“围剿”》

白云山头云欲立，
白云山下呼声急，
枯木朽株齐努力。
枪林逼，
飞将军自重霄入。
七百里驱十五日，
赣水苍茫闽山碧，
横扫千军如卷席。
有人泣，
为营步步嗟何及！

毛泽东写及的白云山，便是歼灭国民党军二十八师之处。据毛泽东说，那天一早他登上白云山时，山头还是一片白云。红军奇兵突击二十八师，蒋军士兵惊呼“你们是天上飞下来的呀”，故毛泽东有“飞将军自重霄入”之句。至于那“有人泣”，不言而喻巧指蒋介石也。

# 黄陂歼敌

1931年6月下旬，蒋介石带着美国、日本、德国的军事顾问到南昌召开军事会议，部署以23个师、3个旅约30万人的兵力再次“围剿”红军。在会上，蒋介石破口大骂狼狈逃回的各路将领是无能之辈，骂到痛心处失声痛哭。他就不信：红军消灭不了？这次，他要“御驾亲征”，亲自担任“围剿”军总司令，以何应钦为前线总司令，以数量上超过红军10倍的30万兵力，与红军决一死战，同朱毛一较高低。

蒋介石令何应钦为中路军总司令，驻南昌；令陈铭枢为右路军总司令，驻吉安；令朱绍良为左路军总司令，驻南丰。围剿部队不但有杂牌军，还有嫡系陈诚、罗卓英、赵观涛、卫立煌、蒋鼎文的五个师。蒋介石深知红军在第二次反“围剿”作战中于15天里，连走700里，打了五仗，虽然大获胜利，但肯定非常疲劳，决心在红军刚开始休整之时来个长驱直入，使红军不及准备就遭歼灭。于是，他在第二次“围剿”失败后仅一个月，也就是1931年6月就开始第三次“围剿”。

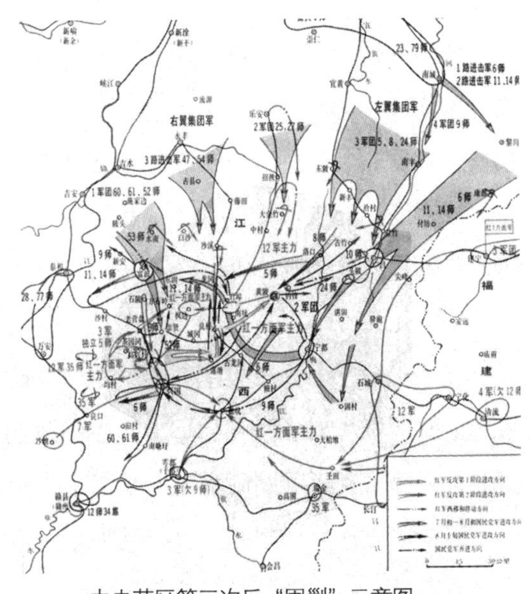

中央苏区第三次反“围剿”示意图

命运注定蒋介石的这第三次“围剿”必然也以失败告终。原来这时中共中央任命毛泽东为苏区中央局书记、中革军委主席，指挥权现在集中到毛泽东的手里了。得知敌军大致的消息后，他立即命令红军主力绕道千里到兴国集中。这时敌进甚疾，毛泽东命令红军向富田前进，寻歼敌师，不料被白军发现，陈诚、罗卓英两师人马包围上来，毛泽东乃令部队退回兴国高兴圩，第二天趁夜通过了蒋鼎文师和蒋光鼐军之间的宽仅40里的空隙地带，8月7日，在莲塘先打上官云相第四十七师一个多旅；接着，在良村再打郝梦龄五十四师大部；8月11日，在黄陂三打毛炳文第八师约四个团，取得三战三捷的胜利。缴枪万余。

蒋介石发现红军大队在黄陂，即指挥部队猛扑过来。毛泽东令罗炳辉率所部红十二军把敌军大队引向东南，自己率主力从敌军中间的一个宽仅20里的大山空隙中钻了过去，西进兴国县境休整。半个多月后，蒋介石得到准确情报，才知把白军主力引到黄陂东南的只是红军的一支小部队，红军主力已在兴国休整了半个月。他气了个半死，想调部队到兴国去打，但白军主力被罗炳辉拖着在山里转了半个月，肥的拖瘦，瘦的拖死，士疲师老，再找红军打，只能是当红军运输大队长，白白地给红军送枪送人。无奈之中，蒋介石只好于9月初命令白军撤出根据地。

毛泽东得知白军全面撤退，当即令红军主力出击，除高兴圩一仗与敌第六十师、第六十一师打成对峙外，于9月7日在老营盘先消灭蒋鼎文师的一个旅，9月15日，在方石岭再消灭韩德勤军的五十二师，复歼灭蒋光鼐、蔡廷锴两个师各一部。敌军慌忙逃出根据地，毛泽东下令红军班师。此次反“围剿”，红军六战五捷，击溃敌人七个师，歼敌17个团，毙俘敌3万余人，缴枪3万余支，重炮数十门，军需无算。

红军班师了，分得了土地的根据地农民箪食壶浆，欢迎子弟兵凯旋，帮着红军战士搬运堆积如山的战利品，姑娘们跳起了欢快的桂花舞。凯旋的红军战士们高唱着《第三次反围剿胜利歌》从街上走过，人们也都放声和唱。

眼看第三次反“围剿”已经胜利了，黄公略却不幸地倒下了。

方石岭、张家背战斗结束后，即9月15日中午，黄公略率领红三军七师、九师，马不停蹄地从张家背罩子坑出发，遵照总司令部的命令，由西向东转移，前往瑞金、石城、于都、宁都地区，清扫江西革命根据地内残存的白色据点和“土围子”，使根据地连成一片。

当日下午3时半左右，黄公略率部到达他熟悉的东固六渡坳。

正当黄公略随军部前进到山坳口附近时，天空中突然响起了“嗡嗡”的声音，三架敌机飞来了。敌机似乎发现了目标，即从上空猛烈俯冲下来，做低空盘旋。飞机飞得很低，飞机上的字都看得清清楚楚。那是三架意大利的“达格佛斯”黑色飞机。蒋介石靠着洋人的势力，连日不断派飞机来轰炸。敌机欺负红军没有高射炮，冲得很低很低地来捕捉目标。

黄公略军长即令值班参谋发出警报。部队官兵迅速钻进树林隐蔽起来。黄公略与军部首长就近躲进山坳口旁边的一间土房子里。

“啪啪啪”，敌机似乎发现了目标，机关枪子弹像油锅里沾了水似的蹦跳着。

“报告军长，七师的队伍正从罗坑那边开过来了！”值班参谋跑来报告。

黄公略二话没说就冲出了门。警卫员小高、小方急忙上前挡住：“危险！军长。”

“一个师的安全更要紧！”黄公略推开小高、小方，冲到山坳口，立即命令七师就地隐蔽，嘴里不停地喊着：“同志们卧倒，注意隐蔽！”同时，指挥机枪手对空射击。刹那间，浩浩荡荡的队伍，一下就隐没在茂密的茶树林中，大路上不见一个人影。

黄公略（1898.1.24—1931.9.15）

机枪手没打过飞机，捕捉不到目标。敌机毫无顾忌地往下俯冲，疯狂地扫射。黄军长气极了：“向左，打提前量！”“狠狠地打！”大声呼喊着，指挥机枪手射击。可是，仍然无效。

这时，只见黄公略一个箭步冲上去，要亲自抓过机枪射击。就在这一瞬间，天上敌机又是一阵雨点般的扫射。在场的红三军团政治部主任何长工急忙叫道："老黄，快躺下！"但已经来不及了。三颗罪恶的子弹，穿过黄公略左腋下。他向前趔趄几步，尽力支撑起身子。小高追上去喊："你中弹了，军长！"黄公略忙用右手捂住左腋下。顿时，鲜血如注，透过灰色的旧军衣，浸在手上，滴在山坡上。小高和值班参谋扶住他。黄公略对值班参谋说："快！快组织所有的机枪一起打！"

当敌机在空中盘旋第三圈时，四面的机枪一齐射向空中，三架"达格佛斯"害怕了，迅速高高升起，朝南昌方向逃走了。

"嗡嗡"声没有了。黄公略昏了过去。

军医处的医务人员迅速赶来抢救。包扎好后，军医处救护队长杨世明挑选四名身强力壮的救护队员黄福长、欧阳昭连、何锡鹅和杨济德，将黄公略送往黄陂北的背田村红三军军医处所在地进行抢救。

临走时，黄公略苏醒过来。他见参谋长陈奇涵和军部的同志围在身边，小高、小方直哭。他摆摆手，示意小高、小方不要哭。由于战斗转移紧迫，他要大家继续开进，只要副官长郭天民留在他身边打招呼。

临别时，参谋长陈奇涵问军长有什么嘱咐。黄公略说："你回去要好好整顿军队，做好充分准备，一、二、三次反'围剿'我们胜利了，但绝不可骄傲轻敌，要巩固和扩大红军，以争取中国的独立和解放，争取革命事业的最后胜利！"

"我记住了，请军长放心养伤。"陈奇涵说。

"还有"，黄公略继续说，"请你替我写封家信吧！家中的老母、妻子不知现在怎样了，还有个孩子，也不知是男是女，大概已有半岁了。请嘱咐妻子侍奉好老母，抚养好孩子，我对不起他们。"

"你家的地址是湖南湘乡什么地方？"

黄公略说："你写湘乡黄公略的家，哪一个都知道。"

黄公略躺在一副有布篷的竹竿担架上，被送到背田村。这里只有四五户人家。军医处的院子上面是平房，下面是利用山边挖的两个窑洞。黄公略住在东边的窑洞里。担架一到，军医处医务主任戴济民立即进行抢救。

参谋长陈奇涵赶来了。

郭化若赶来了，伤心得直哭。

总政委毛泽东听到这一不幸的消息后，带着警卫人员由方石岭至张家背的路上赶来，他说：“对黄公略同志要尽一切办法挽救。”

由于黄公略伤势过重，医务处医疗条件又极差，经抢救无效，黄公略于当天下午7点30分停止了呼吸。

一颗将星，过早地陨落了。

9月20日，红一方面军总部从方石岭、张家背、六渡坳，转移到兴国顶龙乡水头庄后，召开第三次战争胜利祝捷大会暨黄公略军长追悼大会。毛总政委和朱总司令都讲了话，对黄公略表示沉痛哀悼。毛泽东写挽联曰：“广州暴动不死，平江暴动不死，而今竟牺牲，堪恨大祸从天降；革命战争有功，游击战争有功，毕生何奋勇，好教后世继君来。”

毛泽东后来不止一次地对人说：“黄公略同志政治、军事都很强，死得太可惜了！”

为了纪念黄公略，党中央在中央革命根据地成立了公略步兵学校。1932年春，在瑞金城东北的叶坪修建了公略亭，人们将永远怀念他。2009年9月14日，黄公略被评为100位为中华人民共和国成立做出突出贡献的英雄模范之一。坐落在湘乡市桂花分朝阳村高木冲的黄公略故居，已经湖南省人民政府公布为省级文物保护单位。聂荣臻、王震、邓颖超等为故居题词，故居瞻仰、参观者甚多，成为爱国主义教育基地。

# 七

# 首创瑞金苏维埃

毛泽东是新中国的缔造者，1931年在江西瑞金建立的苏维埃红色政权，可以说是他创建新中国的一次预演和雏形。

# 群英聚首莫斯科

建立苏维埃政权是中共六大的决议案之一。

1928年6月18日至7月11日，中国共产党第六次全国代表大会在苏联莫斯科近郊秘密召开。这次大会的路线基本上是正确的，对后来中国革命的发展起了积极的作用。

1928年的春天，气温乍暖还寒，令人捉摸不定。革命运动中的盲动政策已停止执行了，但是，今后的路怎么走？还有待进一步的探索。

于是，中国共产党第六次全国代表大会，开始了紧锣密鼓的准备。

早在“八七会议”上就决定：中央临时政治局应在6个月内准备召集六大。11月扩大会议决定，于1928年3月间召开六大。1928年1月，瞿秋白在政治局会议作报告，提出在3—4月间召开六大，地址暂时考虑在澳门，当时多数人主张在香港。

中共六大会址——莫斯科

又过了两个多月，共产国际关于召开中共六大的决定到达中国。共产国际对中共六大的召开十分重视，并鉴于当时国内的紧张形势，最后确定把这次会议安排在苏联首都莫斯科举行。4月2日，中共中央常委开会，传达了这项指示。共产国际要求瞿秋白、罗亦农、任弼时、周恩来、黄平立即去莫斯科，并要求陈独秀、彭述之、张国焘、蔡和森参加六大。

中共中央政治局常委决定，瞿秋白、周恩来出国负责筹备召开党的六大。留下李维汉、任弼时、邓小平等负责中央留守工作，领导国内斗争。

会议之前，全国各地的代表将分批前往莫斯科参加会议。对此党中央研究了行走路线问题，认为已经形成的通过中东铁路这条红色之路是可行的。于是决定，代表去莫斯科的路线，除一部分由上海乘轮船经海参崴外，其余大部分将由上海经大连到哈尔滨，然后由哈尔滨护送到满洲里或绥芬河出境。

当时，中共六大代表是分三批出发的，而到哈尔滨后又重新编组，分期分批安排出境。通过哈尔滨接待站安排去苏联的党的主要领导人有瞿秋白、张国焘、罗章龙、周恩来、李立三、夏曦等。

哈尔滨接待站一共接待了40多位代表，使其全部安全出境，保证了中共第六次全国代表大会在莫斯科顺利召开。

6月3日，周恩来受中共中央政治局委托，起草致共产国际和红色工会国际的申请报告，指出由于帝国主义势力在中国的猖狂，特别是日本帝国主义对中国野心毕露，加紧活动，请求给予中共相应的物资帮助，以便中共开展更为有力的全国斗争。6月6日，周恩来会见了苏联军委代表，讨论了中国共产党模仿苏联红军建立自己的红军武装的问题，涉及如何建立、编制和政治教育工作，等等，苏联军委提供了详细的设想。6月7日，周恩来、瞿秋白、苏兆征召集已到莫斯科的近60名六大代表开谈话会，讨论了政治、组织、职工、农运等决议草案的起草问题和成立秘书处及各工作委员会的问题。确定6月12日前后成立大会秘书处和各个委员会并开始工作。

6月9日，联共（布）总书记斯大林在莫斯科接见了出席中共六大的周恩来、瞿秋白、向忠发、李立三、蔡和森、王若飞、项英、关向应、邓中夏、苏兆征、张国焘等。斯大林请中共领导人介绍中国革命斗争的形势和任务，并对中国革命问题发表了意见。斯大林看着周恩来，特别指出，创建红军是中国农民运动和土地革命的最重要成果。他同时强调指出，在任何时候，农民都不能领导工人阶级和中国革命，中国革命必须由工人阶级来领导。这次会见，斯大林主要谈两个问题，一是当时中国革命的性质，二是当前中国革命的形势，亦即“高潮”与“低潮”的问题。在座的李立三不同意斯大林说的中国革命处于“低潮”的看法，问道：现在中国到处都有工人斗争和农民起义发生，这怎么是“低潮”呢？斯大林没有立即回答，而是取过一张纸，用红蓝铅笔在纸上画了几条波浪式的曲线，又在曲线最低处画了几朵浪花。斯大林把纸递给大家，说：“你们看，低潮时，也会溅起几朵浪花，切莫把这些浪花看成是高潮。”在中共党员心目中，斯大林是“最高权威”“世界革命导师”，斯大林这个生动贴切的比喻，使多数与会者心悦诚服。

14日和15日，布哈林以共产国际负责人的身份召集了一次政治谈话会。中国共产党出席谈话会的有瞿秋白、苏兆征、周恩来、蔡和森、李立三、项英等21人。这实际上是六大的一次小范围的预备会议。

17日下午，由周恩来主持召开各省代表团书记联席会议，初步通过了大会主席团和秘书长、副秘书长名单。当晚，举行大会预备会议。

1928年6月18日，中国共产党的第六次全国代表大会在莫斯科郊区兹维尼果德镇的一所旧式银色庄园别墅隆重开幕。

莫斯科近郊中共六大会议旧址

这是一座乡间庄园，因其白色墙壁在阳光下闪闪发光而得名。楼房面临公路，楼后是漂亮的花园，穿过花园是座小山，山上长满树木。山后有条溪流，两岸绿树成荫。楼分三层，六大秘书处的办公室在一层。二层有大厅和若干房间，瞿秋白、周恩来等住在这里。其他代表住在三楼。别墅附近有一个国营农场和一些零落的农舍，田野一片碧绿，正是初夏的景色。

18日下午，出席这次大会的142人齐集二楼大厅，其中有表决权的代表84人，代表全国4万多名党员。大会主席台后悬挂锤子镰刀党旗，台前挂“中国共产党第六次全国代表大会”横幅，两旁无标语，台正中有一张长方形桌上面蒙白布，马克思、恩格斯、列宁、斯大林的画像挂在台后墙上。座位一律为长条凳。部分与会代表原以为斯大林会代表第三国际到会，但他们失望了。

大会的开幕式由向忠发主持，瞿秋白致大会开幕词。之后，代表第三国际的一位意大利同志讲话，向大会祝贺。接着，布哈林讲话，他痛斥国民党反革命分子。

大会通过主席团秘书处及代表资格审查委员会名单。主席团中成员有瞿秋白、周恩来、李立三、蔡和森、邓中夏、向忠发，还有斯大林、布哈林等，共21人。周恩来担任大会秘书长，副秘书长是黄平和罗章龙，苏兆征负责代表资格审查委员会的工作。晚上，由瞿秋白主持召开主席团第一次会议，出席会议的16人讨论决定了大会议程、会场规则及议事细则。

从19日起，大会开始正式议程。当天共产国际书记布哈林作《中国革命与中国共产党的任务》的报告，长达九个小时。报告中关于中国革命形势的看法，与斯大林的意见一致。

20日，瞿秋白代表第五届中央委员会作《中国革命与共产党》的政治报告。全文约10万字，分为三章：“中国革命领导权之争”“中国共产党之过去与前途”“中国革命当前的问题”。

在口头报告中，他只就书面报告未展开的意思，加以阐述和补充，也讲了九个小时。

瞿秋白在政治报告中正确地从理论上阐述了中国革命的性质和任务，论述了无产阶级和资产阶级争夺革命领导权的斗争，批评了右倾机会主义错误。对于“左”倾盲动主义，他进行了自我批评，也希望代表们批评自己。

瞿秋白报告中仍然把当前中国革命的形势估计过高，认为革命有无间断的进展，革命高潮很快可以到来。此外，对“八七会议”以后中共中央在组织上实行惩办主义，11月会议时处分了周恩来、毛泽东等一大批党的高级干部的错误，仍认为是必要的。

从21日起，代表们用了七天时间对瞿秋白的政治报告进行了热烈的讨论。会议充分发扬党内民主，既批评了陈独秀的右倾机会主义错误，也批评了瞿秋白的“左”倾盲动主义错误。

6月27日，周恩来作大会发言，对革命性质问题，他同意中国革命仍然是资产阶级民主革命，并且分析党内一些同志混淆革命性质的原因。认为党的主要任务是要夺取千百万群众，促进革命高潮的到来。他语言温和，态度从容，博得全场热烈掌声。

会议期间，周恩来的工作异常繁重。作为秘书长，他主持会议的全部日常工作。大会成立了10个委员会，他参加了其中的7个，并担任组织委员会和军事委员会的召集人。他精力充沛，工作有条不紊，行动敏捷，处事果断，给人们留下了深刻的印象。

6月30日，周恩来向大会作了组织问题的报告。指出：自从蒋介石、汪精卫相继背叛革命以后，“中国的白色恐怖可以说是全世界历史上所绝无而仅有的残酷。”在这个时期内，共产党员和革命群众被杀害的有31万—32万人，还有4600多人被监禁着。工会、农会和其他群众团体遭受严重的摧残。全国的工会组织由734个锐减到81个。但就在这种严酷的环境中，共产党人仍然进行了英勇的反抗，在农村建立了苏维埃政权。一些地方的党组织在遭受破坏后，又重新恢复了。党在今后的组织任务是“建立和发展工农革命的组织，并发展党的组织，使党真能成为群众的战斗的革命党。”

7月3日，周恩来向大会作军事报告。报告总结党自从事军事活动以来的经验教训，批评两种错误倾向：一是为了联合战线而仅帮助国民党巩固国民革命军，二是南昌起义失败后，“抹杀一切军事工作，反对一切军事准备、军事技术的训练，都目之为军事投机。”周恩来也作了自我批评，他说，我们的主要错误是我们不懂得我们在军队工作的基本任务，不懂得这一工作的目的。当时是统一战线时期，我们不懂得这个统一战线最主要的任务是争取革命的领导权，为了实现这一任务不能不去夺取军队，不去建立无产阶级的武装力量。

报告强调指出："目前任务在夺取成千成万工农群众，在军事方面，开始军事组织、军事技术工作"，秘密组织工农武装，加强敌军工作，特别是士兵工作。报告专门论述了建立红军的问题，指出红军的来源应包括游击队的扩大和军阀军队的倒戈，一定要建立地方苏维埃政权，方能有巩固的红军组织。刘伯承作了副报告，李立三作了农民与土地问题的报告，向忠发作了职工运动的报告。

7月9日、10日，大会通过了经过修改的《中国共产党党章》和各项决议案，选出了中央委员23人、候补中央委员13人，组成了新的中央委员会。

在19日的六届一中全会上，选出政治局委员7人：向忠发、周恩来、苏兆征、项英、瞿秋白、张国焘、蔡和森；候补委员7人：李立三、彭湃、杨殷、罗登贤、关向应、徐锡根、卢福坦。选出政治局常务委员5人：向忠发、周恩来、苏兆征、项英、蔡和森；候补常委3人：李立三、徐锡根、杨殷。

20日的政治局第一次会议决定了中央常委和各部的组织与分工，由于过分强调工人成分，向忠发被选为中央政治局主席兼中央常委主席，周恩来被推选为中央常委秘书长兼中央组织部部长；中央宣传部部长蔡和森，军事部部长杨殷，工委书记苏兆征，农委书记李立三，妇委书记张金保。

这次大会通过了《政治议决案》《土地问题议决案》《农民运动决议案》《职工运动决议案》《苏维埃政权组织问题决议案》等18个文件，修改了党的章程。

六大的历史功绩是重要的。但是，大会对中国革命的长期性认识不足；错误地把中间阶级看成阻碍革命胜利的最危险的敌人之一，主张一概打倒。片面强调以城市工作为重点，没有认识到中国革命的特点是走农村包围城市的道路。此外，还片面强调领导机关和领导干部的工人化，大会选出的36个中央委员、候补中央委员中，就有21位是工人，许多从五四运动开始，做了大量实际工作、具有丰富经验的知识分子，如刘少奇、恽代英等，没有被选入中央委员会，这些缺点成为两年后出现的"左"倾冒险主义错误的主要原因。

# 中华苏维埃共和国

有人说："上海建党，开天辟地；南昌建军，惊天动地；瑞金建政，翻天覆地；北京建国，改天换地。"

红都瑞金

树高千丈，根植红土，新中国的雏形在瑞金。1931年11月7日，这里诞生了第一个中国工农红色政权，主席是毛泽东。中国共产党在这里进行了治国安邦的伟大"预演"。五年零八个月的中央苏区奋斗史，让瑞金历史地成为国家的根基、革命的源头。

瑞金有着悠久的历史，据云古代建县时掘地得金，遂称"瑞金"。瑞金位于武夷山西侧，是一片丘陵。

1927年8月，朱德在南昌起义失利后，带着部队南下，曾占领瑞金。此后，红军又多次占领过瑞金，不过，占领的时间都不长。这一回，红军1931年9月下旬进入瑞金，却在那里站稳了脚跟。

毛泽东于9月28日到达瑞金叶坪村，在那儿住下，红军和中共首脑机关也设在叶坪村。那是考虑到瑞金县城目标太大，容易遭到蒋军飞机轰炸，所以隐蔽在这小村子里。毛泽东自从离开井冈山后，直至此时进入叶坪，才算过上了相对稳定的生活。贺子珍跟他住在一起。毛泽东所住的，是一幢谢姓两层民房。

跟毛泽东住在同一幢楼里的是朱德和康克清。

那幢两层民房，成了中共苏区中央局的所在地。除了毛泽东、朱德外，还住着任弼时、王稼祥。小小的叶坪村，一时间成为红区的中心。

毛泽东万万没想到三兄弟能够在瑞金聚首。

毛泽覃是中共永吉泰特委书记，当选为一苏大会的代表，听说瑞金县委的工作各方面都得了红旗，特意来找邓小平取经。

又有一天下午，毛泽东正在房中伏案写东西，吴吉清兴冲冲跑上楼来，大喊："总政委，有贵客到了！"

"谁呀？"毛泽东抬头问。

"你看是谁来了？"打头上楼来的是红十二军政委谭震林。

"大哥，是我们来了！"

毛泽东闻声，眼睛一亮："泽民，是你来了！"来的正是毛泽东的二弟毛泽民和弟媳钱希钧。

"大哥，你好！"钱希钧第一次见到毛泽东，连忙问候。她说的一口江浙话。毛泽民介绍，钱希钧是浙江诸暨人。

毛泽东话题来了："哎呀，你与西施是同乡，那是出美人的地方。好了，这次我们几兄弟可以团聚了，你们快去见见嫂子。"

吴吉清带钱希钧去见贺子珍，恰巧贺怡也在。毛家三妯娌第一次见面，自然热闹亲切。毛泽民一会儿也来见大嫂。

他们兄弟俩是1927年秋收起义前夕分开的。当时，毛泽民受大哥指示，回湘潭、湘乡发动农民，准备起义。9月中旬他返回长沙时，毛泽东已率秋收起义部队向平、浏一带前进，他没有赶上队伍，便回到长沙坚持地下工作。后来到了上海，负责党中央地下印刷所的工作。由于顾顺章叛变，为安全起见，中央将他们夫妇调往香港。谁知刚到香港不久，顾顺章又随着窜到。中央只好通知他们立即到中央苏区来。

毛泽东留下谭震林和弟弟、弟媳一起吃晚饭，还专门请来朱德总司令作陪。当晚，毛泽东留他们住宿。等贺子珍走了，毛泽东迫不及待地问："你们说说岸英、岸青和岸龙的情况吧。"

毛泽民告诉大哥说：

"大嫂被捕时，岸英和陈玉英保姆也一起被关进了监狱。大嫂牺牲后20多天，敌人才将他俩放出来。岸英三兄弟都住在板仓外婆家。后来我捎信，请杨老夫人将三个孩子带到上海，送进了我们党办的大同幼稚园。"

毛泽东静静地听着，半天也没有吭声，只是闷闷地抽烟。过了好久，他才轻轻地说了声："伢子们受苦了！"

毛泽东感谢大弟对孩子们的关心。他又何尝不担心呢？但是，担心又有什么用？他相信上海的地下党对孩子们是会关照的，便对弟弟说："伢子的事，让组织去管，我们也管不过来。你们还是早点休息去吧！"

10月19日这一天，秋高气爽，正是农历九月初九重阳。毛泽东偕毛泽民、毛泽覃三兄弟各骑一匹马，去登城西的龙珠塔。

穿过城里，来到赤珠岭下，将马放在绵江边吃草，三人登上红土坡，爬到龙珠塔下。

龙珠塔，俗称白塔，始建于明万历壬寅年，道光十八年大修过一次。为了护塔，还建了个塔下寺。塔身六面九级，每级有门窗洞，可资远眺。

兄弟三个有说不完的话。

"泽覃，听说你的贺怡和大嫂是同胞姐妹？"

"两姐妹嫁两兄弟亲上连亲。我喜欢贺怡。"

兄弟一母所生，长大了，人各有性，人各有貌。毛泽东长脸蛋，眼睛大而有神，下巴上的胡茬稀近似无，平时很少戴帽子，长头发大披头，像个不修边幅的书生。他除了行军，平时从不背挎包，所用的文件、本子都鼓囊囊塞在四个荷包里。讲话喜欢做手势、比动作，黄黄的脸上总是带笑，但他一严肃起来，马上能使你感到他的威严。当你听他讲话时，会感到他是一位既敏锐又豁达的哲人。

毛泽覃长得跟大哥一样像母亲，眉清目秀。他是个发育抽条的后生，军装合身整洁，折着“人”字花绑腿，裹扎过膝，使他显得更细长、苗条。坦率果敢的性格，表明他是典型的将才。毛泽民长得像父亲，魁梧，头大，前额略凸、天庭饱满，鼻子高，眼睛比兄弟俩的还大，略厚的嘴唇显示了他的憨厚、纯朴，富有典型的中国农民气质。

毛泽覃凑上前：“二哥，听说一苏大会要选大哥当中华苏维埃共和国的主席。主席，就是一国之君主。”

毛泽东哈哈一笑：“当主席，英文的主席是Chairman，意思是男人坐椅子。可我只喜欢坐板凳。板凳应坐十年冷嘛，坐硬板凳睡硬板床，才踏实稳当。”

毛泽民：“当主席责任大，也惹人注目。”

毛泽东：“那怕什么？这把椅谁要坐谁端去。”

毛泽覃：“没那么容易。大哥，老辈子说你下巴上的痣长得好，大概也是龙珠把水口吧。”

这一句把毛泽民都说笑了。

毛泽东并不笑：“龙珠把水口，葬了好风水，好什么？三年前，泽建妹子在衡山被敌人杀了，去年开慧又遇难，留下岸英、岸青、岸龙三个小毛，在上海打流浪，生死下落不明。我们三兄弟三个家都在苏区，要努力工作，处处谦虚谨慎，各人的担子都很重。”

毛泽民：“从现在情况看，中央机关在上海扎不住，敌人利用叛徒翻我们的底，好多中央干部都要来瑞金的，到那时力量就强了。”

毛泽东站起来引开话题：“来，好好看看风景吧。”

远处一景：“笔架凌霄”，城郊南片山之龙峰塔、鹏图塔和风鸣塔，三座塔好似笔架凌霄。毛泽东拍掌叫绝：“三支巨笔，以天当纸，将绘出锦绣江山，写出万古文章。”

毛泽覃：“生花妙笔，我们一人分一支。”

毛泽民："不用了。我看是大哥提笔，你驮枪，我嘛，还是拿锄头。"

毛泽覃兴致极高："瑞金真是金银宝地，山好、水好，当革命成功了，我就在这里建座房子，安家养老。"

谁知四年后，果然应了这句话。红军主力长征之后，毛泽覃留在瑞金战斗，战死在凤鸣塔下的大山中。50年后，就在这龙珠塔边盖了革命烈士纪念堂。白塔下，铸了一座毛泽覃铜像。他永远在这里安家，为瑞金革命圣地的好风水站岗把水口。

早在1930年8月，共产国际东方部作出《关于中国苏维埃问题决议案》，就已经提出"建立中华苏维埃共和国"的建议。当时主持中共中央工作的李立三，马上响应这一建议，打算在攻下长沙之后，宣布成立"中华苏维埃共和国"的中央正式政府。只是因为二攻长沙未克，这一计划流产。

王明上台后，虽说对李立三实行否定，不过对建立"中华苏维埃共和国"仍予赞成，并力催毛泽东、朱德早日实行。

不过，面临着蒋介石一次次的"围剿"，建立"中华苏维埃共和国"的计划只得搁置一旁。直至打败蒋介石的第三次"围剿"之后，赣南、闽西红区连成一片，内中包括21座县城、250万人口，面积达5万平方公里。这时，蒋介石暂时还来不及再度对中央苏区发动新的"围剿"，使中央苏区有了一段相对和平、稳定的时期。建立"中华苏维埃共和国"的条件日臻成熟了。于是，择定了11月7日作为成立之日。

这一天是一个值得永远纪念的日子。14年前的这一天，在列宁的俄国布尔什维克党领导下，迎来了世界上第一个工农兵专政的社会主义国家，世界从此进入一个崭新的时代。

按"一苏大会"议程安排，为庆祝苏维埃共和国胜利诞生，这天清晨隆重举行红军阅兵典礼。

中国工农红军自诞生以来，这天是第一次正式举行阅兵式。红三军、红四军、红七军、红十二军和红三军团各派出的一个建制营，由各军首长率领，红军学校学员由校长萧劲光率领。他们早早地就来到阅兵场北侧，排着严整的队形，等待进入阅兵场。瑞金的赤卫队也接受检阅，他们排在红军队伍后面。

东方熹微，毛泽东和朱德、彭德怀、项英、任弼时、王稼祥、邓发、周以栗、叶剑英、张鼎丞、曾山等红军将领来到检阅台前。

毛泽东谦让地对朱德说："请总司令先上检阅台！"

朱德忙推辞："不，不，你是红军真正的统帅，你先上！"

毛泽东伸出左手："论年龄你是兄长，论职务你是总司令，理当你先！"

朱德推辞不过，只好带头。登梯时，毛泽东连说："慢一点，小心。"

毛泽东和其他同志相继登上检阅台。

参加"一苏大会"的代表和瑞金县前来观礼的群众早已站满检阅台两侧。大家都盼着一睹红军的风采。

阅兵总指挥彭德怀，威严地发出阅兵开始的命令。

嘹亮的军号声中，一队队披着战火硝烟、精神抖擞的红军战士，排列成一个个方队，由红旗引导，行注目礼，威武雄壮地通过检阅台。

毛泽东、朱德等红军将领们，站立在检阅台前，微笑着挥手向红军致意。

"为苏维埃战斗！"战士们整齐响亮的口号，震撼叶坪上空。

"英勇的红军万岁！"毛泽东用浓重的湘音高呼着。此时，"红军万岁！""苏维埃共和国万岁！"口号声此起彼伏。望着这支在战火中诞生，已经成了人民政权撑天支柱的钢铁红军，人们激动不已。

大会秘书处从瑞金城里请来的照相师傅"咔嚓""咔嚓"摄下了一张张雄伟壮观的历史性画面。

阅兵式刚结束，一阵闷雷似的隆隆声从北边天空滚过来，果如毛泽东所料，十几架国民党飞机黑老鸹似的直朝瑞金县城扑来。幸好阅兵式已经结束，广场上的人们已经全部疏散隐蔽。敌机未发现会场目标，便朝县城及附近郊区扔下100余枚炸弹，猛轰滥炸一阵，然后又朝长汀方向飞去。敌人以为"苏共大会"不在瑞金开，就一定在长汀开。毛泽东的“调虎离山计”让敌机上了大当，设在长汀城郊的“一苏大会”假会场，被炸得一塌糊涂。

敌机的轰炸，没有影响大会进程。当天下午，“中华工农兵苏维埃第一次全国代表大会”在叶坪村谢氏祠堂里召开，会场装饰庄严辉煌。主席台正面墙上贴着革命导师马克思和列宁画像，画像中间挂着的镰刀铁锤红旗，格外鲜艳夺目。主席台两侧的对联散发着墨香，左联为：“学习过去苏维埃运动的经验”；右联为：“建立布尔什维克的群众工作”。主席台上方悬挂的横幅标语，同红军检阅台上方悬挂的一样：“全世界无产者联合起来！”主席台前沿，放着一块横匾，上书“工农堡垒，民主专政”八个金光闪闪的大字。

出席大会的代表分别来自中央苏区，闽西、赣东北、湘赣、湘鄂西、琼崖等苏区，红军部队，以及设在国民党统治区的全国总工会、全国海员总工会，共610人。项英主持大会。大会推举项英、张鼎丞、陈正人、周以栗、朱德、曾山、邓广仁七人组成主席团。

大会主席团执行主席项英宣布大会开始，首先致开幕词：

“同志们：中华苏维埃全国第一次代表大会已于苏联十月革命胜利的今天，正式开幕了！”

会场内外顿时沸腾起来，礼炮齐鸣，口号震天。

在震耳欲聋的欢呼声中，大会执行主席宣读毛泽东为大会题的词：“苏维埃为工农劳苦群众自己管理自己生活的机关，是革命战争的组织者与领导者。”

全场又是一片热烈的欢呼声。毛泽东起立，与大家热烈鼓掌。他振臂高呼：“苏维埃共和国万岁！”

代表们跟着一起高呼：“苏维埃共和国万岁！”

简短的开幕式结束以后，摄影师已架好照相机，等待着给代表们照相。

毛泽东兴之所至，对任弼时说：“我们苏区中央局的同志照一张合影留念，怎么样？”

“好极了！”任弼时赞同，其他同志更是高兴。

中华苏维埃政府苏区中央局委员，左起：顾作霖、任弼时、朱德、邓发、项英、毛泽东、王稼祥

毛泽东仍然是苏区中央局代理书记。大家簇拥着他走到相机前，都请他站在中间，毛泽东说什么也不同意。他说：

“大家随便站一排吧。”

说完，他率先站到了一边，将两只手往身后一抄。七个人中，唯独他一人没有戴军帽。

王稼祥站到了毛泽东的左侧，两只手伸进了裤袋里。

毛泽东的右侧，依次是项英、邓发、朱德、任弼时和顾作霖。朱德将两手套在袖筒里搁在胸前。

这张照片，成为苏区中央局委员会的唯一一张合影，极为珍贵。

当天晚上，在叶坪村举行隆重热烈的提灯庆祝晚会。往日各家门户紧闭的黑漆漆的瑞金县城，今夜忽然冒出一团团耀眼的火光。人们手中举着用废旧竹竿和篾索做成的火把，也有很多人手中提着灯笼。五星灯、采茶灯、梅花灯、荷花灯、凤凰灯、兔子灯、鲤鱼灯……红的、黄的、蓝的、白的，五花八门，争辉斗艳；火把、灯笼一排排、一簇簇，犹如长龙起舞，又似繁星满天。瑞金县各区庆祝队伍，正在舞龙灯，还有一对雄狮在滚绣球，表演刀舞，观看的人群不时爆发出阵阵喝彩声。

人们涌上街头，汇成一条闪光的河流，朝着城东北流去，流到离县城六公里的小村——叶坪，会聚在那儿的谢家祠堂。

如此盛大的“提灯游行”，在瑞金是史无前例的。

为了欢庆中华苏维埃共和国的诞生并躲避蒋介石部队的飞机会前来轰炸，欢庆活动特地改在夜里。游行的队伍从谢家祠堂里出来，集中在旁边的一块大草坪上，举行联欢晚会，一直到夜半，欢呼声才渐渐平息。

8日晚上，又是举行文艺晚会。四盏“咝咝”作响的汽灯，发出雪白耀眼的光芒。台前广场上，观看演出的人群，黑压压地一大片。毛泽东和任弼时、徐特立、何叔衡、王观澜、刘伯坚、贺诚等一起，也挤在人群中。演出结束，毛泽东和朱德、项英、任弼时、王稼祥、徐特立等一起来到舞台上，与尚未卸妆的李伯钊、沙可夫、胡底、石联星等演员热烈握手祝贺，鼓励他们将苏区的革命文艺活动更加活跃地开展起来。不久后，这些文艺骨干分子按照毛泽东的指示，便在红军学校成立了“八一剧团”，后来又成立了“工农剧社”。

9日下午，毛泽东代表中共苏区中央局向大会作政治报告。他的报告在热烈的掌声中开始，在雷鸣般的掌声中结束。

毛泽东在报告中回顾并总结了中央苏区过去的工作，认为目前中国的政治形势是有利于苏维埃运动发展的，在这种新形势下，必须建立巩固的革命根据地，必须巩固和扩大红军，等等。

之后，项英作《劳动法报告》，张鼎丞作《土地法报告》，朱德作《红军问题报告》，周以栗作《经济政策报告》，王稼祥作《少数民族问题报告》，邓广仁作《工农检查处报告》。

大会主席团于11日决定由任弼时、王稼祥、毛泽东等组成宪法起草委员会。经过讨论，依据临时中央有关宪法大纲的来电原则，制定了《中华苏维埃共和国宪法大纲》，并经大会通过。会上还通过了临时中央提供大会讨论的《中华苏维埃共和国土地法》《中华苏维埃共和国劳动法》《中华苏维埃共和国经济政策》等法令。

代表们从他们的报告中，看到了苏维埃运动光明灿烂的前途，也知道了年轻的苏维埃共和国将经受更加严峻的血与火的考验。

19日，进行中国历史上第一次真正体现劳苦工农意愿的国家政权选举。

苏维埃中央执行委员会是苏维埃共和国的最高权力机构，由63人组成。候选人名单，一部分由中共中央和苏区中央局提名，一部分由全国各根据地推选。中央政府主席、副主席人选，也反复进行过酝酿。在这年2月20日的中共中央政治局会上，王明提议由向忠发担任临时中央政府主席，张闻天却认为向忠发担任主席没有必要，讨论时大家觉得政府主席人选必须具备两个条件；一是在全国有威望，二是人要在苏区。多数人倾向毛泽东担任这个职务。10月中旬，中共临时中央正式决定由毛泽东为政府主席候选人，曾山和张国焘为副主席候选人，苏区中央局权衡再三，提议项英为副主席候选人，曾山改任土地部长。

对候选人名单，代表们进行了认真的讨论。许多代表不知道张国焘是谁，主张不选他；有些代表虽然知道张国焘是鄂豫皖苏区的主要领导人，但认为他不在瑞金，选他当副主席挂个空名，没有必要。大会主席团详细介绍了每个候选人的情况。对选不选张国焘，毛泽东也出面做了许多解释。选举以举手表决的方式进行。

大会执行主席宣布：毛泽东和项英、张国焘、周恩来、朱德等63人当选为中央执行委员。

几天后，在中央执行委员会召开的第一次会议上，又选举毛泽东为中央执行委员会和中央人民委员会主席，项英、张国焘为副主席。中央人民委员会即苏维埃中央政府（相当于后来的国务院）。

“一苏大会”也宣告中华苏维埃共和国临时中央政府成立，定都瑞金，改瑞金为“瑞京”。这样，瑞金成了中华苏维埃共和国的首都，成了这片红区的中心，成了“红都”。

喜讯迅速传遍闽山赣水，传遍中华大地。历史记下了这辉煌的一页。

从此，人们对毛泽东的称呼，从“毛委员”“毛党代表”，改为“毛主席”。

11月20日，是“一苏大会”的最后一天，清晨，大会在红军广场举行隆重的授旗授章典礼。

在创建苏维埃共和国的斗争中，中国共产党领导下的工农红军，红军的杰出将领毛泽东、朱德、彭德怀、方志敏等，做出了卓越的贡献。大会决定授予他们奖旗和勋章。

宣布授予奖旗的红军部队是：

红一军：鄂豫皖革命根据地的主力红军部队，军长许继慎，政治委员曹大骏；

红二军：湘鄂边革命根据地的主力红军部队，军长先后为贺龙、孙德清，政治委员朱勉之；

红三军：中央革命根据地的主力红军部队，军长先为黄公略，后为周子昆，政治委员先为陈毅，后为蔡会文；

红四军：中央革命根据地的主力红军部队，军长林彪，政治委员罗荣桓；

红六军：湘鄂边革命根据地主力红军部队，军长段德昌，政治委员周逸群；

红七军：中央革命根据地主力红军部队，军长先李明瑞，后为张云逸，政治委员邓小平，后为许卓、葛耀山；

红十军：赣东北革命根据地主力红军部队，军长周建屏，政治委员方志敏等；

红十二军：中央革命根据地主力红军部队，军长罗炳辉，政治委员谭震林；

红十六军：湘鄂赣边革命根据地主力红军部队，军长孔荷宠，政治委员李楚屏等。

当毛泽东、朱德、彭德怀等8人和上述红军部队的代表接受大会执行主席授予的奖章奖旗时，全场军号嘹亮，锣鼓声、唢呐声直冲云天。

典礼完毕，毛泽东、项英分别致闭幕词。

第一次全苏大会胜利结束了。它达到了毛泽东提出的要求：隆重、热烈、安全、圆满。

11月25日，经中央执行委员会批准，又成立了中华苏维埃共和国中央革命军事委员会（简称“中革军委”）。任命朱德为主席，彭德怀、王稼祥为副主席；朱德、彭德怀、王稼祥、毛泽东、周恩来、林彪、谭震林等15人为委员。中革军委成立后，即撤销了红一方面军建制，毛泽东原任的方面军总前委书记和总政委职务，也就不复存在了。

古柏原是总前委秘书长，后又任总前委宣传部部长。中革军委成立后，调瑞金北面的彭湃县任县委书记，1932年1月又调任中共会昌临时县委书记。

“一苏大会”闭幕以后，毛泽东来到谢家祠堂，主持召开临时中央政府的第一次“内阁会议”。

当时的中央政府共设九部一局。那时的部长，称“人民委员”：

外交人民委员王稼祥；

军事人民委员朱德；

劳动人民委员项英；

财政人民委员邓子恢；

土地人民委员张鼎丞；

教育人民委员瞿秋白；

内务人民委员周以栗；

司法人民委员张国焘；

工农检察人民委员何叔衡；

国家政治保卫局局长邓发。

那座谢氏祠堂里，用木板隔成一个个小房间，每个小房间只有一张乒乓球桌那么大，门口挂着一个“××人民委员会”的牌子。那一个小房间，便是一个部的办公室。虽说那一间间简陋的办公室远不及今日中华人民共和国每个部的传达室，但今日的一个个部却是由那一个个小房间发展而来的。外交人民委员王稼祥后来成为外交部副部长；财政人民委员邓子恢后来成为国务院副总理；土地人民委员张鼎丞后来成为最高人民检察院检察长。

中华苏维埃共和国的诞生，是中国共产党领导国家政权的实验，它为中国共产党学会治国安民艺术和造就大批优秀骨干提供了一个重要课堂。成为18年后成立中华人民共和国的预演。毛泽东后来对此曾说过一段非常精彩的话：

中华苏维埃中央政府旧址

我们不但造就了一大批会治党会治国的有力的骨干，而且造就了一大批会治军的有力的骨干。这是无数先烈的热血浇灌出来的革命的鲜花，不但是中国共产党和中国人民的光荣，而且是世界共产党和世界人民的光荣！

1931年12月1日，以主席毛泽东，副主席项英、张国焘共同署名，发出了《中华苏维埃共和国中央执行委员会第一号布告》，宣布：

“中华苏维埃共和国临时中央政府业已宣告成立，从今日起，中华领土之内，已经有两个绝对不同的国家，一个是所谓中华民国，他是帝国主义的工具，是军阀官僚地主资产阶级，用以压迫工农兵士劳动群众的国家，蒋介石汪精卫等的国民政府，就是这个国家的反革命政权机关。一个是中华苏维埃共和国，是广大被剥削被压迫的工农兵士劳苦群众的国家。他的旗帜是打倒帝国主义，消灭地主阶级，推翻国民党军阀政府，建立苏维埃政府于全中国，为数万万被压迫被剥削的工农兵士及其他被压迫群众的利益而奋斗，为全国真正的和平统一而奋斗……”

在中央苏区创造了我党、我军、我们国家的众多“第一”。近年来国内兴起的寻根热，有增无减。每当国庆节纪念中华人民共和国成立时，人们会自然而然地想起1931年11月成立的中华苏维埃共和国。1992年2月纪念中华苏维埃共和国国家银行成立60周年，《人民日报》发表《国家银行在瑞金寻根》的文章；邮电部在瑞金溯源，庆祝中华邮政总局建立60周年，当年的苏区钱币和邮票成为稀世珍宝；还有《健康报》、军医大学、兵工厂、关税总局、中央党校、戏剧学院……都纷至沓来，到瑞金找开山祖宗，查红色家谱。

1933年初，中共中央从上海迁移到瑞金。中央机关所在地的沙洲坝，成了当年的“中南海”，并在这里召开了六届五中全会。叶坪的红军广场布局，有人惊奇地发现它与今日天安门广场布局极其相似。还有，当年在赣州（白区）与赣县江口（红区）间也开辟了一个“特区”，红区白区商人可以在这里自由贸易，还实行保税免税，在封锁线上进行交易，促进了苏区经济的繁荣。

中央苏区还是一个人才库，藏龙卧虎，精英荟萃。在瑞金，建党的元勋有毛泽东、陈潭秋、董必武、何叔衡。全国解放后，党和国家领导人毛泽东、朱德、周恩来、刘少奇、陈云、邓小平、董必武、胡耀邦、林伯渠、张闻天、王稼祥、杨尚昆、王震，当年都在中央苏区战斗和生活过。中国人民解放军的“十大元帅”中朱德、彭德怀、刘伯承、陈毅、罗荣桓、聂荣臻、叶剑英、林彪等八位，“十个大将”中粟裕、陈赓、黄克诚、谭政、萧劲光、张云逸、罗瑞卿等七位都曾在中央苏区纵横驰骋，屡建奇功。一个兴国县出了54位将军，一个才溪乡出了“九军十八师”——9个军级干部、18个师级干部。中央苏区确实是一块神奇的土地。

瑞金成了中国历史上第一个红色大本营。无数先烈的热血，浇灌了这片红色的土地；老一辈革命家的英勇斗争，书写了一部光辉灿烂的历史。

瑞金人民为中国革命作出了重大贡献。在创建、保卫中央革命根据地和中华苏维埃共和国的斗争中，英勇的红军将士、共产党人以及包括瑞金人民在内的广大革命群众，作出了巨大贡献和牺牲，取得了辉煌成就。当年瑞金只有24万人，参加红军的49000人，参加游击战争的38000人，参加拥军支前工作的26000人，以上合计113000人，占全县总人口的一半。这其中参加长征的35000人，在长征路上牺牲的10800人。现在瑞金革命烈士纪念馆里有名有姓的烈士有17166人。

# “没有调查就没有发言权”

毛泽东的一生是调查研究的一生，他在领导中国革命的伟大实践中，形成了一整套独具特色的调查研究思想方法，是我们党的一笔宝贵财富。

他的“发言权”来自对实际情况的深入调查研究。早在长沙第一师范学校读书的时候，他就和自己的校友萧子升一起背着包袱、雨伞，身上不带分文赴宁乡，下洞庭，步行700里，名曰“游学”，实为深入民间了解社会实情。这几个月的游历，使他了解到一个比自己家乡更大的湖南农村。

在中央苏区，毛泽东提倡并身体力行的进行调查研究工作。

前面提到，大革命运动后期，毛泽东用了32天时间，深入湘潭等地考察，写出了《湖南农民运动考察报告》，给党内外对农民运动的责难以有力的回答。秋收起义前夕，他将这五个县的调查材料留在长沙的板仓，交给杨开慧保管。

秋收起义上了井冈山以后，他又在王佐、贺子珍等的协助下，做了永新、宁冈两县农村调查，深入系统地了解了湘赣边界农村的实际情况。离开井冈山向赣南游击时，这两个调查材料放在他的朋友、留守井冈山的王佐那里。自游击赣南闽西以来，毛泽东时常念及这些调查材料，既担心它们丢失，又想对它们作更系统深入的研究。眼下红色区域的范围越来越广阔，革命斗争的声势和规模越来越大，他亟须通过调查研究农村社会的实际状况，制定出指导土地革命斗争深入发展的正确的方针政策。特别是他发现近来党内有些同志主观主义、本本主义的风气越来越盛，在讨论问题时，开口闭口“拿本本来”，对上级领导机关的指示决议，不论正确与否，一味照搬照套，盲目执行，结果闹出了许多乱子。面对这种情况，他感到更加需要深入系统地了解中国社会的实际情况，以反对那些主观、盲动的瞎说。他发现自己从前的调查活动有一个极大的缺点，就是偏于农村而不注意城市，对城市商业状况更是“完全的门外汉”，以致“对城市贫民和商业资产阶级这二者的策略始终模糊”。他深切地感到：“我们要了解农村，也要了解城市，否则将不能适应革命斗争的需要。”

1930年，红四军按照前委的分兵部署，四个纵队全部分散在安远、寻乌、平远等县做发动群众的工作。5月2日，红军占领寻乌县城。毛泽东和前委的同志从会昌来到寻乌，住进了县城西井巷天主堂。寻乌在江西省的最南端，位于闽、粤、赣三省交界处，东邻福建武平县和上杭县，南接广东蕉岭、平远和龙川等县。了解了寻乌的情况，三省交界各县的情况也就相差不远了。

机会难得。毛泽东决定对寻乌的社会经济状况尤其是对县城的商业状况，进行一次全面、系统的调查。寻乌县委书记古柏，早在一年多以前就与毛泽东相识了。他十分赞赏毛泽东的想法，并全力地支持和配合。

寻乌调查是毛泽东在土地革命战争时期30多次调查中最大规模的一次调查。他不仅调查了农村，还第一次调查了城镇。

1930年5月，在时任寻乌县委书记古柏的协助下，毛泽东在寻乌进行了20余天大规模的社会调查。

这一天，毛泽东带着新调来的警卫员吴吉清，穿一身广式对襟便衣，由古柏领着，先绕县城四周城墙一圈，还登上高处细细观看县城全貌。接着，他们便在城内大街小巷转了起来。

毛泽东寻乌调查纪念馆

寻乌县城逢农历一、四、七当集。这天正是集日，红军保护中小商人，纪律严明，所以四乡的人们都蜂拥入城。狭小的街道挤满了人，摆满了摊点，摩肩接踵，熙熙攘攘。毛泽东跟着古柏挤进了赶集的人群中。

一会儿来到一家豆腐店，一会儿又来到一家水货店、杂货店，同店里的老板交谈，问这问那，他了解了不少商业和百姓的情况，也结识了一些朋友，毛泽东非常高兴。

下午，红四军政治部在县城东门沙坝上召开宣传员大会。毛泽东到会讲话，他问大家：

“政治部发下的‘社会调查提纲’，你们都有吧！”

“每人都有一份！”

这种“社会调查提纲”，是毛泽东拟定的，用红、绿、黄纸印成小本子。调查提纲的内容包括：社会情况：县、区、乡、村、屋场、圩镇、水流、山脉，邻县交界处等地理情况，人口分布、大小姓，客居或本地的工、农、商、学、兵，男女老少各多少；政治情况：地主、富农、资本家、土豪劣绅各多少？是谁？出租情况？共有多少人？做什么职务？他们对贫苦农民的剥削压迫手段，受压迫剥削的贫雇农各多少？态度怎样？哪些坐过班房？抽大烟的多少？高利贷多少？经济情况：商业消费、市场上的主要产品、各种物价的价格、各行各业的工资情况、工人的生活状况，长、短、零工的工资多少？城市居民的生活靠什么？政治部要求，宣传员每到一地，对这些情况都要调查清楚。除了宣传员外，各级领导干部和红军战士，也都要按提纲尽可能多做调查。

接着，他详细地向宣传队员们交代了调查的方法和注意的问题。

毛泽东在寻乌城南门外马蹄岗一栋颇具特色的两层石砌楼房的二楼中厅，用两张拼在一起的方桌召开座谈会，经常参加座谈会的代表有11人。

毛泽东事先开列了一张长长的、缜密的调查提纲，共列出五个题目：“寻乌的政治区划”“寻乌的交通”“寻乌的商业”“寻乌的旧有土地关系”“寻乌的土地斗争”。每个题目之下又列几个至十几个细目。如“寻乌的商业”一项就分列出八个细目：

门岭到梅县的生意；安远到梅县的生意；梅县到门岭的生意；梅县到安远、信丰的生意；惠州来货；寻乌的出口货；寻乌的重要市场；寻乌城。

在“寻乌城”之下，又林林总总列出25个问题，什么“杂货”“水货”“油”“盐”“屠坊”“理发”“打洋铁”“打首饰”“修钟表”，还有“娼妓”“同善社”等等。

毛泽东在调查时了解情况十分细致。对“寻乌的旧有土地关系”和“寻乌的土地斗争”进行了详尽的调查。从农村人口成分，旧有田地分配，到每户大地主的情况；从地主剥削农民各种手段，到农民受剥削的残酷程度；从分配土地、山林、房屋的方法、标准，到各个阶级、阶层对土地革命的态度，一直到土地斗争中妇女地位的变化，无不问个一清二楚。人们阅读毛泽东半年后在宁都整理的《寻乌调查》，洋洋8万余言，简直就是一部寻乌的地方志书，其中大部分内容是绝无仅有的记载。毛泽东调查所得的内容，不仅全面、细致，而且生动、形象、有趣，有些地方读后叫人忍俊不禁。

调查会整整进行了十几天。白天开，晚上也开。有时，毛泽东还带着前委机关的同志和警卫战士到田头，一边劳动，一边向农民调查。

一天清晨，警卫连战士和红四军军部的同志一起到马蹄岗附近的农村参加劳动，刚集合好队伍，便见毛泽东从楼上下来，站到队伍后面，和战士们一起出发了。在田间，毛泽东放下衣帽，挽起裤腿和袖子，走下田埂，两手握住耙把，一边熟练地耘田除草，一边和老表们亲切攀谈。中间休息的时候，他又和围坐在身边的老表促膝谈心，详细询问他们村里有多少人，姓什么，几户贫雇农，几户土豪劣绅，耕田多少，做手工业的有几个，参加红军的有多少人，参加赤卫队的有多少人，红军田留了没有，有没有派人耕种等问题。老表们七嘴八舌地抢着回答毛泽东提出的一个又一个问题。毛泽东口问手记，忙得连喝水也顾不上。

毛泽东早晚散步，遇到行人，也聊上几句。古柏是最忙的了，他要请人开会，准备会场；开会时要帮着“翻译”寻乌的客家方言，还要补充情况，又要兼做记录。这一切都弄得井井有条，妥妥帖帖。毛泽东对他很是满意。最后，开了一个总结调查会，请了四五十个人到场。毛泽东将自己认为还不够清楚或把握不准的地方一一提出，请大家回答核实。

毛泽东为了得到这个“发言权”，付出了多么巨大的代价！

在调查后期，5月下旬的某一天，毛泽东在充分调查的基础上，几乎是花了一通宵，他在寻乌城南门外马蹄岗的石砌楼房中写下了振聋发聩的《调查工作》。这天清晨，古柏来看望毛泽东，刚好毛泽东从房间出来，就问：“毛委员，您起这么早呀？”毛泽东说：“我还没睡呢。和‘本本主义’作了一晚上斗争。”见古柏不解，就带着他回到房间，从桌上拿起一沓稿纸递给古柏。古柏一看标题，是《调查工作》。他一口气读下来，兴奋异常：“毛委员，您写得太好了！您说得太对了！”

在《调查工作》中，毛泽东大声疾呼：

“没有调查就没有发言权！”

“注重调查！反对瞎说！”

“中国革命斗争的胜利要靠中国同志了解中国情况！”

这是一种闪烁耀眼光辉的崭新思想。他的这一思想，在中国共产党内最先提出了一切从实际出发、坚持“实事求是”的思想路线，为日后毛泽东哲学思想的形成，奠定了牢固的基石。

《调查工作》写出后，当时就在寻乌油印成一些小册子，发给全军学习。同年8月21日，中共闽西特委又用石印将其印成小册子，发给各级党的领导干部和党员学习。可惜，因长年累月在赣南闽西艰难转战，毛泽东本人保存的这篇文章手稿和翻印的小册子不幸丢失了。

值得庆幸的是，27年后，闽西特委石印版的小册子，竟然有两本历经战火保存了下来。1957年2月间，上杭县东一区关山村有一位当年曾任乡苏政府主席的苏区老同志，名叫赖茂基，将其珍藏的一本石印《调查工作》献了出来。龙岩地委很快将它送到了北京中国革命博物馆。1961年1月，毛泽东的秘书田家英从中国革命博物馆中找出这本小册子送到了毛泽东手中。捧着失而复得的这篇珍贵文章，毛泽东欣喜异常，连说：找到了它，就像找到了我失去多年的孩子！

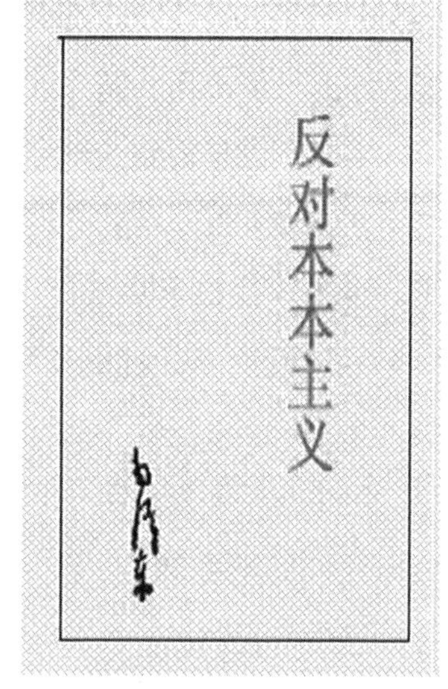

毛泽东写的《反对本本主义》

后来，他将这篇文章改为《反对本本主义》，打印数十份，分发给正在广州开会的中央有关同志内部传阅。1964年，经他本人同意，将此文收入《毛泽东著作选读（甲种本）》中首次公开发表。1991年纪念中国共产党成立70周年再版《毛泽东选集》时，新增加的唯一一篇文章就是此文。

有趣的是，当年在马蹄岗的传教士兼医生包斯费德尔，后来回到美国，写了一本书，题为“发生在中国的故事”，副题是“清末民初见闻录”，记述了他在寻乌的所见所闻。前些年，中文版的《毛泽东农村调查文集》也传到了美国。文集中收录的《寻乌调查》放到了包斯费德尔的孙子的书案前。包氏孙子有一位同学叫汤恩杰，在大学任教，他将《寻乌调查》译成英文，并写了一篇评价《寻乌调查》的长达2万余字的《导言》，一并在美国出版发行。《导言》对毛泽东当年作寻乌调查倍加赞赏。1991年，包斯费德尔的孙子来到中国，特意到了寻乌的马蹄岗访问，将英文版精装的《寻乌调查》一书和其祖父写的《发生在中国的故事》，恭恭敬敬地赠送给设在马蹄岗的寻乌革命博物馆。

这个外国牧师的后代，竟然为毛泽东尊重实际、深入调查的精神所折服。

# 八 古田会议树军魂

毛泽东组织召开的古田会议是我军建军史上的一个重要里程碑，会议确定了党对军队绝对领导、党指挥枪的建军原则，从而使我军保持了无产阶级军队的本质和为人民服务的光荣传统。

# 一座位处闽西的历史名镇

古田会议会址——曙光小学

闽西地区是著名的革命圣地。中央苏区的很大一部分就在这里。闽西地区主要是今天的龙岩市。它的总面积1.9万平方公里，下辖新罗区，漳平市和长汀、上杭、永定、武平、连城五县。全市属亚热带海洋性气候，冬无严寒，夏无酷暑，雨量充沛。

从1929年5月到1933年11月，在这四个年头里，毛泽东曾经九次来到上杭，其中三次到上杭古田镇，三次进上杭城，三次前往上杭才溪乡。在上杭的山山水水中，留下了许多毛泽东的伟大足迹，流传着许多毛泽东的故事。

古田是闽西上杭县最北的大集镇，地处“华南虎的故乡”，梅花山自然保护区南麓，它是一个山镇，位于龙岩、连城、上杭三个县交界处。它由八甲、溪背、荣屋、竹岭、下塘、赖坊、五龙、文元等八个大小村庄组成。镇公所没有固定地点，哪村人当了镇长，镇公所和圩场就设在哪个村子。古田四周群山环抱。东面高耸入云的彩眉岭，一条崎岖小道缠绕而上直达龙岩；西越雄踞的乌石岭，可达上杭蛟洋、白沙；北出走马岭便是连城的庙前、新泉；南面险峻的吊钟岩挡住去路。四面群山森林茂密，有虎、豹、猿猴出没。

古田会议会址，位于古田镇社下山西麓，坐东朝西，背靠参天古木林，址外草地葱葱。这是一座单层歇山式砖木结构的四合式庭院，建于1848年，原本是当地廖氏宗祠，辛亥革命后在此创办“和声小学”，红四军进驻古田后改名为“曙光小学”。

庭院左侧为当年红四军阅兵场，西南面设有当年红四军领导人检阅红军官兵操练的司令台；正面是宽阔平整的农家稻田；右侧有一口饮水井和荷花池，是当年毛泽东在会议期间散步、休息常到之处；后面竖立“古田会议永放光芒”八个红色大字。会址建筑面积826平方米。前门内侧有建祠时青石阴刻对联“万福攸同祥绵世彩，源泉有本派衍叉溪”，横批为“北郭风清”；外侧一副对联是改办学校后而题，上联是“学术仿西欧开弟子新知识”，下联为“文章宗北郭振先生旧家风”。址内庭院空阔，依次为前院、中门、下厅、正厅。左右两侧为厢房，前院右侧厢房外侧青砖墙上当年的一个红军标语“保护学校”至今保留完好。步入中门，正厅是古田会议会场，主席台设于左侧。主席台由讲台、会议用黑板组成，上墙悬挂“中国共产党红军第四军第九次代表大会”横幅会标及中国共产党党旗，下方左右分别张贴着马克思、列宁画像。由于当时气候寒冷降雪，代表们衣着单薄，即在会场内烤火取暖，至今会场内地板因火盆烧烤的痕迹仍历历在目。会议期间，毛泽东将右边厢房第一间作为办公室和休息室，并在此批阅文件、和与会代表交换意见。

会址对面，有20世纪60年代新建的古田会议陈列馆。1974年10月开放，占地38151.81平方米，建筑面积11324平方米，馆藏文物7303件，多是闽西革命文物珍品，是福建省收藏革命文物最丰富且规模较大的纪念馆。

古田会议纪念馆

1961年3月，国务院将古

田会议旧址列为国家重点文物保护单位。1986年8月，被列为福建省十佳风景区之一。2000年1月，中央电视台“心连心”艺术团在会址前举行21世纪首场演出。全国第一批重点文物保护单位、古田会议会址列为“全国十大优秀社会主义教育基地”。

2014年10月31日，习近平专程来到福建省上杭县古田镇，出席正在这里召开的全军政治工作会议。

习近平亲自提议在古田召开全军政治工作会议，研究解决新的历史条件下党从思想上政治上建设军队的重大问题。31日下午，习近平在全军政治工作会议上发表重要讲话。

他鲜明指出“紧紧围绕实现中华民族伟大复兴的中国梦，为实现党在新形势下的强军目标提供坚强政治保证”，是军队政治工作的时代主题。这是党赋予我军政治工作的新使命，是政治工作的根本出发点和落脚点。

他在会议上强调指出，坚持党对军队绝对领导是强军之魂，铸牢军魂是我军政治工作的核心任务，任何时候都不能动摇。

加强和改进新形势下我军政治工作，当前最紧要的是把四个带根本性的东西立起来：把理想信念在全军牢固立起来，把党性原则在全军牢固立起来，把战斗力标准在全军牢固立起来，把政治工作威信在全军牢固立起来。

他明确要求，加强和改进新形势下我军政治工作，当前要重点抓好以下五个方面：着力抓好铸牢军魂工作；着力抓好高中级干部管理；着力抓好作风建设和反腐败斗争；着力抓好战斗精神培育；着力抓好政治工作创新发展。

习近平在全军政治工作会议上的重要讲话，立意高远，思想深邃，确立了新形势下政治建军的大方略。

# 红四军的七大与八大

红四军曾在两次党代会上对如何建军有过激烈的争论。

风云突变，
军阀重开战。
洒向人间都是怨，
一枕黄粱再现。
红旗越过汀江，
直下龙岩上杭，
收拾金瓯一片，
分田分地真忙。

毛泽东在《清平乐·蒋桂战争》这首词中再现了1929年3月和5月，红四军两度由赣入闽，开辟了闽西革命根据地，星星之火已燎原的盛况。

6月19日，红四军第三次攻占龙岩城。龙岩城是一座建于唐开元二十四年（736年）的古老山城。城中有所公民小学。校园内有一古色古香、类似小戏院的建筑，名叫“兴学祠”，据说它是过去龙岩县秀才会考的场所。

6月22日，正是农历“夏至”。闽西的龙岩县城，这一天既闷又热，让人觉得有些心烦。下午，“兴学祠”内坐满了人。他们在召开中国共产党红军第四军第七次代表大会。

这是一间不算很宽的厅堂。正面墙上只贴有一幅红纸写的会标。一张油漆斑驳的八仙桌放在那里，桌上放着几个蓝花瓷碗和一个盛着开水的白瓷茶壶。这就算大会的主席台。

大会的主持者是陈毅。

参加会议的代表，有40多人。除红四军前委委员和全军大队以上的党代表到会外，还来了一些军事干部和士兵代表。尽管没有规定座位，随到随坐，不拘形式，还是可以看出代表中间意见分歧很大，情绪对立。代表尚未到齐，大会还未开始，有些代表互相间就争论起来。会场内一片嘈杂。

听着会场这些激烈而又杂乱的争论，毛泽东一声不吭，只是不停地吞云吐雾。

红四军召开这次党代会，为的是要解决红四军党内军内发生的分歧和争论。

毛泽东自1927年10月率领秋收起义部队上井冈山之后，就非常注意用无产阶级的思想指导红军的建设和根据地党的建设。他为红军规定了打仗消灭敌人，打土豪筹款子和宣传群众、组织群众、武装群众三大任务，还提出了“三条纪律，六项注意”，要求部队严格执行。他的目的，就是要将红军建设成为一个执行革命的政治任务的武装集团，要使红军置于党的绝对领导之下。

可是，红四军是一支由多种成分和来源组成的部队，各种非无产阶级思想都存在。有些人习惯于按旧军队那一套去管理部队。对毛泽东提出的主张和做法，总是不能自觉执行。这些人认为，军队就只管打仗，什么发动群众建立根据地等，是地方党组织的事；对部队中发生的违犯纪律的现象，要么不管，要么就是打屁股关禁闭。还有一些人，热衷于“走州过府”“流动游击”，打大城市，而不愿做建立和巩固根据地的艰苦的工作。

对于这些不正确的思想，在井冈山时毛泽东就经常提出批评，也收到一些成效，但问题远没有解决。

1929年1月14日，为打破湘赣两省国民党军队对井冈山根据地的“会剿”，根据前委和中共湘赣边界特委柏露会议决定，毛泽东和朱德、陈毅一起，率红四军3600余人，从井冈山突围，顶风冒雪向赣南进军，打算在赣南吸引围山敌军，解除井冈山之围，然后返回井冈山去。

不料1月24日在大余县城，遭尾追而来的国民党军李文彬旅偷袭，二十八团未顶住敌人，战斗失败，该团党代表何挺颖负重伤，特务营营长何威等牺牲。全军仓促撤出大余城，互相间失去联络。部队在冰天雪地中被尾追的国民党军撵得粮弹告罄，处境困难。

1月30日，为解决给养，部队又前往攻打安远县城，差点陷入敌军合围之中，幸得地方党送来的情报，才免遭厄运。

然后，部队又从安远转入寻乌。2月2日凌晨，军部在圳下村又遭追敌刘士毅部袭击。毛泽东侥幸脱险；朱德、陈毅差点被俘；毛泽东小弟毛泽覃负重伤；部队陷入更大的困境。

2月3日，到了寻乌的罗福嶂山区。前委召开扩大会议，根据毛泽东提议，决定部队朝吉安、东固前进，那里有江西地方红军部队，先找个落脚之地，再谋解除井冈山包围良策。部队忍饥挨冻，经武干、会昌、瑞金，朝东固疾进。

2月10日，农历除夕。部队被追敌刘士毅部撵到了瑞金大柏地。全军上下忍无可忍，求战心切。毛泽东和朱德精心部署，设下埋伏，终于打了下井冈山以来的第一个胜仗，消灭敌人800多人，缴枪200多支。部队这才摆脱被动境况，13日进占宁都城，筹得现款5000余元和一批物资，并由宁都党组织领导人引路，经宁都、黄陂、小布，到永丰县的龙冈，会合了江西红军独立第二团团长兼党代表李文林。17日到东固南垄，受到东固根据地领导人曾炳春等的迎接，接着与江西红军独立第二、第四团在东固罗坑胜利会师。

红四军原本想再回井冈山。但此时传来了井冈山失守的消息。吉安和赣南的敌军又分别从北、南两个方向朝东固压来。部队元气尚未恢复，东固不宜久留，毛泽东、朱德、陈毅等决定率军东进入闽，3月13日至14日在长汀南部长岭寨消灭闽西军阀郭凤鸣旅，进占长汀城，在此工作、休整了半个月。

4月1日，彭德怀率从井冈山突围出来的红五军到达瑞金。红四军离开长汀，返回瑞金，与彭德怀会合。4月8日，红四、红五两军到于都。前委在瑞金和于都先后召开扩大会议，作出“一年争取江西”的计划和行动部署。会后彭德怀率红五军打回井冈山，恢复湘赣边界割据区域；毛泽东率红四军三纵队从于都到兴国游击，朱德率一、二纵队从于都向宁都前进。29日，全军三个纵队会合，打下宁都城，消灭了守敌赖世琮团。

这三四个月的游击生活，军情紧迫，环境艰苦，大家都集中精力应付恶劣环境，较少顾及其他。各种非无产阶级思想如单纯军事观点、极端民主化、非组织观点、绝对平均主义、主观主义、个人主义和流寇思想、盲动主义残余等等抬头，严重影响部队的战斗力。毛泽东认为，问题的关键在于用什么思想去建设一支无产阶级的军队。

刘安恭的到来，使问题变得复杂严重起来。

刘安恭是四川人，早年曾入云南讲武堂，还到德国留学。回国后在四川省当过邮政局长。后来，他加入了共产党，并被派往苏联学习军事。1929年春，他回到国内，由中央派到江西，5月初来到宁都红四军军部。

毛泽东此时任前委书记、军党代表和政治部主任，忙得不可开交。那时，对从苏联留学回国的人，都很推崇。前委很快任命刘安恭接替毛泽东，担任军政治部主任。

5月19日，全军应中共闽西临时特委之邀，第二次来到闽西。这时，闽西革命形势发展很快，红四军人员也迅速增多，前委既要管军队，又要管地方，感到兼顾不过来。于是，又决定恢复2月初在罗福嶂会议上已撤销的中共红四军军委，指定刘安恭任临时军委书记。毛泽东本希望临时军委能更好地协助前委，加强党对红军的领导。可刘安恭主持召开临时军委会议作出的第一个决议，就是限制前委权力，规定前委以后只管红四军的作战行动方针，不要过问红四军的其他问题。

消息传到毛泽东那里，毛泽东感到惊讶。中共红四军前敌委员会是根据中共中央1928年6月4日给前委指示信成立的。中央在信中说得很明白：前委代表中央领导红四军和割据地区的一切工作，是红四军和所到地方党的最高指导机关。

前委不管军队，就被架空了。但临时军委的决定已成事实，这使毛泽东难以开展工作，并且在领导干部中造成了意见分歧。

刚好这时，中央在2月7日发出的给毛泽东、朱德和红四军前委的信在军中传达。这封信对形势的估计比较悲观，在红四军中造成了不好的影响。使全军党内军内原有的各种非无产阶级思想急剧泛滥起来，有些人甚至对党代表制度和党对军队的绝对领导等问题也产生怀疑和动摇："现在党太管事了，一切经过党的组织，难道动一支枪、一粒子弹，也要问过党吗？"有的人责问说。

还有的讥讽："党管一切，难道屙屎屙尿也要管吗？""连队党支部只管教育同志，别的事就不要管了。军队嘛还是要军官说了算！"有的党代表也说出了这样的话。

"还是要规定政治部对内，司令部对外！"

一些原来在井冈山时期就已形成的好作风和制度，如各级都建立宣传队，设置宣传兵，加强党的政治宣传等，都被否定，认为宣传兵是"吃闲饭的"。

毛泽东感到问题越来越严重。他认为争论虽然集中在要不要设军委，实质是党要不要领导军队、怎样来领导军队，是一个事关重大的原则争论。

这段时间，红四军连续攻占龙岩、永定县城。尽管每日行军打仗，毛泽东还是利用空隙时间召开了前委扩大会议，会上意见都不能统一，这使毛泽东焦躁不安。加上初到闽西，饮食口味与江西、湖南大不一样，到处找不到辣椒。几天来他食不甘味，睡不着觉，有时只好冲着警卫班发无名火。

6月3日，红四军再次攻占龙岩城。7日，又在上杭县白沙歼灭了敌卢新铭旅、钟铭清团100多人。毛泽东决定8日下午在白沙再次召开前委扩大会。

8日中午时分，林彪匆匆赶到前委驻地，将一封信交给前委秘书长江华，要江华转交给毛泽东。毛泽东拆信一看，内容是支持他与军内错误思想作坚决斗争。

下午召开的前委扩大会，共有41人参加。

毛泽东"滋滋"地吸了两口烟，环视了一下会场，宣布开会，告诉大家他有个书面意见，请江华给大家念念。

书面意见列举了红四军党内存在的主要问题，主要是：前委、军委成分权现象，前委不好放手工作，但领导责任又要担负，陷于不生不死的状态；根本分歧在前委和军委；反对党管一切，反对一切归支部，反对党员的个人自由受限制，要求党员有相当自由；对于决议案没有服从的诚意，讨论时不充分发表意见，决议形成后又要反对，并把责任推给前委书记一人，因此，前委在组织上的指导原则发生问题，民主集中制执行不了。这个问题同时成了全党的问题。

江华念完后，毛泽东接着说，他的意见是否正确，大家可以讨论。他认为军委应该撤销，还是要集中权力于前委。

毛泽东话音未落，刘安恭立即发言反对。

毛泽东坚持自己的观点，进一步指出：不能因为要成立军委而与前委分权，攻击前委以至支部，削弱党的领导。军委前委分权形式所以不能存在，理由就在这里。

最后，毛泽东表示：我不能担负这种不生不死的责任，请求前委马上调换书记，让我离开前委。

刘安恭指责毛泽东，说他喜欢自创原则，不服从中央，建议用选举的办法选举前委，前委书记和军委书记可轮流担任。

刘安恭的建议得到一些人赞成。陈毅反对，他劝毛泽东不要辞职，建议对设不设军委问题举手表决。

陈毅的建议获得通过。结果以36票赞成、5票反对，通过了取消军委的决定。

军委是撤销了，可党内争论的各种问题却没有解决。毛泽东执意不肯收回辞职的请求，大家只好推荐陈毅代理前委书记。

当晚，毛泽东躺在床上辗转反侧，彻夜未眠。他提出辞职，并非负气，实是希望通过这一举动来促使同志们警醒。他相信，正确的思想和主张，最终是会被同志们接受的。

但事情的发展，并非如毛泽东设想的那样简单。

前委白沙会议后，红四军党内军内，上上下下，沸沸扬扬，议论纷纷。刘安恭被解除临时军委书记和军政治部主任职务之后，更是不服气。

毛泽东虽已辞职，却一直在为解决争论、纠正党内各种非无产阶级思想而焦急思虑。他决定以给林彪复信的形式，再次详细陈述自己的想法。

信是6月14日写的。他在信中将党内军内的争论，归纳为个人领导与党的领导，军事观点与政治观点；小团体主义与反小团体主义；流寇思想；罗霄山脉中段政权问题；地方武装问题；城市政策与红四军军纪问题；对时局的估量；湘南之失败；科学化、规范化问题；四军军事技术问题；形式主义与需要主义；分散主义与集权；其他腐败思想等14个问题。并指出：“个人领导与党的领导这是四军党的主要问题”，“是四军历史问题的总线索”。

对于发生这次争论的原因，他认为，首先在于“四军党内显然有一种建立于农民、游民小资产阶级之上的不正确思想”；此外，还有一些同志的个人主义和小团体主义及单纯军事观点又抬头了；中央派来的个别同志不察实际情况，硬搬教条。总之，这次争论是“少数同志们历来错误路线的结果，两个指导路线的最后斗争”。他说自己“请求离开前委，并不是消极，不参加这种斗争”，“我没有离开一天，仍旧可以随大家作思想奋斗一天”。

毛泽东给林彪的复信，刊登在《前委通讯》第三期上，引起了更广泛、激烈的争论，然而毛泽东的意见并没有为大多数人接受。

6月17日晚上，前委在小池开会，研究第三次攻打龙岩的作战部署，准备彻底消灭驻龙岩城的敌陈国辉旅。这是一次重要的军事会议，毛泽东虽然辞去了前委书记的职务，但还是红四军的党代表，这么重要的会议，却没有通知他参加。

前委还决定：攻打龙岩时毛泽东以及前委、政治部的工作人员统统随四纵队七支队行动。

七支队是几天前在新泉刚由闽西地方武装组建的，战斗力弱。支队长张鼎丞，永定金沙人，一年前领导了著名的永定金沙农民暴动，是闽西革命斗争的领袖人物。在成立永定县革命委员会时，毛泽东提议由张鼎丞任主席。

19日中午时分，红四军第三次攻入龙岩城内。

毛泽东入城时，中共闽西临时特委书记邓子恢已在城门口迎接。邓子恢是龙岩人，老家离这龙岩城只有40多里路。他早年留学日本，后辍学回国，到堂兄在江西崇义杰坝圩开设的杂货铺当店员。1926年冬，他在江西崇义县加入中国共产党。大革命失败后，他遭到崇义国民党右派追捕，逃回龙岩，一年前领导了龙岩后田农民暴动，和张鼎丞、郭滴人等一起，成了闽西地方的革命领袖。一个多月前，毛泽东就是接到了他写给前委的信，了解到闽西敌军兵力空虚，才决定率红四军第二次入闽，开辟闽西的割据局面。5月23日，在永定的龙门圩，毛泽东第一次见到邓子恢，发现此人是个“闽西通”，此次三打龙岩，邓子恢与朱德、陈毅等一起指挥部队攻入城内。战斗一结束，他就赶来迎接毛泽东入城。

邓子恢告诉毛泽东，陈毅和四军政治部安排驻在县城公民小学；朱军长和司令部一起，驻在中山公园旁的县图书馆内。

毛泽东由邓子恢安排住到了公民小学附近的新邱厝。

当日下午，陈毅在公民小学“兴学祠”主持召开前委扩大会，研究了在龙岩城召开群众大会庆祝胜利、成立龙岩县革命委员会的有关事项，接着研究了全军休整、四纵队整编以及各纵队分兵做群众工作区域的分配。

毛泽东在会上提议：现在陈国辉部已被消灭，闽西局面初步稳定，当务之急是要利用这个机会，召开全军第七次党代表大会，讨论争论的问题，统一思想认识，以迎接新的战斗。

对这个提议，大家都赞同。经过讨论，推选陈毅主持大会并代表前委作政治报告。

对四军领导人的争论，陈毅当时并没有从原则的高度去认识。他认为争论各方各有道理，也各有缺点错误。双方都克服各自的缺点、毛病就行了。

毛泽东可不同意这种做法，曾几次找陈毅谈话，反复向他说明自己的想法，希望陈毅按自己的思路去准备大会的报告和决议案。他主张前委内部对大会报告要先有个较为统一的认识，再提交给大家讨论。

就这样，在一片争论声中选择公民小学的“兴学祠”召开了这次党代会，通过了《红军第四军第七次代表大会决议案》。

《红军第四军第七次代表大会决议案》列出了四军党内军内长期争论不休或看法不一致的12个问题。认为这次争论的主要原因是小资产阶级成分出身的党员居多，因而使党内各种非无产阶级思想泛滥。这次争论的性质是一场带原则性的争论。

陈毅后来曾说，他是对争论的双方“各打五十大板”。

晚上，大会继续进行。

先讨论毛泽东和朱德的去留问题。中共中央在2月7日致红四军前委的信中，认为革命处于低潮时期，朱、毛留在军中目标大，要求朱、毛都离开红四军到中央工作。在中央未派人来以前，两人继续在四军工作。

接下来选举前委成员。

有人提出：毛泽东的前委书记是中央指定的，前委委员也是中央批准的，不经中央同意，擅自改选前委，不合组织原则。

有些人不听这一套，坚持举手表决，进行选举。当时前委委员有陈毅、林彪、刘安恭、伍中豪、傅柏翠等五人，还有一、二、三、四纵队各选士兵代表一人，加上朱、毛和赣南、闽西地方党组织主要负责人，共为13人。

1929年毛泽东住过的龙岩城新邱厝

前委书记选不选？多数人主张要选。提名有毛泽东、朱德、陈毅。表决结果，陈毅当选为前委书记。

七大开完了。前委同意毛泽东去地方工作、养病，他暂时离开了红四军领导岗位。

会后，毛泽东在龙岩城一个邱厝住了半个多月。这座房子是龙岩巨商邱洽子1904年修建的，名叫“新邱厝”。在这前面还有一幢“老邱厝”。在这新老邱厝周围，总共建起20多幢各姓宗祠。相传，龙岩城原来地形似头牛，城北小山名“洲龙崇顶”，是牛身；新老邱厝这地方是牛脖，地形特好，所以属内各大姓争相在此修建祠堂；供奉祖宗牌位，以图吉利；明朝有一位叫曹胤的知县，上任后发现这座“牛形”城要出状元。他生怕影响自己升迁，便挖空心思，在城中挖了一口“四眼井”，让它陷住牛的四个蹄子；又在城外龙津河边建了一座“挺秀塔”，像根系牛桩，将牛系在河边；在城北的松涛山顶建了一座亭子，名“最高亭”，让亭遮住牛身。这样就把“龙牛”牢牢系在龙津河边，不死不活，又出不了状元。

毛泽东在这里做了不少调查研究。在邓子恢协助下，请了龙岩城内城外的一些农民、店员、裁缝、无业游民以及革命的积极分子，到新邱厝来开座谈会。他详细了解了闽西各方面的情况，为参加即将召开的中共闽西一大做准备。

他还协助张鼎丞和傅柏翠对红四军第四纵队进行整训。

傅柏翠是上杭蛟洋人，1928年6月入党，原先担任闽西红军第五十九团团长。闽西地方武装合编为红四军四纵队时，傅又担任了四纵队司令员。这次红四军七大，他还被选为前委委员。毛泽东在红四军第二次入闽后的第二天，即5月21日，就和傅柏翠认识了。

七大召开以后，红四军在龙岩城休整了十几天。7月上旬，新的前委决定，红四军四个纵队全部出动，分兵发动群众，扩大红色区域。陈毅、朱德率红四军军部离开龙岩，移驻连城新泉。

7月8日，毛泽东、贺子珍和蔡协民、曾志、江华以及谭震林等人，由邓子恢陪同离开龙岩城，前往上杭蛟洋，参加就要召开的中国共产党闽西区第一次代表大会。

此行，毛泽东的身份是红四军前委代表，蔡协民、曾志夫妇以及江华三人被派到闽西特委工作，谭震林去四纵队任政治部主任。

他们一行天未亮就离开了龙岩城。行前，毛泽东把心爱的一匹土黄色骏马留下交给军部。

这匹土黄马，原是闽西土著军阀、福建省防军第一混成旅旅长郭凤鸣的坐骑。那一年3月13日，红四军从瑞金壬田翻越武夷山，东入长汀南部的四都。郭凤鸣的旅部设在长汀城里，忽报红军到来，郭凤鸣丢下烟枪，连忙上马，率部出城迎战。土黄马刚走到城西南的宝珠楼城门口，突然前蹄腾空，昂首嘶鸣，任凭郭凤鸣怎么鞭抽脚蹬，就是不肯出城门。随从和马弁看到这情景，都认为出师不吉利，劝郭凤鸣另作迎战部署。心急火燎的郭凤鸣不听劝阻，弃马乘轿，急急赶往汀南四都。

果不其然，当日下午渔溪一战，郭凤鸣半个团被红军歼灭。14日上午长岭寨又一战，郭部2000多人又被红军消灭了。郭凤鸣自己左腿中弹，由马弁护着逃到牛斗头村的栗树园厕所内躲藏，被打扫战场的红二十八团连长王良打死，他的坐骑也被红军缴获。

谁知这匹马彪悍暴烈，军部那么多人都没有将它驯服，一跨上马背它就狂奔乱跳，还摔伤好几人。众人一怒之下，准备宰了它。刚要动手，土黄马震人心魄地“咴咴”嘶鸣起来。

正在“辛耕别墅”阅读《汀州府志》的毛泽东，忽听屋外人喊马叫，出来观看，发现人们正要杀马，连忙制止：“战马难得，且慢动手！”

说完，他上前在马背上拍了几下。说来奇怪，暴烈的土黄马像是见到了久别的主人，低头挨近毛泽东，显得非常温驯。

毛泽东解下缰绳，翻身上马。土黄马竟然不叫不跳，驯服地踏着小步，转起圈来。半年多来，毛泽东骑着土黄马转战赣南、闽西，互相间建立了深厚感情。这次离开四军前委，他想到部队马少，自己到地方工作没马也行，准备上交。临离别时，他抓起一把草料喂到土黄马嘴里，久久地抚摸着马鬃，与它告别。

蛟洋位于上杭县东北，时为上杭北四区。著名的“文昌阁”就建在村子里。

中共闽西一大会议会址——“文昌阁”

此阁落成于清乾隆十九年，建筑结构独特：外观六层，里面实为四层，虽斗拱飞檐，却不用柱子榫头，悬柱而立。加上红窗白墙，青山掩映，风景格外别致。

中共闽西一大就在“文昌阁”召开。

出席这次大会的代表共有50多人，都已陆续到达。毛泽东建议：

会议推迟召开，让代表们回去，用一个礼拜的时间，对本地的土地、政治、党务、武装群众与政治组织、物价、洋货侵入与工农业破产等情况，做一详细调查，然后再向大会逐项报告，在此基础上制定指导闽西革命斗争的各项方针政策。邓子恢和张鼎丞、傅柏翠等都同意毛泽东的意见。代表们经过解释，也赶回去做这项工作。

7月22日上午，中共闽西一大在“文昌阁”二楼正式召开。毛泽东和蔡协民等人由邓子恢陪同在主席台就座。邓子恢将他们一一向大家介绍，当介绍到毛泽东时，他说：“这位红四军党代表毛泽东同志，就是猪（朱）毛的毛。反动派天天喊打倒‘朱毛’，以为‘朱毛’是一个人。其实，朱是朱，毛是毛。毛党代表不是到这里来了嘛！”这风趣的介绍，引得大家哈哈大笑。

在一片热烈的掌声中，毛泽东给到会代表讲话。他说：“在井冈山的时候，我们只知道井冈山很好，不知道赣南、闽西是个什么样子，真有点像‘井蛙观天’。何键和鲁涤平把我们从井冈山撵了下来，迫使红四军到赣南、闽西转了一圈。这一转我们发现除了井冈山，还有个赣南，还有个闽西，革命的基础和条件这么好，我们的眼界一下子开阔啦。在江西东固有个红二团，还有个红四团。他们共有1000多人，七八百条枪，战斗力很强。红四军与他们会师时，我说他们是钢军。所以，3月20日我们在汀州‘辛耕别墅’召开前委扩大会，决定红四军不走了，就在闽粤赣边界游击，建立割据区域，4月5日还在瑞金写信给中央，正式向中央提出与国民党争夺江西、福建和浙江的建议，后来在于都又作出了‘一年争取江西’的计划。现在，我们已经消灭了闽西的两个土霸郭凤鸣和陈国辉，闽西的割据局面初步形成。这是闽西党和工农群众努力奋斗的结果。闽西党今后的基本任务，就是巩固和发展闽西红色区域。”

毛泽东指出，闽西红色区域的巩固，有六个好条件：闽西根据地已有80万群众，经过长期斗争，而且发动起来了；各县有了共产党，这个党与群众建立了亲密的联系；各县已建立了红军和赤卫队；粮食可以自给；根据地处于闽、粤、赣三省边沿，山岭重叠，地形险阻，便于与敌人作战；这里敌人内部有矛盾，可以利用。

到会的代表都感到惊讶，毛党代表对闽西的情况何以这么熟悉和了解?

在毛泽东的具体指导下，代表们认真地讨论通过了政治、土地、政权等决议案，使之成为闽西今后革命斗争的行动纲领。

大会没有开完，毛泽东就病了。他在离开龙岩前夕，身体就不太好，得了疟疾，时冷时热，时好时坏，经诊治稍有好转，就来到了蛟洋。不料这次发作病得厉害，连续几天寒热不止，饭也吃得很少，他只好中途退出大会，住在“文昌阁”休息治疗。

这时，闽、粤、赣三省国民党军队14个团2万余兵力，向闽西发动“三省会剿”。7月29日，陈毅和朱德赶往蛟洋，召开前委紧急会议，研究应敌方案。此前，前委还接到中央来信，信中要求红四军派一两名得力同志赴上海向中央报告情况。陈毅先找到毛泽东，转达了中央的意思，并说他准备到上海去一趟。毛泽东听后说：“你可以去，我赞成你去，你把四军的详细情况向中央反映一下，有好处。”

陈毅请毛泽东回前委主持工作。毛泽东面有难色地回答：七次大会那个和稀泥的做法，我不能同意。是非没有分清，问题没有解决，难以开展工作，我不能随随便便就回去。

毛泽东强支病体参加了前委紧急会议，对粉碎敌军“三省会剿”提出了建议。陈毅马上就要走，前委只好指定朱德代理前委书记。

8月2日，朱德根据前委决定，率红四军二纵、三纵队从龙岩白沙出发，向敌人力量薄弱的宁洋县城出击，离开了闽西；一纵队和四纵队留在闽西根据地，以支队为单位分散活动，对外以闽西地方赤卫队番号出现，林彪化名“陈韶”，以缩小目标。

陈毅也于8月初由闽西特委书记邓子恢陪同，经上杭、龙岩，前往厦门转赴上海。

毛泽东和贺子珍由闽西特委派人带路，从蛟洋移住苏家坡。

苏家坡坐落于深山幽谷之中，离龙岩城只有一天路程，又是敌军“三省会剿”进攻的重点地区，不是久留之地。林彪、傅柏翠与特委的同志商定：让毛泽东化名装扮成“教书先生”，转移到永定的偏远深山中隐蔽起来，继续治病休养。

为了保密，毛泽东化名“杨子任”。这个名字是毛泽东在长沙读书时用过的笔名。“子任”，即润之的谐音，至于为什么姓“杨”，大概是与杨开慧有关。

当年2月初，红四军军部在寻乌圳下遇险后，第二天在罗福嶂召开的前委扩大会议上，曾决定兵分两路，分别由朱、毛带领活动，还决定万一队伍被打散失败，领导人就潜往上海，化名登报联络。朱德化名王楷，毛泽东当时用的化名，也是“杨子任”。

从1929年8月上旬开始，在上杭、永定的偏僻山村之中，便出现了一个身染重病、偕夫人同行的红军教师“杨先生”。闽西客家口音“子任”与“主任”谐音，因而不少人又称他为“杨主任”。

毛泽东和贺子珍只在苏家坡村住了一晚。第二天，苏家坡村苏维埃政府就派出几名赤卫队员，用担架抬着他到了上杭的大洋坝，住在村中的“养正斋”。贺

金丰大山一角

子珍一路同行。

林彪的纵队部就在大洋坝。他派出第二支队党代表粟裕率领一个大队，护送毛泽东去永定，并要粟裕绝对保证毛泽东的安全。

粟裕带着部队用担架抬着毛泽东，第二天从大洋坝出发，越过30多里山路，赶到永定县的虎岗。几经辗转，8月21日转移到永定县城东面60里的岐岭乡“牛牯扑”。

“牛牯扑”是永定金丰大山的一个深山沟，只住有赤卫队队员陈添裕一户人家。陈添裕20岁出头，憨厚老实。他在这深山沟里筑了一座两层土楼，取名“华兴楼”。毛泽东和贺子珍就住在这土楼里。

永定土楼，别具特色。它用黏土筑墙，墙厚二三尺，一般成“凹”字形或像封闭的四合院，还有的成圆圈形。土楼有的四五层，有的二三层，青瓦盖顶，远看似座座城堡。每座土楼，都起有一雅致的楼名，诸如“华兴楼”“师俭楼”“远望楼”之类。

按照林彪的交代，粟裕所率大队就在永定活动。闽西特委和永定县委还要卢其中带着两个中队赤卫队前来“牛牯扑”，协助粟裕负责毛泽东的安全。卢其中是本乡陈东坑人，1927年8月入党，1928年11月开始就担任金丰游击队队长，最近又被选为中共闽西特委青年委员，对当地地理民情非常熟悉。

卢其中还遵照张鼎丞和永定县革命委员会秘书长阮山的指示，选派县委干部熊炳华专门担任联络并负责采买物资，协助陈添裕照料毛泽东的生活。

几天后，粤敌陈维远部由大埔进犯永定，下湖雷等地已有敌军，离“牛牯扑”不是很远。为防不测，卢其中让陈添裕带着几名赤卫队员，在离“牛牯扑”3公里之外的青山下，搭了一座竹寮。

毛泽东和贺子珍由陈添裕护送，爬山越岭，来到竹寮。陈添裕的弟弟阿镜随后送来了炊具和米菜等食品。

毛泽东住过的青山竹寮地址

山中的竹寮难免有些荒凉，毛泽东却不无风趣地说：“好地方，古人说，宁可食无肉，不可居无竹，无肉令人瘦，无竹使人俗。高雅之居，必然要取个雅号才是。”

贺子珍笑笑：“你真有雅兴！”说完，进到寮内磨起墨来。

毛泽东弯腰进内，找出一块一尺余长的杉木板，取出毛笔，饱蘸浓墨，略一沉思，挥笔在木板上写下“饶丰书房”四个苍劲有力的大字。然后端端正正地挂在竹寮门外。

初秋时节，深山露冷。毛泽东的疟疾本未痊愈，经这秋风冷露侵袭，又发作了。张鼎丞得知后立即在东石岭的湖塘小学，召集永定县委和县革委会几个主要领导开紧急会议，专门研究给毛泽东治病的问题，会议讨论再三，决定由阮山的姐夫吴修山诊治。

阮山是永定湖雷乡人，1926年11月加入中国共产党，次年与林心尧一起建立了闽西第一个中共支部上湖支部，并任书记。他与张鼎丞一起领导了永定农民暴动，不久后任永定县苏维埃政府主席。他姐夫吴修山是当地世医，医术高明，为人正派。他听说是给红军的“杨先生”治病，没说二话，便由阮山领着，来到青山竹寮。他细细切脉后摸摸毛泽东的前额，轻轻说了声：“杨先生染疾日久，病得不轻啊！”

毛泽东等诊察完毕吃力地从床上坐起，对吴修山道："有劳吴先生了！"

"哪里哪里，红军有功于民，老朽能为杨先生诊病，实乃甚幸！"说完，他坐到竹桌前，稍作沉吟，便铺开笺纸，提起笔管，开了一剂内服药方，一剂外治药方。

服过两剂之后，毛泽东的病情果见好转，连服几剂之后，毛泽东的精神慢慢好转起来。

不知是下山抓药一时不慎还是别的原因暴露了秘密，陈东的民团和侵占永定县城的粤敌陈维远部，探得了红军有位"大干部"住在金丰大山的消息，发兵进攻。

9月17日早晨，岐岭方向突然传来阵阵枪声。金丰民团和广东大埔保安队400多人，分数路向牛牯扑扑来。

情况危急。粟裕、卢其中指挥红军和赤卫队顶住敌人，同时要中共岐岭支部书记陈兆祥派出陈添裕等四位赤卫队员，火速护送"杨先生"往雨顶坪村转移。

陈添裕四人急急赶到青山下竹寮。还未进寮，陈添裕就大喊："杨主任，有情况，快转移！"贺子珍赶忙收拾东西，打好包裹。毛泽东却不惊不慌地说："别急，考虑一下怎么走法好。"

陈添裕路熟，将路线告诉毛泽东。他听后说："那好，走吧！"

从青山下到雨顶坪，10里山路，崎岖陡峭。贺子珍已有五个月身孕，由两名赤卫队员护送着先走，毛泽东随后也跟着离开。他毕竟大病一场，尚未痊愈，翻山越岭走不多远，就直喘粗气，迈不动步。

山下枪声越来越密，情况越来越急。陈添裕想用担架抬着他，但原先没准备，临时又扎不赢，况满山灌木荆棘，抬着也难走。怎么办？陈添裕急得满头大汗，走到毛泽东面前：

"杨先生，来，我背着你走！"

毛泽东忙说："要不得！要不得！我慢慢走，慢慢走！"

陈添裕急得跺脚："哎呀，敌人已经离这不远了！"说完，他不管毛泽东愿意不愿意，俯下身子，背起毛泽东就跑。

陈添裕整天爬山越岭，年轻力壮，背着毛泽东仍走得飞快。可是，毕竟毛泽东身材高大，走不多远，陈添裕累得直喘粗气，两人的汗水粘在一起，湿透了衣裳。

山下的枪声越来越近，山路却越来越窄。陈添裕跑得慌忙，鞋子给跑脱了。他顾不得穿鞋，赤脚踩在锋利的山石和荆棘上也不觉疼痛，只是一个劲地往前跑。

整整跑了五公里山路，终于安全转移到雨顶坪村。陈添裕刚放下背上的“杨先生”，来不及说话，就倒在了地上。他的双脚已不知划破了多少口子；鲜血直流，脚底扎满了刺。

毛泽东对已先行到达的贺子珍说：“多亏了牛牯扑的同志！”

当晚，毛泽东和贺子珍住在雨顶坪村“福兴楼”。9月下旬，他们辗转来到永定上湖，先后在“天后宫”“兴福庵”居住。

10月上旬，他们来到合溪石塘里，住在“师俭楼”。

毛泽东对牛牯扑的人们一直没有忘记。24年以后的1953年国庆节前夕，他从北京专电邀请陈添裕赴京观礼。只是陈添裕刚好妻子坐月子离不开。只好委托其弟陈奎裕赴京看望毛泽东。

在合溪“师俭楼”，保密工作做得很严，除了与交通单线接触外，毛泽东与贺子珍过着近似与世隔绝的生活。在那里，毛泽东教贺子珍读诗词。贺子珍感到毛泽东《西江月·井冈山》写得最好。去年秋天，她与哥哥贺敏学都参加了井冈山保卫战，“黄洋界上炮声隆，报道敌军宵遁。”那炮是贺敏学放的，只有两发炮弹，一发臭的，只响了一发，轰隆一声就把敌人赶跑了。她吵着要学写诗。毛泽东说：“写诗不难，要多读，多背诗，叫‘熟读唐诗三百首，不会写诗也会吟’。”毛泽东要她学《回乡偶书》，说是她贺家的老祖宗，唐朝诗人贺知章的名作。她背熟了，说怕自己将来回井冈山老家时，也会“儿童相见不相识，笑问客从何处来”。

1929年毛泽东在永定区合溪乡溪南村治病疗养时的旧居师俭楼

毛泽东在那里时时惦记出击闽中的朱德及红军指战员。闽中地形复杂，新区革命基础差，仅两个纵队前往，兵力太弱，恐难取胜。他告诉闽西特委去信朱德，不要再远出闽中、闽北，要尽快回到闽西。当他得知红四军已回到闽西，并于1929年9月19日攻克了号称“铁打的上杭”县城时，心中异常振奋，他的诗兴开始萌动。他构思填一首词《清平乐》，一气呵成，草书成章。他来不及仔细推敲，自觉得“红旗越过汀江，直下龙岩上杭”，“越过，直下”两词有动感，有气势。

他们过着单调的田园式的家庭生活，外边一直无人知晓。世人一直认为毛泽东失踪了，不存在了。

国民党的报纸号外消息：“匪首”毛泽东被“击毙”山中。远在莫斯科的共产国际竟也为毛泽东发了“讣告”。这则消息来源不明的“讣告”，于1930年3月20日刊载于共产国际办的《国际新闻通讯》上：

据中国消息：中国共产党的奠基者，中国游击队的创立者和中国红军的缔造者之一的毛泽东同志，因长期患肺结核在福建前线逝世。毛泽东同志是大地主和大资产阶级最害怕的仇敌。自1927年起，代表大地主、大资产阶级利益的国民党以重金悬赏他的头颅。毛泽东同志因病情不断恶化而去世。这是中国共产党、中国红军和中国革命事业的重大损失。当然，毫无疑问，敌人会因此而感到高兴。

这段时间，中共中央也得不到毛泽东的确凿消息。周恩来、李立三等中央领导人，都很焦急。红四军广大指战员也格外想念毛泽东。他们知道毛泽东在闽西，他们渴望毛泽东回部队。

一天中午，毛泽东突然接到闽西特委派人送来的由红四军二纵队参谋长郭化若、二纵队党代表彭祜以及东江的一位同志联名写来的一封密信，要请毛泽东速回红四军工作。

原来七大以后虽然停止了党内争论，但红四军内部的非无产阶级思想没有从根本上得到克服，党的工作削弱了，军队政治工作也削弱了。尤其是前委失去了对全军政治上领导核心的作用，“形成了极端民主化的领导”。大事小事，前委事先不拿出意见，什么都交给下级讨论，有一票反对，决议即不能形成，有时为了讨论一个问题，连续几天开会也形不成决议。

全军许多基层干部和士兵议论纷纷：毛党代表到哪里去了？为什么不请他回四军工作？9月底的一天，朱德主持召开前委扩大会，讨论召开红四军第八次党代表大会和要不要请毛泽东回前委工作的事，对于开会，大家很快表决通过；对是否请毛泽东回来，意见还不统一。于是，二纵队参谋长郭化若提议：“不要作什么决议了，由我们找几个同志给老毛联名写封信，请他回前委来工作。”众人表示赞同，于是写了这么一封信。

毛泽东对同志们的信任表示感激。可他仍然认为，在原则问题上没有调和余地。于是，他提笔复信一封，表示：陈毅要我做八面玲珑、四方讨好之人，我办不到。我不能随便回来。这个路线问题不解决，我不能回来。

10月上旬，红四军第八次党的代表大会由朱德主持，在上杭县城的太忠庙召开。这次大会开了三天，毫无结果。选出的新前委，与七大选出的一样。陈毅仍当选为前委书记。

许多代表对会议的结果表示强烈不满。三纵队九支队党代表罗荣桓发言，要求请回毛泽东。许多人都喊：“同意！赶快请回毛委员！”

朱德对大家说：“我同意把老毛请回来。人家都说朱毛红军，朱不能离开毛，朱离开了毛过不了冬。”停了停，他又说：“可是，我们请了他，人家老毛不愿意回来啊。我这里有他的一封信，我给大家念念！”

朱德掏出毛泽东的信，给大家念了一遍。会场上哄闹起来。二纵队党代表张恨秋刚从中央调来不久，对四军内部的情况还不十分了解，便大声地说：“我们再给他写一封信，敦请他回来！”

在他即席起草的信中特别讲明：接此信后如若再不回来，就要给予党内处分。张恨秋将信向大家朗读了一遍，获得通过。

会后，前委派出四纵队八支队党代表赖连璋带着这封信，赶到合溪“师俭楼”，交给毛泽东。

毛泽东本指望红四军八大会有个好结果。没想到却在会后接到这封信。考虑到对党组织的决定必须服从，他决定先回上杭县城。

10月10日，两名赤卫队员用一副担架抬着毛泽东，永定合溪和金丰两支赤卫队做警卫，他们一行从合溪出发，翻过黎袍山，经蓝家渡、庐丰、安乡，傍晚时分到了上杭城。毛泽东和贺子珍被安排住在城南汀江岸边的一幢小楼上。

这时，红四军一、三纵队已经离开上杭城，向武平县的象洞方向发展，二纵队也往永定方向活动。只留下四纵队，分别驻守县城的四个门。

当晚，傅柏翠、谭震林、胡少海等四纵队领导都来看望毛泽东。分别两个多月后，战友重逢，众人心情特别高兴。

毛泽东详细询问了近来四军特别是四纵队的活动情况，然后歉意地说：“我的那封回信，态度不太好，请你们转告我的意见，希望大家多多原谅。”

众人都说：“一定转告。”

毛泽东接着说：“其实，我也是很想回来和同志们一起奋斗的。可现在这种状况，我回来又怎么样呢？”

大家默然。

毛泽东和贺子珍住的这幢小楼，现在人们都称它为“临江楼”。大概是因面对汀江而得名，当时是一个名叫黄广和的老板的别墅。小楼共三层，底层为交易场所；二楼曾开设酒楼，后来改作老板的卧室兼客厅。红军攻占上杭城后，老板逃走，小楼空空。毛泽东到后，被安排居此。

上杭临江楼

毛泽东住二楼左厢房，房中一张四尺宽的杉木架床，古色古香，据说原是老板使用的。南窗下放着八仙桌和竹靠椅，桌上摆着毛泽东随身携带的文房四宝。楼上厅堂中间放着一张杉木长桌，作会客之用。临江的一面是阳台。大概原房主黄老板也爱附庸风雅，在客厅里和阳台栏杆上摆放着几盆梅、兰、菊、竹之类的四季花木，倒也将这个陈设简朴的小楼点缀得多几分雅致。它不仅幽静，且是观赏上杭山川风光的好地方。

10月11日，正是中国人民的传统节日，农历九月初九重阳节。正值丹桂飘香、金风送爽、橙熟橘黄之时。重阳节，历来就有登高、赏菊、喝菊花酒、吃重阳米果、插茱萸、放风筝等习惯。晋朝曾做过江西彭泽县令的大诗人陶渊明倒是“菊花迷”。“采菊东篱下，悠然见南山”，他一边给菊花浇水，还一边口占：“菊花如我心，九月九日开，客人知我意，重阳一起来。”毛泽东把菊花叫黄花，在诗中几处写了进去。

这一天毛泽东与贺子珍也攀楼登高，他俩从临江楼二楼凉台，爬到三楼顶的平台上，极目远眺。毛泽东兴致很高，他从临江楼讲到江南三大名楼。

武昌临江边上，有座黄鹤楼。毛泽东多次登临，并于1927年春填了一首词《菩萨蛮·黄鹤楼》，写下了大革命面临失败时他的心情：“黄鹤知何去？剩有游人处。把酒酹滔滔，心潮逐浪高！”苍凉心境，跃然纸上。

湖南洞庭湖边有座岳阳楼，墨客骚人，登楼题咏，佳作如云，尤以大文学家范仲淹《岳阳楼记》最绝。全篇369字，把一个诗人的心情和博大胸怀，写得淋漓尽致。“不以物喜，不以己悲”“先天下之忧而忧，后天下之乐而乐”，成了千古绝唱。

楼以文存。南昌的滕王阁之所以著名，是因为“雄才巨卿”王勃，登上楼阁，写下了脍炙人口的诗句。初唐四杰之一的奇才，年仅27岁的王勃，省亲路过南昌，恰重阳节那天，应邀出席滕王阁重修竣工的宴会，宴间即兴挥毫，写出了“真天才，当垂不朽”的《秋日登洪府滕王阁饯别序》，骈词俪句，才华横溢。直到20世纪60年代，毛泽东还悬肘挥毫，录下其中那著名的两句：“落霞与孤鹜齐飞，秋水共长天一色”，赠给岸青、邵华等子女们。

王勃写下的“物华天宝，人杰地灵”，赞美了盛唐文化，赞美了华夏民族。最使毛泽东感触的几句是：“君子安贫，达人知命。老当益壮，宁移白首之心？穷且益坚，不坠青云之志。”毛泽东说要坚持真理，决不移白首之心，不坠青云之志。

贺子珍仔细聆听着。她深感毛泽东学问深，自己受益匪浅。

于是，毛泽东的情绪高涨，诗兴冲动。

他凭栏远眺，只见远山近水，江天寥廓，楼前汀江缓缓流淌，江面水汽，茫茫如霜，两岸的菊花金黄，码头旁的千年古榕，枝繁叶茂，青翠欲滴，吟成了《重阳》词上阕：

人生易老天难老，
岁岁重阳。
今又重阳，
但看黄花不用伤。

这天中午，水西渡乡来的两个同志，专门为毛泽东和贺子珍做了板栗炖猪肉、香菇炖仔鸡和粉丝汤等几道汤菜，还弄了些糯米黄酒。他们告诉毛泽东：上杭风俗，“重阳节”又叫“板栗节”。这里遍地栗树，重阳时节，板栗成熟，家家户户都用新鲜板栗炖肉，欢度重阳，同时庆贺板栗丰收。

毛泽东喝过重阳酒，靠在床头，凝神思索。那些不快之事，一一掠过脑海：前年中央说他秋收起义，不攻占长沙，政治局研究，撤销他中央政治局候补委员；去年湖南省委又下令撤了他的前委书记职务，降为一师师长；今年来，丢了井冈山，痛失何挺颖等爱将，圳下遭袭，牛牯扑死里逃生，七大落选，八大再度落选。他喟然长叹，坐起，伏案续写了《重阳》词下阕：

一年一度秋风劲，
不似春光。
胜似春光，
寥廓江天万里霜。

# 陈毅赴上海

1929年6月，在红四军党的第七次代表大会上刚刚当选为前委书记的陈毅，接到中央关于派干部去上海参加中共中央召开的军事会议和汇报红四军工作的指示。他于8月20日，经香港乘英国大轮船前往上海。

重阳节刚过，省委常委谢汉秋已到上杭，带来了中央和福建省委指示，要红四军趁“两广事变”发生，出击东江，攻打梅县。

毛泽东认为，梅县是东江重镇，广东的咽喉之地，反动势力麇集，如被红军占领，影响太大，反动派必然要拼命守住。红军不宜攻打。但红四军又不能违背上级的指示。于是，红四军三个纵队向东江出击，赣敌金汉鼎师、周志群旅闻讯乘机从武平向上杭进攻。闽西特委和四纵队司令部于21日晚，连夜组织部队和机关以及伤病人员撤出上杭县城，向白沙转移。

毛泽东和贺子珍最后一批撤离上杭城，辗转来到闽西特委所在地苏家坡；朱德带一、四纵队出击闽中。陈毅则先到厦门向省委汇报工作，然后登轮船赴上海。

陈毅在轮船上是化了装的：头戴鸭舌帽，脚蹬圆口皮鞋，既像是跑单帮的，又像是国民党的新贵。

驻在上海党中央机关里的周恩来，常想到隐蔽山中的毛泽东，更渴望已动身来沪的陈毅赶快到达。

周恩来是中共中央政治局常委、组织部部长，后又兼军事部部长。他时时都在关注着红四军和朱、毛的动向，并不时代表中共中央向他们发出指令。中共中央2月7日给毛泽东、朱德的信（即“中央二月来信”），实际上是反映了共产国际布哈林在中共六大会上演说的观点，消极悲观情绪严重。

6月上旬，福建省委的交通员将毛泽东4月5日在瑞金代表前委写的复信，以及彭德怀的一封亲笔信，交给中央政治局。6月12日，中央政治局召开第39次会议，专门讨论前委的“四五”复信。接着，周恩来根据讨论的意见，给红四军前委又写去一信，肯定毛泽东他们的看法，承认“中央二月来信”确有悲观情绪，作了自我批评。

8月上旬，他又收到陈毅写的关于红四军党内争论和七大会议情况的报告，还收到七大的会议记录。

周恩来感到问题严重。8月13日，中央政治局开会，依据陈毅的报告和七大会议记录，对红四军的问题初步进行了讨论，决定由周恩来代表中央先去一信，予以指示。大家感到有些问题还不清楚，等待陈毅到后，再作定夺。

《中央给四军前委的指示信》，周恩来在8月20日就写好了。这封信对红四军七大作了初步表态。信中指出，七大主要解决内部争论而不是着重讨论“与敌的艰苦奋斗”，这是一个缺点；“前委同志号召‘大家努力来争论’，润之、玉阶同志亦特别重视个人的争论”，是不对的；“刘安恭同志企图引起红军党内的派别斗争”，更是错误；肯定红四军暂不设军委的决定是正确的。这封信还阐明了红军建设的一些原则问题，这些意见与毛泽东历来的主张很相似，有些还有发展。

如果这封信及时地送到了红四军前委，也许红四军党的八大会开得成功一些。

遗憾的是，负责收发的同志太粗心，竟然将这么重要的一封信装错信封，阴差阳错地寄到鄂豫皖苏区去了。弄得鄂豫皖的同志丈二和尚摸不着头脑，而红四军这边又多生出许多变故来。

陈毅在闽西特委书记邓子恢陪同下，经上杭、龙岩到厦门，候船期间，陈毅受到中共福建省委书记罗明的接待，他同时向省委作了汇报并讨论了发展闽西斗争的问题。

在厦门，陈毅给在上海担任四川军阀刘存厚少将代表的胞兄陈孟熙发了一信，说他将乘香港英国轮船到沪，并告以大致日期。当时，堂兄陈修和也在上海兵工厂任职。他们自武汉分别以来虽然各奔前程，陈毅判定他们依然会尊重各自的信仰，给他方便和掩护。

陈毅乘船到达香港，同中共广东省委接上头，见到了留法老同学、广东军委书记聂荣臻和中共中央派赴广西路过香港的邓小平。

英国轮船经几昼夜航行于8月下旬抵达上海时，黄浦江边租界码头气氛紧张，搜查异常严格。陈毅正打算挤到人流中去乘乱下船，忽然发现两位兄长已经登船，正在延颈寻人，他找到二人后，修和、孟熙立刻示意他紧随他们下船上岸。两位兄长一身西装革履，胸佩上海龙华警备司令部徽章，气宇轩昂。

陈毅衣着也得体，像个广东来的技术工人。当他们随着人流穿过码头稽查线时，没有警察拦问。

他们已为陈毅在英租界四马路新苏旅馆开了一个套间客房，陈孟熙住外间，陈毅住里间。陈修和则回兵工厂，常来关照。兄长们备好西装全套，警备司令部徽章一枚。

陈毅很快同中共中央机关接上头，并向中央政治局常委李立三报告了红四军七大情况。这位一同勤工俭学、一同被押送回国的老同学听完便表示：他会尽快向政治局报告，并要陈毅尽快写好几种上报的书面材料。在这次会见中，陈毅才得知：就在他抵达上海的前两天，由于叛徒的出卖，陈毅的入党介绍人中央军委委员颜昌颐，中央政治局候补委员、中央农委书记彭湃，中央常委、军事部长、对红军农村武装斗争情况熟悉并有卓越见解的杨殷以及正与他们一起的邢士贞、张际春于8月24日下午4时许同时被捕。

陈毅好几天深居简出，赶写材料。李立三于8月27日向中央政治局扼要报告了与陈毅谈话的内容。会议决定召集临时政治局会议，由陈毅出席并作一详细报告。

8月29日，专为听取陈毅报告而召集的政治局会议在上海一处秘密处所召开。出席的有总书记向忠发及政治局成员李立三、周恩来、项英、关向应；陈毅作了全面而详细的报告。鉴于红四军的经验和问题极为重要，政治局决定以李立三、周恩来、陈毅三人组成一委员会深入讨论审议，提出决议到政治局讨论通过。三人委员会由周恩来召集。

9月1日，陈毅写完了李立三代表中央要求写的五个书面材料：《关于朱德、毛泽东军的历史及其状况的报告》《关于朱、毛红军的党务概况报告》《关于朱、毛争论问题的报告》《关于赣南、闽西、粤东江农运及党的发展情况的报告》和《前委对中央提出的意见——对全国军事运动的意见及四军本身问题》。陈毅的口头报告和书面报告，总的精神和内容完全一致。他襟怀坦白，公正无私，如实地反映了红四军各方面的详情，对红四军的战略战术、组织编制、政治工作、政策策略、斗争艺术都做了准确的叙述，因而中央在1930年初把《关于朱德、毛泽东军的历史及其状况的报告》发表在中央出版的《中央军事通讯》创刊号上，并指出，这是很宝贵的一个报告，很多宝贵的经验“都是在中国‘别开生面’”。

从8月底起，李立三、周恩来便一次次地到陈毅的客房来聚会，他们都阅读了陈毅所写的报告，然后来和陈毅一同讨论。他们在陈毅房中一谈几个小时。陈孟熙就在外面摆弄围棋担任望风，有时与陈修和对弈，空气更为闲逸。他俩和李、周都认识，或是法国勤工同学，或是黄埔师生，所以相见十分自然。

早在接到红四军前委于7月9日寄出的七大决议案及其他文件之后，8月13日，中央政治局就讨论决定由周恩来起草一信，提交政治局讨论。

周恩来起草的8月21日的信，对于红四军党内争论中涉及的一些原则问题作出了比较全面正确的回答。8月份的这些回答，在李、周、陈的9月讨论中，当然要起重要作用。陈毅拜读了毛泽东写给中央的几个报告。这些报告的内容，陈毅早已知道，但都没有详细阅读过，对其中所阐述的深刻道理，细细领悟。他还阅读了中央政治局关于红四军的几个会议记录，尤其是周恩来代表中央8月指示信的底稿，对中央的精神有了较全面的理解。

到上海之初，他仍认为毛泽东在红四军继续工作不大好，可以让他去苏联学习养病。周恩来却严肃指出：七大擅自改选前委是错误的。朱、毛两人仍留前委工作，毛泽东不能走，应仍任前委书记，并须使红四军全体同志了解并接受。陈毅诚恳地接受了中央的批评与指示。

周恩来要他代中央起草一封致红四军前委的指示信。陈毅愉快地接受了任务。他经过研读一系列文件，并与自己参加的红四军的实践结合起来，在思想上得到很大提高。陈毅在多年后曾几次对跟随自己工作的同志说，到上海党中央两个月，等于上了两个月的训练班。

“九月来信”是在周恩来主持下，三人讨论，由周恩来代表中央委托陈毅执笔起草的。

从8月21日信到“九月来信”，内容中最重大的问题是红军在中国革命中的地位，以及朱、毛红军在全国的影响。

红军的地位和作用究竟如何估量，过去以及后来的一段时间内，都只说是促进全国革命高潮的重要力量之一。1930年有的文章中，有写为“主要条件”“主要工具”“最重要因素”的，这都是后来公开出版时修改而成，原件只是“重要条件”“重要工具”“重要因素”，并无“主”字和“最”字。

“九月来信”指出：“先有农村红军，后有城市政权，这是中国革命的特征，这是中国革命基础的产物。”

陈毅过去没有表达过这样的思想，李立三、周恩来也没有。周恩来在6月12日政治局会议上讨论朱、毛问题时还说：目前中国割据的形势是有的，问题是要有城市的领导。城市工作一旦发展，割据局面一定可以发展到固定的方面。李立三则一直主张“城市中心论”。而在“九月来信”中的这种“先”“后”的提法，虽然含义不很精确，却显然是把农村红军看成取得城市政权的主要原因了。这只能来自陈毅亲身参加的由毛泽东、朱德领导的实践，而在中央“训练班”的集体思考下得到飞跃。

8月21日信和“九月来信”所强调的第二个重大问题是红军的根本任务。

8月21日信尖锐地指出："谁忽视了这一点，谁便要将红军带向流寇土匪的行径。"陈毅执笔的"九月来信"便将红军的基本任务定为：发动群众斗争，实行土地革命，建立苏维埃政权；实行游击战争，武装农民，并扩大本身组织；扩大游击区域及政治影响于全国。这样，七大没有充分强调反对单纯军事观点的缺点就明显地有所改正。

再一个重大问题是红军分散与集中的战略问题。"九月来信"指出："绝不能把红军四军分成几路各不相属的部队，这样就是分散而不是分兵，或者把红军四军分小，化成无数的游击队而不相联属。两者都是取消观念，皆源于对政局的估量不正确，恐惧反动势力稳定，红军会被消灭，才发生减少目标各个自了的右倾思想。这种倾向于红军发展及对全国政治影响有极大危险。"

在组织路线方面，身为中央组织部部长、起草中共六大的组织决议案的周恩来，当然更熟知组织原则。"九月来信"在坚持党委的集中统一领导的前提下，党如何通过军政部门和军政首长实施领导作出了指示："党对军队的指挥尽可能实现党团路线，不要直接指挥军队，经过军部指挥军事工作，经过政治部指挥政治工作。"可以看到，后来的党委集体领导下的首长分工负责制，在这里已有比较明确的规定。

对于集权制与家长制，8月21日信和"九月来信"都明确地断言："党的一切权力集中于前委指导机关，这是正确的，绝不能动摇不能机械地引用'家长制'这个名词来削弱指导机关的权力，来作极端民主化的掩护。"

在思想政治工作方面，"九月来信"也提出纠正一切不正确的倾向。

"九月来信"十分严肃地指出了红四军七大及前委扩大会处置的缺点及其危害，并决定"毛同志应仍为前委书记"，这就从路线的高度来肯定了毛泽东的领导。

陈毅坚决地接受中央的委托，回红四军去向有关同志做好解释说服的工作。因而中央政治局在9月28日讨论通过这份《中共中央给红四军前委的指示信》时，特在后面加上一段："凡此各项，概指其大要，详细解释及具体办法已向陈毅同志面谈，当由其口达前委及全军同志。”

这封信，就是有名的9月28日《中共中央给红军第四军前委的指示信》，它已收入《周恩来选集》上卷中。

周恩来关切地问陈毅：“以后的工作，你是愿到广西俞作豫那里去呢，还是愿到鄂豫皖去？”

“既然这样，那就让我回四军去。”陈毅毫不犹豫地说，“七大把毛泽东同志选掉了，我们有责任。解铃还须系铃人。我回去请毛泽东同志复职。我完成了这个任务以后，可以随时听中央调动！”

“好！”周恩来高兴地握住陈毅的手摇了摇，嘱咐道：“你将中央的指示带回去，最主要的是请回毛泽东同志复职。请你转告朱德同志，请他与毛泽东同志团结协作，共同领导好四军的工作。”周恩来最后加重语气：“陈毅同志，你这个责任很重大哟！”

陈毅说：“请中央放心，我一定完成任务！”

10月1日，陈毅谢绝了胞兄陈孟熙主张他去莫斯科学习的劝告，经过一番装扮，急匆匆离开上海，4日到香港，6日过汕头，11日到达中共东江特委所在地。他继续北行，走梅县南部山区，绕过梅县县城，赶往松源“同怀别墅”红四军军部与朱德见面。

1958年，毛泽东与陈毅在一起

随特委机关迁驻苏家坡村的毛泽东，仍然住在“树槐堂”。这是一幢上杭农村的普通民居，大厅两进三间，左右两排厢房。毛泽东和贺子珍住在楼上的后厢房。

居室明净简朴。一

闽西特委旧址“树槐堂”

如别处那样，房中仅一榻一椅加一张栗色方桌。所不同的是，桌上有两盏灯，一盏是闽西随处可见的白底蓝花瓷瓶制成的煤油灯，一盏是“美最时”牌马灯。显然，马灯是夜晚行军走路时用的。室内靠山的一面，开着一扇画框似的小木窗，正好将外面那美丽的青山、绿树、野菊、黄花框住，恰如一幅挂在墙上的美丽的山水画。

苏家坡的环境虽美，村中农民的生活却户户贫穷。有句民谣：“苏家坡人世代盲，烧了石头变灰团。”全村没有人识字，只知耕田烧石灰。

毛泽东了解到这种情况后，与特委书记邓子恢商量，在村中办一所小学，组织孩子们读书识字。邓子恢立即将特委办公用的“树槐堂”大厅腾出，还请来了一位雷先生当老师，办起了村中第一所平民小学。

苏家坡的半山，在几棵古松掩映间，有一个幽深的岩洞，人们都叫它为“圳背岩洞”。从“树槐堂”到这个圳背岩洞，要攀登一条盘旋于怪石嶙峋、叠叠巉岩间的崎岖小道。毛泽东时常在早饭后带着几本书，有时还携着他的文房四宝，独自来到洞中，洞内卧立着两块大石，中间搁一块木板。他就在洞中读书写字。

毛泽东曾在上杭畲族小山村苏家坡读书写字的山洞

陈毅10月22日到松源时，俨然像一个香港大商人的样子。在四军军部，朱德看到离别三个月、风度翩翩地回来的陈毅，高兴得不得了。

陈毅将中央指示信的主要精神，先简略地给他说了说，最后告诉他：“军长，七次大会我们犯了错误，跟你有关，跟我也有关。我们都要向老毛承认错误，转变旧观念。否则是危险的，弄不好要开除党籍！”

“我朱德随时都欢迎他回来。”朱德的态度很坚决。可他又有点犹豫：“我们欢迎他回来，还不知他愿不愿回来呢！”

陈毅说：“这个没问题。只要我作检讨，他会回来的。”

朱德说：“那好，拜托你了！”

就在陈毅回来的第二天晚上，部队按原计划向蕉岭、梅县前进。25日下午，纵队仅以两个连兵力攻打梅县城，守城的警卫队便弃城而逃。果如毛泽东所料，26日下午，粤敌以三个团争夺梅县，四军仓促撤出城外。31日，朱德指挥部队第二次进攻梅县城。因为轻敌，包围太紧，致敌凭城死守，加上一纵队未能及时完成迂回攻击，战斗持续七个钟头，也未攻入城内。朱德只得命令部队撤出战斗。此役虽给敌以杀伤，但红四军本身也伤亡约200人。转移途中，由于放松了思想政治工作，原先在上杭城编入部队的俘虏兵600多人，全跑光了。

第二次攻打梅县失利，是红四军自1928年“八月失败”以来最大的一次人员损失。一纵队只好缩编为两个支队；三纵队缩编掉一个大队；二纵队也缩编为两个支队。

一连串的事实使朱德从心底里感到：朱毛朱毛，朱确实离不开毛。

1929年11月18日，陈毅在上杭县官庄的鹧鸪塘主持召开前委会议，原原本本地传达了中央指示。会上正式决定恢复毛泽东的前委书记职务。

会后，陈毅坐在煤油灯下，展笺提笔，给毛泽东写了一封披肝沥胆的信。匹快马，连夜将这封快人快语的快信飞送苏家坡。为了让毛泽东早些赶到长汀，陈毅把他原来骑的土黄马也送了来。

毛泽东见到土黄马后，心中十分高兴。他左手梳摸马的长鬃，右手抚拍着马的鼻脸，半晌说不出话来。土黄马喷了一声响鼻，四蹄在原地欢快地跳，马尾正好轻拂在主人的身上，像是在撒娇撒欢。从此，土黄马再也没有离开过它的主人。

毛泽东跟着月亮上班，白天行军坐在马鞍上。马通人性，慢走稳行，马背如一张摇床，毛泽东在鞍上呼呼补觉，当毛泽东在《人民文学》上发表他写的《词六首》时，前边加了个小“序”说：“这六首词，是1929—1931年在马背上哼成的。”这匹马，驮着文件，驮着病号，驮着领袖，也驮着长征，驮来了凯旋。一直到了延安，这匹马算鞠躬尽瘁了，不久，宝塔山下的山坡上，为这匹马垒了一座马坟。离开延安前，毛泽东还向这马坟掬了一抔黄土。

# 建立一支新型的人民军队

古田会议确立了党指挥枪的建军原则，这是毛泽东建军思想的核心。

11月26日，毛泽东在中共福建省委巡见员谢汉秋陪同下，心情舒畅地骑马从蛟洋到达汀州，陈毅早在城外石桥头迎候他，两位战友的手又紧密握在了一起。

毛泽东由陈毅陪同，来到长汀。长汀古时叫汀州，为闽西重镇，自唐至清末，历来是州、郡、路、府治所。发源于武夷山东麓的汀江，从县城流过，经上杭、永定注入广东的韩江，直达南海。靠这汀江，汀州城成为闽西繁华商埠。

1929年3月14日，红四军第一次进占汀州城，毛泽东和军部机关住在水东街“辛耕别墅”。他在长汀临时县委书记段奋夫的协助下，召开了有老佃农、老裁缝工人、老教书先生、老钱粮师爷、老衙役和流氓头等六种人参加的调查会；指导建立了长汀县革命委员会和县赤卫大队，县总工会，闽西第一个县级红色政权；与朱德等一起领导红四军完成了整编；军政治部也是在这时重新成立的，毛泽东当时兼任政治部主任。在短时间内筹款5万元。全军每人缝制了一套佩有红领章的灰色列宁装，一顶缀有红五星的八角帽，一副绑腿，每人发了两双胶鞋，第一次统一了全军服装，第一次每人发了四元零用钱。全军还第一次统一种了牛痘。

毛泽东对汀州有深刻印象。他清楚地记得，红四军第二次入闽是同年5月20日，那天正好暴雨刚停，江水猛涨、浊浪翻滚。部队找到九条船，半天时间红四军就顺利渡过江去，直下龙岩。

当时，他正在养病期间，听说红四军又打下上杭城，他心中高兴，赋诗一首：《清平乐·蒋桂战争》：

风云突变，
军阀重开战。
洒向人间都是怨，
一枕黄粱再现。
红旗跃过汀江，
直下龙岩上杭。
收拾金瓯一片，
分田分地真忙。

毛泽东没有看到刘安恭。朱德告诉他，刘安恭在率领二纵队攻打大埔虎市时中弹阵亡。毛泽东听了，惋惜地说："他牺牲得很英勇！"

11月28日，毛泽东在长汀主持前委扩大会议，根据中央指示信精神，决定利用目前敌情并不严重的有利时机，红四军全军开到连城新泉；集中整训一个月，然后召开全军第九次党代表大会，深入贯彻中央"九月来信"精神。

当晚，毛泽东给中共中央写去一信：我病已好，11月26日偕福建省委巡视员谢同志（谢汉秋）从蛟洋到达汀州，与四军会合，遵照中央指示在前委工作。四军党内的团结，在中央正确指导之下，完全不成问题。陈毅同志已到，中央的意思完全达到。惟党员理论常识太低，须赶紧进行教育。除请中央将党内出版物（布报、《红旗》《列宁主义概论》《俄国革命运动史》等，我们一点都未得到）寄来外，另请购书一批（价约百元，书名另寄来），请垫付。我们望得书报如饥如渴，务请勿以事小弃置，余详前委报告。

信中的"布报"，为当时中共中央的机关刊物《布尔塞维克》杂志，《红旗》则是中共中央机关报。

12月3日，红四军从长汀出发，军部和一、二纵队进驻新泉，四纵队进驻上杭白沙、蛟洋之间。为开好第九次党代表大会，全军开始了军事政治整训。

军部领导作了分工：朱德负责军事整训，毛泽东和陈毅负责政治整训。

连城重镇新泉，如同一颗晶莹剔透的明珠，正好镶嵌于龙岩、上杭、连城、长汀四座县城中间。据说是因附近有一处四季奔涌的温泉而得名。

新泉镇上的“望云草室”，既是毛泽东、朱德和陈毅他们的下榻处，也是军部机关的驻所。“草室”的小客厅，成了毛泽东和陈毅召开调查座谈会的地方。

根据中央“九月来信”的精神，毛泽东认为红四军第九次党代表大会需解决的最主要的问题，就是如何将红军建设成为一支党领导下的新型的人民军队，如何将农民小资产阶级成分占多数的党组织建设成为坚强的无产阶级政党。他历来反对照搬照套上级的条条和本本，而是主张从实际情况出发对症下药。这次他还是这样：先开调查座谈会，再起草大会决议案。

在长汀时，他就召开了工人座谈会，征求工人对红军的意见。到新泉后，各支队、大队党代表和士兵代表的调查会，又连续开了数天。毛泽东要摸清楚部队当前到底存在哪些不正确的思想，它们有哪些表现和危害。

在新泉的官庄，毛泽东还请来当地的农民代表座谈，了解群众对红军的意见和要求。

12月中旬，蒋介石决定向闽西红军发动第二次“三省会剿”。闽、粤、赣敌军分别从龙岩、永定、长汀等方向向红四军逼近。为避开敌军锋芒，毛泽东安排一部分部队和地方赤卫队阻滞、扰乱敌军前进，军部和四个纵队的主力全部集中于古田地区，继续进行九大的准备

古田八甲松荫堂

工作，一边做好应敌准备。

1929年12月，红四军整训后，前委、政治部进驻古田八甲松荫堂。

在古田，毛泽东和陈毅又用了十多天时间召集各纵队、支队和部分大队党代表，举行讨论会。他们将这次红四军九大需要讨论和亟待解决的问题，分为九个方面：纠正党内非无产阶级意识的不正确偏向问题；党的组织问题；党内教育问题；红军宣传工作问题；士兵政治训练问题；青年士兵的特种教育；废止肉刑问题；优待伤兵问题；红军军事系统与政治系统关系问题。

七大以后一段时间，红四军犹如一艘航行在急流险滩中的航船，时时有触礁的危险。现在，中央“九月来信”精神已经为解决红四军党内军内的问题奠定了很好的基础，几个月来的风风雨雨，全军从军长到士兵都汲取了许多有益的经验和教训。毛泽东对许多问题的认识也更加深刻。解决这些问题的条件已经成熟。

毛泽东和陈毅将党代表们分成若干组，每个组集中讨论两个问题。

纠正党内的非无产阶级思想、党的组织、党内教育等三个问题，是这次党代表大会要解决的主要问题。毛泽东以主要时间参加和组织这三个组的讨论。

一天晚上，开完座谈会，毛泽东提灯回八甲村住所，路过三纵队特务支队第三大队驻地，看到屋子里闹哄哄的，便进去看个究竟。原来，大队士兵委员会主席正抡起扁担要打大队党代表的屁股。这个大队的大队长在执行任务时受了风寒，生病发烧，刚好大队在附近买了一口猪改善生活，大队党代表看到大队长发烧吃不下肥肉，便让炊事员将猪肚子炖汤给大队长吃。大队士兵委员会主席却以为炊事员偷吃了，要打他的屁股。大队长知道后，赶快说是自己吃了猪肚子，说要打屁股打我的。党代表听后，说是我让给大队长吃的，要求代替大队长挨板子。

正当士兵委员会主席高举扁担要往下打时，毛泽东进来了。他问清了缘由后，对大家说：

“大队长执行任务不怕艰苦，值得嘉奖；党代表关心战友，通情达理，应当表扬，大家认为怎样？”

屋子里爆发出一片热烈的掌声。

士兵委员会主席仍坚持自己的看法："毛委员，你不是常讲，红军官兵一律平等，既然平等，那生活待遇也要一律平均才对！"

毛泽东笑笑说："平等和生活待遇平均是两回事。平等主要是指政治地位、政治待遇上官兵都应一样，官长不能欺侮士兵、压迫士兵，大家都有发言权、选举权和被选举权。当然，在生活上官长也不能搞特殊化，比如说伙食标准，官长和士兵每天都是五分钱；发衣服，不能官长发两套，士兵只发一套。这种平等，是因为我们现在艰苦，没有钱，只好大家平均分。将来有条件，还是要分等的，社会主义的分配原则，就是'各尽所能、按劳分配'嘛！苏联红军现在就是官有军衔，兵有兵阶，生活待遇各有差别。平等也不等于绝对平均。世界上绝对平均的事是没有的。比如说，你们在睡觉，而大队长却数九寒冬泡在水沟里侦察敌情；你们大块吃肉有滋有味，而大队长看到油腻就想吐，这能绝对平均吗？俗话说：十个指头有长短，荷花出水有高低嘛！行军打仗，本该论功行赏，不能功过不分，赏罚不明。"

"有时候，官长待遇好一点，是行军打仗需要，比如官长有马骑，有勤务员替他服务，士兵就没有嘛！我们有些人认为这是制度不平等，主张搞绝对平均主义，背米送军粮，不论大人小孩都背一样多，连司令部住了一间大房子也要骂起来，甚至吃病号饭也不分轻伤重伤，一律平分。这怎么行呢？"

一席话，说得大家心里亮堂起来。

士兵委员会主席承认自己的做法错了，主动要求打自己的屁股。毛泽东笑着说："打屁股是一种肉刑，那是白军军阀带兵的蛮办法。我们是红军，是新型的人民军队，不学这一套。我们主张有思想问题要说服，有错误要批评帮助。打屁股只是伤皮肉，解决不了思想上的毛病。打伤了战士，还要影响战斗力。你们说是不是？"

"是！"大家齐声回答。

这时，"三省会剿"敌军已逐渐向古田逼近。

红四军党的九大原定在26日前后召开。因为各纵队代表尚未到齐，毛泽东决定延期两天。有人担心敌情紧迫，建议打退“会剿”敌军后再开，毛泽东态度坚决：“瓜熟蒂落，开会可以更好打击敌人！”

1929年12月28日，一场纷纷扬扬的大雪，使整个古田变成一片银白的世界。

参加中共红四军第九次党代表大会的各纵队、支队、大队党代表、士兵党员代表和闽西地方党组织的代表、妇女代表共120多人，踏着积雪，谈笑风生地来到古田溪背村的曙光小学。

会场设在正厅，原来的神祖牌座已拆除，主席台设在正厅右侧。墙上挂着中国共产党党旗，党旗下方贴着马克思和列宁的木刻画像，上方悬挂“中国共产党红军第四军第九次代表大会”横幅会标。一面木壳挂钟挂在墙的外侧，发出“嘀嗒嘀嗒”和谐悦耳的响声。两张方桌拼成的讲台上，放着一把白色陶瓷茶壶和几只粗瓷土碗。一块黑板斜靠墙上。会场中的四根柱子上贴着标语：“反对冒险主义！”“反对机会主义！”“反对盲动主义！”“中国共产党万岁！”

由于代表人多，原先用作课堂的正厅会场坐不下，在天井两侧临时用砖头木板搭起几排座位，还有些代表干脆坐在带来的背包上。天气太冷，天井两侧烧了四堆旺旺的炭火。

毛泽东和朱德在主席台前刚坐下，司令部派人来报告，说西边有一股敌人进到离古田四五十里的地方。

一听有敌情，代表们都坐不住了。一些士兵代表“唰”地站起，提起步枪，准备随时出发。

毛泽东朝代表们摆摆手：“大家莫慌，这是小股民团骚扰。”他问朱德，“部队都布置好了吧？”

朱德回答：“已经作了应敌布置。朱参谋长在司令部值班。”

陈毅担任大会秘书长。他扫视了一下会场，看到代表中有许多人都参加了半年前召开的七大，感到欣慰。他相信这些同志都与自己一样，半年来思想认识有了新的飞跃。果然，当他宣布大会开始，请前委书记毛泽东作报告时，会场上的掌声整整持续了数分钟。

油画：《古田会议》

这掌声，似春雷滚动，越出会场，越出古田，越出闽山赣水，在中国的上空久久地回响。

在掌声中，毛泽东一手叉腰，一手扶桌，以他那特有的坚定的语调，开始了他的报告。

在掌声中，大会的各项决议案顺利通过。这是具有伟大而深远历史意义的建党建军的纲领性文件。

中国是一个农民人口占多数的国家，党和红军中农民成分都占80%以上。农民是无产阶级的天然同盟军。它与其他小资产阶级一样，有接受无产阶级政党领导、强烈要求革命的一面，但它也具有自私、保守、狭隘和目光短浅的特性。大量的农民和小资产阶级成分加入党和红军，必然将各种非无产阶级思想带进党内军内。如不注意解决，就不能将一个农民成分占多数的党建设成为无产阶级政党，将军队建设成为人民的军队。红四军七大前后党内思想之所以混乱，其根本原因就在这里。

这次九大通过的《决议案》，成功地解决了这个问题。《决议案》特别强调加强党的思想建设、政治建设，同时对加强党的组织建设作出了明确规定。对红军的建军宗旨和原则、红军的政治工作、民主建设，等等，也都作了明确的规定。

中國共產黨紅軍第四軍第九次代表大會決議案

一九三〇·四·六印。

古田会议决议

毛泽东写古田会议决议时用过的油灯

古田会议决议创造性地回答和解决了“党指挥枪”等军队建设的一系列基本问题，开辟了新型人民军队政治建军的成功之路，铸造了人民军队的军魂。决议被作为政治建军的第一个纲领性文件而载入史册。

毛泽东关于建党建军的光辉思想，在决议案中得到充分的体现。

12月29日，会议进行选举。新选出的前委委员11人，他们是：毛泽东、朱德、陈毅、李任予、黄益善、罗荣桓、林彪、伍中豪、谭震林、宋裕和、田桂祥；候补委员三人，他们是杨岳彬、熊寿祺、李长寿。毛泽东当选为前委书记。

从龙岩的“公民小学”到古田的“曙光小学”，从红四军七大到红四军九大，时间仅短短半年。然而，中国共产党的建设，人民军队的建设，却产生了一个新的飞跃，进入了一个新的历史阶段，如红日从古田的曙光中喷薄而出，走向辉煌。

开国领袖

# 九　遵义古城拨航向

在遵义会议上毛泽东力挽狂澜，纠正了『左』倾冒险主义在中央的统治，使会议成为中国革命史上一个伟大的历史转折点。从此，在他的实际领导下，红军由失败转向了胜利，中国革命也转危为安。

# “崽卖爷田心不痛”

毛泽东是一个军事“奇才”，他运用机动灵活的战略战术，指挥中央红军连续粉碎了蒋军的三次“围剿”，使赣南、闽西两个根据地连成一片，中央根据地有了很大发展。但在1932年10月中共苏区中央局召开的“宁都会议”上，毛泽东被剥夺了军权，离开了红一方面军总政委的职务。1933年2月至3月，蒋介石集中全力对中央根据地发动第四次“围剿”，周恩来、朱德灵活运用前三次反“围剿”中的经验，在黄陂、东陂战役中歼敌近三个师，缴枪万余支，取得了第四次反“围剿”的胜利。

第四次“围剿”中央革命根据地失败后，蒋介石十分恼火。经过半年的精心准备，1933年9月，蒋介石调集100万军队，自任总司令，按照德国顾问赛克特的建议，采取持久战与堡垒战的新战术，步步为营，稳扎稳打，5000多座水泥钢骨的碉堡把中央苏区团团围住。用陈诚的话来说，他们建碉堡是给池塘筑坝，然后“抽干塘里的水，捉塘里的鱼”。

其实最早提出“碉堡政策”的是国民党第十二师师长金汉鼎。1929年，鲁涤平向蒋介石转达了金汉鼎的建议，未受蒋重视。后来，戴岳撰文又一次提出“碉堡政策”，担任南昌行营第一厅第六课课长的柳维坦也向蒋介石鼓吹“碉堡政策”。德国人赛克特肯定了“碉堡政策”，蒋介石便下令实行。于是，碉楼、堡垒、桥头堡、护路堡、圩寨等，一时在江西“遍地开花”。

蒋介石调集四路大军，一边筑碉堡，一边徐徐紧缩包围圈：

东路军，蒋鼎文为总司令，由闽北向闽西推进。

北路军主力顾祝同为总司令、陈诚为前敌总指挥，指挥30个师、3个旅由北线向赣南推进，正面进攻中央苏区，寻找红军主力决战。

西路军，何键为总司令，率9个师、3个旅由湖南向西推进。

南路军，陈济棠为总司令，指挥11个师，1个旅由广东朝北推进，配合北路军作战。

此时红军中“左”倾路线已取得统治地位，毛泽东被迫离开红军的领导岗位，军事指挥权完全落在共产国际派来的李德和中共临时中央总负责博古手里。

李德，原名奥托·布劳恩。1990年生于德国慕尼黑郊区伊斯玛宁镇，第一次世界大战前，他支持左翼社会主义者。1919年加入德国共产党，后在德共中央军政机关情报处工作。1926年，德国统治者指控他有叛国罪行而被监禁。1928年4月，他从柏林莫比特监狱逃到苏联，不久进入军事学校学习。

1932年春，李德以优异的成绩从伏龙芝军事学院毕业后，被苏军总参谋部派往中国从事情报工作。李德被派遣来华，其原因大体有三个：李德有长期的地下工作经验；懂俄语、德语、英语，便于在外国工作；李德是德国人，日本在中国尤其是东北，对可疑的人动辄屠杀，日本与德国是盟友，日本人不杀德国人，李德的国籍就是一道最好的护身符。

李德以俄文名字利特罗夫的前两个译音作为他来华时的化名，取义为“姓李的德国人”。他身穿西装，坐上一列由莫斯科发出的特别快车，穿过广袤而荒凉的西伯利亚，到达中苏边境上的满洲里后，继续乘车抵哈尔滨。日军侵占东北后，建立了“满洲国”，日本密探和白俄分子遍布各地，加上东

李德（1900.9.28—1974.8.15）

博古（1907.5.14—1946.4.8）

北生活艰苦，李德无法立足，只得于该年秋天离开哈尔滨南下大连，改乘轮船来到上海。

起初，李德住进一家外国人经常出入的具有古老的英国殖民主义建筑风格的礼查饭店。由于李德既不经商，又没有其他足以证明身份的职业，而上海又正处于国民党的白色恐怖笼罩下，为了不引起怀疑，几星期后，李德又迁到公共租界一幢美国人的公寓里。

李德很快就与共产国际派驻中共中央的代表，以前与李德一起在德共内工作过的德国人阿瑟·尤尔特取得了联系。当时设在上海的中共中央秘密办事处与莫斯科的共产国际执行委员会和江西瑞金的中央苏区都有定期的无线电联系，与其他苏区也有信使往来，消息比较灵通。尤尔特和李德每星期与临时中央负责人博古和张闻天见面一次，他俩定期前往中共中央秘密办事处，看见窗台上放了一盏台灯或房间的窗帘打开半叶表示安全的信号后，才放心地推门进去。博古和张闻天（洛甫）都在苏联学习过，以前在莫斯科就与李德相识，懂俄语；张闻天曾留学美国，也会说英语，因此，不需要翻译，他们也能很随便地交谈一些紧急的政治问题和军事问题。

尤尔特还介绍李德与当时任德国《法兰克福时报》驻华特派记者艾格尼丝·史沫特莱相识。史沫特莱正在上海为她的《中国在战斗》一书搜集素材。博古和张闻天安排史沫特莱与从中央苏区来的人秘密见面，使她了解红军斗争的情况。史沫特莱与宋庆龄也有联系，宋庆龄向她提供了许多有关十九路军及两广军阀等国民党军队的情况。李德看了史沫特莱撰写的报道，从中又获得了一些军事情报。

李德来华时间不长，对中国的情况缺乏足够的了解，自然，他获得的只是一些残缺不全的，甚至于自相矛盾的情报。李德将搜集的有关日本军队和国民党军队以及工农红军的军事情报，写成报告，拍摄在微型胶卷上，并附上草图，几次通过信使送往莫斯科。

1933年，中共临时中央准备迁往中央苏区。博古和张闻天考虑到李德是苏联著名军事学院的高才生，又有街垒战的经验，聘请其为中央苏区的军事顾问。

博古为李德在红都瑞金郊区一片开阔的稻田中间修建了100多平方米的房子，红都人称为“独立房子”。蒋介石发动第五次“围剿”后，被称为“中共中央小伙子”的博古，排挤了毛泽东对红军的正确领导却又对军事指挥一窍不通，正感到束手无策，来了李德这位伏龙芝军事学院的高才生，便委任他主持军事工作。

前方吃紧，瑞金沙洲坝那“独立房子”，变得异常繁忙。此时的李德，已经独揽红军指挥大权，指挥红军展开反“围剿”。

他的翻译伍修权如此回忆当年情景：

“我们当时的工作程序是：不论白天黑夜，只要前方来了电报，都迅速送到‘独立房子’来。首先由我们翻译成俄文，并根据电文对着地图查证地理方位，绘成简图再送给李德。经他批阅提出相应的建议后，再由我们译成中文送给军委副主席周恩来同志，由他在军委或政治局上将李德的建议提出讨论并付诸实行……

“博古当时是总书记，但他对军事一窍不通，就把军事指挥大权拱手让给了李德。李德有了作为中央总书记博古的支持，博古又有来自共产国际的李德做军事顾问，两人相互支持。”

李德来到“独立房子”不久，便博得一个“雅号”，曰“图上指挥家”。他成天围着客堂间里的大地图转来转去，一边抽着烟，一边用红蓝钢笔勾勾画画，然后用尺子量着距离，规定着部队行军的进度——他不管那里是山是河，反正按距离计算行军的进度。他甚至连建碉堡的地点、哨兵的位置、一挺机关枪该放在哪里，一门迫击炮应布置在什么地方，都按照地图作了规定。殊不知，他用的那些地图，全是国民党部队“供应”的，好多地图不准确！

据云，长汀福音医院院长傅连暲，曾从国民党一位团长那里弄到一整箱军用地图，交给了郭化若，运到瑞金。

李德是一位“街垒专家”。他在莫斯科伏龙芝军事学院所学的，是正规军打阵地战的战术。他针对蒋介石的步步为营、堡垒推进的新战略，提出了“短促突击”的反“围剿”新战术。即敌人修建白色堡垒，红军就修建红色堡垒与之对抗，当敌人离开白色堡垒推进200米至300米时，红军对敌人进行突击，消灭敌人。李德著文阐述他的新战术理论，并在瑞金的四所军事大学——红军大学、红军第一步兵学校（又名“彭杨步兵学校”，以彭湃、杨殷名字命名）、红军第二步兵学校（又名“公略步兵学校”，以黄公略名字命名）、特科学校讲课，教授他的新战术。

斯诺在《西行漫记》中写道：“李德无疑是个具有过人才能的军事战略家和战术家……南京的将领们看到李德的一些分析他们战术的著作时，颇为钦佩地承认，想不到李德准确地预计到了这次巨大攻势的每一个步骤。”

李德的悲剧是，他在莫斯科并没有学习过游击战术的课程，而他来到中国之后又对中国的国情、军情、民情所知甚少，他这一套战术理论不服中国的水土！

在“御敌于国门之外”的错误战略指导下，反“围剿”开局即失黎川，红军伤亡千余人。李德震怒，下令撤了萧劲光的职。此次失利的责任并不在萧劲光，但他还是受到严厉的处分。

1934年4月，双方交战争夺的焦点是瑞金的门户——广昌。

广昌在黎川之南，宁都之北，县城坐落在群山之中、盱江左岸。广昌是中央苏区北部的大门。照毛泽东以往的打法，会放弃广昌，甚至会放弃瑞金，诱敌深入而歼之。如今，军权握在李德手里，李德打的是阵地战，在广昌严阵以待，死守广昌。一个非夺广昌不可，一个非守广昌不可，于是一场空前酷烈的战争不可避免地在广昌爆发。

1934年4月21日，由中国共产党中央委员博古、军委主席朱德、代总政治部主任顾作霖联合署名的《中央、军委、总政保卫广昌之政治命令》下达了。

命令指出，“敌人已尽力采用一切方法企图占领苏维埃的广昌”“我们的战斗的任务，是在以全力保卫广昌”。

广昌城里，刷着这样的大字标语：“为着保卫赤色广昌而战，就是为着保卫中国革命而战！”“要么胜利，要么死亡！”“拒敌于国门之外！”“决不放弃苏区寸土！”

蒋介石和北路军总指挥陈诚调集了11个师，沿着盱江，一边建碉堡，一边缓缓向广昌推进，实行“进得一步，即守一步”“稳稳推进，步步为营”。

红军方面组成临时司令部，博古为政委，实际上李德为总司令，亲上前线，指挥坚守广昌。博古和李德调集了红一、三、九军团的九个师，死守广昌。李德运用他的“短促突击”战术，提出“以堡垒对堡垒”，红军在广昌也建造堡垒，只是没有水泥钢筋，用的是木头架子，垒上泥土而已。

蒋介石任命陈诚为前敌总指挥，罗卓英为副总指挥，在广昌前线设立司令部。德国顾问赛克特也不顾高龄，亲临前线司令部，坐镇指挥。

一场由两个德国人实际指挥的正规化的大战，一触即发。

有着几次反“围剿”胜利经验的毛泽东被远远甩在后方，无权过问军事。彭德怀看这势头不对，“再三说广昌是不能固守的，必须估计敌军技术装备”。“在自己没有飞机大炮轰击的情况下，就算是比较坚固的野战工事，在今天敌军的装备下，是不起作用的。如果固守广昌，少则两天，多则三天，三军团12000人将全部毁灭，广昌也就失守了。”然而，彭德怀的话，博古和李德根本听不进去。

战斗从4月10日开始。国民党军队出动7个师，1个炮兵旅，在三四十架飞机配合下展开大规模的进攻。炸弹、炮弹雨点般朝红军工事倾泻，红军的“土堡垒”不禁炸，伤亡惨重。在飞机大炮的掩护下，国民党军队步兵徐徐推进，每次只推进一两公里，马上开始构筑工事。站稳脚跟、配置好火力之后，再进第二步。红三军团组织了几次阵前出击，即“短促突击”，均未成功。一位排长对这种以堡垒对堡垒的战法很有意见：“不知搞啥鬼呵！我们一夜不睡觉做了一个堡垒，人家一炮就打翻了；人家的堡垒，我们只有用牙齿去咬！我们没有重武器，天天同人家比堡垒，搞什么鬼呵！”

经过五天激烈的争夺，广昌北大门甘竹被国民党军队占领。红军被迫退守广昌城北的长生桥。那里是一片不太宽的开阔地。双方僵持了10天。红军终于守不住，只得朝广昌县城退去。广昌县城没有城墙，难以坚守。

4月27日，国民党军队夹攻广昌县城。战斗十分惨烈，尽管红军战士拼死抵抗，广昌还是失守了。

广昌保卫战打了18天，红军伤亡5500人。国民党军队这次借助于碉堡，借助于飞机、大炮，伤亡大为减少，只死600余人、伤1800余人，不及红军的一半。

广昌战斗以后，三军团军团长彭德怀脾气越来越坏，对李德的指挥十分不满，对拼光红军的打法憋着一肚子气。

5月2日晚，党中央总负责人博古约彭德怀和三军团代政委杨尚昆到头陂临时司令部谈话。彭德怀去的时候，把一套旧军装放在包里，做了一去不复返的准备。他预料可能他会被带到瑞金去，受公审，开除党籍，因为他有一肚子的气，

1930年8月，彭德怀领导的红五军团与毛泽东、朱德领导的红一军团组成红一方面军，建立和发展了中央革命根据地。图为彭德怀1933年在中央苏区的福建建宁县合影。左起：叶剑英、杨尚昆、彭德怀、刘伯坚、张纯清、李克农、周恩来、滕代远、袁国平

再也无法忍下去了。

一见面李德就问："你们是怎么组织火力的？又是怎么进行短促突击的？"这时，彭德怀按捺不住心中郁积的怒气。他反问："我们没有重炮，没有足够的弹药，拿什么来组织火力？敌机轮番轰炸，敌军龟缩在碉堡里，怎么也引不出来，我们多次突击都不成功，一天牺牲上千同志，你了解吗？"他越说越激动，担任口译工作的伍修权只能把彭德怀说话的要点译出来。

彭德怀越说越来气："广昌失守并非偶然。第五次反'围剿'开始以来，没有打过一次痛快仗。先是分兵作战，消极防御。我军疲于奔命，东面堵，西面夺，但消灭不了敌人的有生力量。指挥又过于集权，不给前方指挥员一点儿机断权。每个连队、每门迫击炮甚至机关枪的位置，都在你们的作战图上规定，我们只能机械执行。你们是图上作业的战术家，怎能不瞎指挥！"

"三军团这次要是听了你们的话，用多兵堆集守广昌，那就全完了！"他非常动情地说，"你们至今还不认账，真是'崽卖爷田心不痛'！"

刚正不阿的彭德怀难以控制自己的感情，甚至有些急不择言，但意见都是中肯的，坦率的。他接着说："一、三军团在赣闽奋战七八年，才打出这块根据地，容易吗？可是在你们指挥下，丧师失地，损兵折将！""广昌战斗，集中兵力和敌人拼消耗，敌人的武器装备有外来援助，红军只能靠缴获。可是几个月来，部队一点缴获也没有，靠吃老本，打一天，少一天。这样拼消耗，我们拼得起吗？"

也许是伍修权觉得这句话过于尖锐了，没有全部翻译过去。彭德怀看到李德没有强烈的反应，就意识到了，要杨尚昆重新翻译。杨尚昆如实地翻译了一遍："你就像不孝的儿子卖掉父亲的田产一样不知道心痛！"

"封建，封建！"李德咆哮起来，"你是报复，因为你对撤销你军委副主席不满意。"

"现在是研究怎样才能战胜敌人，"彭德怀鄙视李德说，"我根本没有想那些事，你卑鄙……"

争论之后，彭德怀余怒未消，说："尚昆，我今天把那套旧军衣装在包里，准备随他们到瑞金去，受公审，开除党籍，杀头，都准备了，无所顾忌了！"

眼看双方言辞越来越激烈，博古批评彭德怀说："太过分了，太过分了！"伍修权也劝说："冷静点，都冷静点。"他把李德劝走以后，博古示意："你们先回去！"临走时，杨尚昆对博古说："好吧，我们都作自我批评。"回指挥部的路上，彭德怀余怒未消，杨尚昆劝道："是非自有公论，大敌当前，团结为重。"

李德进入中央苏区以来，还是头一回受到这样的当面顶撞。他是个火暴脾气的人。照理，他会像对待萧劲光一样对待彭德怀，但他居然只是骂了一通彭德怀右倾了事。可能是由于他考虑到彭德怀是举足轻重的红军将领，自己又在广昌吃了败仗有点心虚；也可能是由于中央内部在指挥上也有激烈的争论。大约是5月上旬，在一次中革军委的会议上，张闻天批评不应该和强敌硬拼，造成不应有的损失，博古很反感地回答说："这是1905年俄国工人武装起义失败后，普列汉诺夫对布尔什维克的指责。"张闻天起来反驳，双方争执起来。周恩来当场调停，宣布散会。

广昌失守后，在瑞金召开了中共中央书记处（即政治局常委）会议，决定将主力撤出中央苏区，进行战略转移。后经共产国际批准，由博古、李德、周恩来组成三人团，指挥红军西进转移。1934年10月，中央红军开始了震惊中外的二万五千里长征。

# 担架上的交流

1934年底的湘江战役，是中央红军在长征途中战斗空前激烈，损失最为惨重的一次战役。先头部队为了掩护后续部队，付出巨大的牺牲。到12月1日，主力红军才全部渡过湘江，突破了国民党军队的最后一道封锁线。

呜咽流淌的湘江，吞噬了多少红军战士的生命！红一军团减员严重。不少团出发时是2800人，过湘江后只有1400多人了。红三军团的一个团被敌人切断，未能渡过湘江；五军团的三十四师和红八军团被敌人切断和打散的部队大部壮烈牺牲。师长陈树湘准备率部返回井冈山，途中被俘，用手从腹部伤口处绞断肠子，壮烈牺牲。红九军团损失也很大，许多师团营连干部牺牲，损失重大。渡过湘江之后，红军已由长征出发时的8万余人，只剩3万多人，折损过半。

面对着流血的湘江，党和军队的高级干部在思考，红军指战员在思考，毛泽东也在思考：红军的出路在哪里?

毛泽东一路上孤掌难鸣，虽然多次提出正确建议，都被多数人拒绝了，红军因此损失惨重。然而，局势仿佛出现了转机，王稼祥、洛甫在向他靠拢，他的建议终于得到他们两个关键人物的呼应，由一个变成了三个。

此时，王稼祥的态度至关重要。

陈毅在延安召开的中共七大会议期间，曾用独特的语言评价王稼祥的历史功绩："楚汉之争时，韩信是一个要人。韩信归汉，则汉胜；韩信归楚，则楚胜。他是个举足轻重的人物。王稼祥在遵义会议上就犹如韩信。"

的确，在长征路上，王稼祥的确是一个要人，他的作用和地位就如楚汉之争时举足轻重的韩信。

王稼祥
（1906.8.15—1974.1.25）

周恩来
（1898.3.5—1976.1.8）

张闻天
（1900.8.30—1976.7.1）

王稼祥曾是上海党中央派往江西瑞金中央苏区的“钦差大臣”。

1931年4月上旬，中央从上海派出了“六届四中全会代表团”，由任弼时、王稼祥和顾作霖组成，俗称“三人团”。他们带着贯彻中共六届四中全会路线的使命，来到当时中共苏区中央局和红一方面军总前委所在地宁都县青塘圩。“三人团”下车伊始就夺了中共苏区中央局代理书记项英的权，请示党中央欲任命毛泽东为中共苏区中央局代理书记和中央革命军事委员会主席，一度力挺了毛泽东。可是好景不长，在半年以后的“赣南会议”上，他们又狠狠地批判毛泽东，使毛泽东受到一系列排斥和打击。在“三人团”里，任弼时掌实权，王稼祥出主意，顾作霖打先锋。

在1932年10月上旬的“宁都会议”上，王稼祥投了毛泽东关键的一票。他的这种力排众议的态度曾受到一位与会者的嘲讽：“我看你的高见，除了毛泽东本人外，未必有人支持。少数服从多数，你不会不知道吧？”

王稼祥表示：“少数当然应该服从多数，不过多数也并不是在任何时候都是绝对正确的，这在我党历史上以及国际共运史上，也是不乏先例的。”

毛泽东被迫离开前线，临分手时，他握着王稼祥的手，说了一番披肝沥胆的话："你和我是少数，不服从也不行，我只好到后方去了。好在革命不分先后，哪里工作都一样，你就别争了吧！不然你也会同我一样，成了'右倾主要危险'人物了。"

王稼祥在"宁都会议"上的关键一票，奠定了毛泽东与王稼祥密切合作的基础。从此，王稼祥成为第一个从"左"倾营垒里分化出来，也是"二十八个半布尔什维克"里第一个接近和理解毛泽东的人。

王稼祥在中央苏区带病工作，仍任中央军委副主席兼红军总政治部主任。他对毛泽东的这种友善和敬重的态度不是偶然的，他后来回忆说："毛泽东同志常和我谈论一些政治军事问题和路线斗争问题，授予我十分宝贵的见识，给予我政治上很大的启发，这对于我尔后的政治生命是一个极其重大的关键时刻。我当时感到毛泽东同志有独特之长，他所谈的既简单明了，又那样有说服力。"

王稼祥是中央领导人中唯一的重伤员，长征一开始，他就坐在了担架上。他因在第四次反"围剿"斗争中遭敌机轰炸，右腹部伤势十分严重，腹腔内的一些弹片和腐骨无法取出。此时，毛泽东也因经受了几个月疟疾的折磨，差点丢掉性命，加上受排挤后心情不好、对红军的前途忧心忡忡，身体非常虚弱。因此，过了于都河，他不得不坐上了担架。张闻天身体没什么毛病，时而骑马，时而步行。

王稼祥和毛泽东的心在长征前就已经贴得很近，长征出发的时候，他俩还共同设计、制作了"特制担架"，在路上同行同住。

美国作家哈里森·索尔兹伯曾写道："一过于都河，毛泽东便开始坐担架长征。不过，这并不是因为他不习惯在乡间走路。红军的领导人中大概没有谁比他在中国的穷乡僻壤翻山越岭走过更多的路程。从孩提时起，不论到哪里，他都是徒步行走。一个农村的孩子是没有其他交通工具的。担架是由两根坚韧的长竹竿和绳网组成的，既轻便，又有弹性，就像水手的网状吊床一样上下左右晃荡。他那足有六英尺长的瘦高个儿，深深地陷在担架里，在睡觉时不会被晃出来，因此也没有必要绑在担架上。两名年轻力壮的战士抬着担架，把竹竿扛在肩上。竹竿很长，因此他们可以看清脚下的路——在羊肠小道上走路，这一点是十分重要的。”

“这些谈话就在毛泽东和曾在旧金山当过编辑的洛甫，以及伤口未愈的政治局候补委员、关键的‘布尔什维克’王稼祥之间进行。王稼祥在整个长征途中都由担架抬着。长征初期，他与毛泽东形影不离，晚上一起宿营，谈呀，谈呀，谈个没完。王平时沉默寡言，酷爱看书。和毛泽东一样，他也出身于一个富裕农民家庭。”

“在担架上和篝火旁的朝夕相处，使毛泽东和王稼祥互相越来越了解，并有机会分析在江西所发生的事情，以及长征途中的情况。毛谈到战术上的错误，特别是导致广昌惨败的错误。他的论点给王稼祥留下了深刻的印象。不到一个月的时间，王便倒向了毛的一边。后来，毛泽东认为在击败李德和博古的斗争中，他起了最重要的作用。‘担架上的阴谋’所导致的结局，是不会使了解毛的为人的人感到吃惊的。”

“担架上的阴谋”，是外国人故弄玄虚的修辞法。长征老同志回忆起来，用中国人的修辞法，是说“担架使毛王结婚了”。不管怎么说，这两副著名的担架的确成了政治斗争的工具，悠悠担架情使毛泽东和王稼祥的联盟更加巩固，并扩大到洛甫身上，最终结成了足以抗衡“最高三人团”的“中央队三人集团”。

### “要把他们轰下来”

红军渡过湘江后，在三面环山、一面靠水的油榨坪休整。

两副担架同时抬进一个小院子，从担架上走下毛泽东和王稼祥。

由于战事的紧张和急行军的颠簸，王稼祥的伤口又发炎了，痛得他佝偻着腰，是医生和警卫员把他扶进屋子的。他的伤口需要常常换药。每换一次药等于上一次酷刑，医生虽然小心翼翼地替他取出四五寸长的橡皮管子，但因为管子深入腹内，连着伤口粘着肉，一拉扯钻心裂肺般疼痛。王稼祥牙齿咬得咯咯响，脸上豆大的汗珠一颗颗向外冒。他以巨大的意志力强忍着疼痛。管子取出来的时候，有时大便也跟着从伤口里流出来。为了安慰周围的人，王稼祥故意风趣地说："你看，这玩意儿也跟着跑出来了。"

毛泽东常常站在旁边看着换药，用毛巾擦拭王稼祥头上的汗水，不时蹦出几句幽默话语，转移他的注意力。直到换完药，打过止痛针，王稼祥安静地眯盹起来，毛泽东才就着油灯看书。

有一次，王稼祥的精神恢复了，坐起来根据总部的命令轻装。他把一时用不上的东西都扔掉了，还把他已读熟的《社会民主党在民主革命中的两个策略》《共产主义运动中的"左"派幼稚病》等几本马列书也扔到了地上。过了一会儿，他又心痛地把这几本书捡起来，塞进挎包，喃喃地说："扔不得，扔不得！把马列主义的书扔掉，就不是轻装，而是解除武装了。"并问道："老毛，你都轻什么装啦？"

毛泽东眼睛仍不离开书本："我已无装可轻了，过湘江前，我连饭锅、牙刷、牙粉都轻装了。"

王稼祥望望毛泽东的铁皮箱，问道："你铁皮箱里还有那么多古书，都是必要的吗？"

毛泽东放下书本，认真地说："《三国演义》《水浒传》，还有一些唐宋诗词，路上捡来的地方志，都是必要的，比饭锅、牙刷还必要。"

王稼祥憋不住又问："怎么没见到马列的书呢？""都说你很少看马列，只读《贞观政要》之类老古本。"

毛泽东严肃起来："稼祥，马列的书当然要看，马列主义是普遍真理嘛，这一点我不含糊。但是，光看马列的书也不能完全解决中国的问题。马克思不可能在100年前的欧洲开出医治中国的万灵药方，只有中国大夫号脉才能对症下药哩，而先哲的书上就有号脉的秘诀。"

王稼祥又说："也许是这样。不过，我们搞的革命是前无古人的。"

毛泽东觉得有必要认真回答这个问题，他说："我们搞的革命也不是从天上掉下来的吧？历史不能割断，古今能够沟通。马克思主义也是从外国的古人和外国的实际中概括出来的。我们的革命也要把马列主义同中国的实际结合起来，而要了解中国的实际，就不能不了解中国的历史。”

王稼祥点头表示赞同：“你说的有道理。光读马列主义的书不够，还得会把马列主义用到中国革命的实际中来。”

关于长征路上特殊环境中的这段担架情，王稼祥在延安接受斯诺采访时，是这样回忆的：“要说我在遵义会议上第一个支持毛主席的正确主张是个功绩的话，这首先是毛主席对我的教育、启发的结果。长征开始，毛主席有病坐担架，和我同行，每当到宿营地休息时，经常在一起交谈。由于我对毛主席丰富的武装斗争经验，和一、二、三次反‘围剿’取得的伟大胜利十分敬佩。所以，我向毛主席坦率地表示了对当前形势的忧虑，认为这样下去不行，应该把博古、李德‘轰’下台。毛主席很赞同我的看法，并针对现实情况，谈了中国的革命不能靠外国人，不能照搬别国经验、别国模式，马列主义的普遍真理，必须同中国的革命实践相结合的道理，给了我很大的启示，也使我更加坚定了支持毛主席的决心。”

**“不谈路线问题”**

过了老山界，红军行进在平缓的大路上。毛泽东的担架又和王稼祥的担架并行了。王稼祥的精神很好，他一改平日的沉默寡言，与毛泽东深入交谈的欲望很强烈。

“主席，对第五次反‘围剿’的失败，我们应该有一个全面的探讨，否则，全党全军的认识难以统一，我们现在艰难进行的大转移也难以找到出路。”

接触这个话题，毛泽东非常谨慎，在吞吐烟雾中斟词酌句，沉思良久没有吭声。王稼祥问得急了，他才言不由衷地说道：“政治路线无疑是正确的……”

这句话的潜台词恰好相反。毛泽东早已看出五次反“围剿”失败是“左”倾路线结出的一个最大苦果，但是他现在不愿、不能也不敢触及路线问题。目前挑起路线纷争不仅会使党分裂，也会使自己更孤立——在路线问题上他现在仍然曲高和寡，缺少知音。何况，他不能不顾忌到，稍微涉及中共六届四中全会后的路线，就必然捅到这条路线的根子——共产国际这个马蜂窝，还会使目前红军的处境更加危险。

毛泽东为了使自己的“政治路线正确”的违心论断听起来自然，还搜肠刮肚凑了几条理由：“在五次反‘围剿’中，我们在党中央的领导下，在动员广大工农群众参加革命战争方面，取得了巨大的成绩，扩大红军运动成为群众的热潮，使红军数量达到10万以上。在‘一切为了前线上的胜利’的号召下，我们保证了红军在财政物资精神上的需要。我们的经济建设以及与群众关系的改善，激发了广大群众参加革命战争的热情和积极性。这一切都造成了彻底粉碎敌人五次‘围剿’的有利条件。”

王稼祥察言观色，听话听音，他感觉出了毛泽东关于路线正确的话语是违心的，是搪塞之词，何况他列举的成就也多是政府工作和苏区群众的功劳，毛泽东的话并没有涉及最糟糕的军事问题。

“那么军事方面呢？我们毕竟没有在苏区站住脚，而是跑出来了，跑得很狼狈。你说创造了彻底粉碎第五次‘围剿’的有利条件，为什么又没有粉碎第五次‘围剿’呢？”王稼祥有意问。

“军事指挥上是失败的，这就是问题的关键。当前我们应该把注意力集中到纠正军事路线上来，战略战术的错误是导致失败的根本原因。我们那位可爱的洋顾问，实在是瞎指挥，他根本不懂得中国国情，不懂得中国红军的特点，更不懂得中国的农村和农民，把外国行之有效的一套搬到中国国土上来，就碰到麻烦了。在中国打仗，还要靠我们的老祖宗孙子。”毛泽东回答。

总算触及了问题的核心，王稼祥高兴地点点头：“‘独立房子’当然要负主要责任，但‘最高三人团’另两位负责同志也难辞其咎吧？”

毛泽东斟酌了一瞬，淡淡地说道：“博古同志当然也有责任，是他把李德捧上‘太上皇’的位置，而他自己又不懂军事，又不听中国同事的，必然对李德言听计从，一误再误。”

多年以后，直率坦诚而又坚持原则的王稼祥，在“文化大革命”中被打倒了。1971年“九一三”事件发生后，王稼祥在陈云、李富春、王震、胡耀邦的支持下，写了一封揭发林彪和拥护党中央的信给毛泽东。在信中，他又一次检讨了自己在20世纪30年代前期执行“左”倾教条主义路线的错误，并说自己“为此终生不安”。毛泽东看过信后，与周恩来谈话说：“王稼祥同志写了一封报告给我，这样的老干部只讲过，不讲功，很难得，应该很快让他出来工作。他是有功的人，他是教条主义中第一个站出来支持我的。遵义会议上他投了关键的一票。王稼祥功大于过。遵义会议后成立了三人军事领导小组嘛，我嘛，你嘛，还有王稼祥嘛，夺了王明等人的军权。”

张闻天也认清了“左”倾路线。

张闻天，1900年出生在江苏省南汇县的殷实农户家庭。原名“应皋”（也作“荫皋”），字“闻天”，取《诗经》中“鹤鸣于九皋，声闻于天”之意。他17岁时入南京河海工程专门学校。1919年，他参加了五四运动，随后在报刊上公开介绍《共产党宣言》中的“十条纲领”，可以说是在中国最早宣传马列主义的先驱者之一。

同年，他在上海入留法勤工俭学预备科，翌年7月去日本东京学习，1922年夏又自费留美勤工俭学，一年多后回国。1925年6月初，张闻天在上海入党，10月赴莫斯科中山大学学习，后入红色教授学院学习和工作。因他沉着、风雅、有学识，党内很多人都称他“老教授”。他取俄文名字“伊思美洛夫”，从此即用译音“洛夫”“洛甫”为笔名。因他在理论研究上高于留苏的其他人，王明等教条主义者大力拉他，而张闻天因缺乏国内实际工作经验，一时也对他们的主张表示赞同。

黑夜，戴着深度近视眼镜的张闻天，高一脚低一脚地行进在老山界的山沟里。一个多月的长途跋涉，加之深秋的连绵细雨，弄得他疲惫不堪，行动颇不方便。崎岖的山间小路，泞滑难行，配备给他的那匹马，也无法乘坐了，只得让特务员牵着，驮着他的东西，紧紧跟在他的后面。

扶着一根竹竿，张闻天默默地走着，心事重重。

三年前的一个冬夜，他和杨尚昆离开莫斯科的中山大学。归国途中，列车带着他们越过辽阔的西伯利亚，在双城子换了车，行抵绥芬河边界。在一个秘密交通站里，他俩一番乔装打扮，当晚，即由一个苏联同志带领偷越国境。他俩紧紧跟着这个不知姓名的苏联同志，心情有点紧张地默默走着，四周是皑皑的雪原，茫茫一片。凄厉的寒风打着呼哨掀掠起狂舞的雪花，不断扑打着他们的脸颊。严寒，包围着他们，他俩连眉毛上都结了霜花。

他戴的还是这副近视眼镜。三年前夜行的情景，至今记忆犹新。不同的是，那次走的是雪原，今天走的是山路。

他在国外学习、工作五六年后，奉中国共产党中央之命回国。在汹涌澎湃的革命洪流中，他大可以将他所学的知识、本领毫不保留地奉献给他所追求的壮丽的事业。归国之初，他的确也是这么想的。

他虽然有丰富的书本知识，却缺乏实际的革命经验。在极其艰难复杂的斗争旋涡里，他自觉或不自觉地参与执行了一条错误路线，犯过思想方法上的教条主义和政治路线上的“左”倾错误，成为一条错误路线的核心人物之一。这条路线给中国革命带来巨大的灾难，这是他万万不曾预料到的事。今天，这数万部队在大山沟里艰苦的夜行军，不能说与他的错误没有关系，一想起这一点，他的心里就有些难受。

他清楚地记得：三年前的那个雪夜，那个苏联同志领着他和杨尚昆悄悄地翻过一座大山，来到祖国边界。苏联同志的任务完成了，在他们一阵亲切的默默注视之后，他俩深深地道一声感谢，又继续做神秘的旅行。几经周折，抵达上海的时候，正巧是旧历新年。

张闻天没有听从博古的劝说。

1931年初，他回到上海任中宣部部长，后任政治局委员、书记处书记、中华苏维埃共和国人民委员会主席（相当于总理）等职。

张闻天任临时中央政治局常委后，成为王明“左”倾教条主义的执行者。后来受毛泽东的影响，逐渐改变了立场。对此，博古很恼火，他指责张闻天有右倾错误，说张闻天对他的指责是“普列汉诺夫对1905年俄国工人武装暴动的机会主义思想”。张闻天据理反驳，两人争得面红耳赤。张闻天还批评博古把红军指挥权拱手让于李德，表示我们中国的事情不能完全依靠李德，自己要有点主意。博古却认为执行李德的军事指挥是正确的。

张闻天没有听从博古的劝说，仍然写文章批评“左”倾政策，这自然招致博古等人的不满。张闻天被排挤了，被毫无理由地派往闽赣省做巡视工作去了。张闻天在调查过程中更坚信了他对博古、李德做法的怀疑。

1934年9月26日，张闻天受命写出关于红军战略转移的社论，发表在9月29日出版的《红色中华》上，题目是“一切为了保卫苏维埃！”。在这篇社论中，张闻天回顾了第五次反“围剿”的形势，指出了在反“围剿”中存在着“在苏区内部同敌人拼命”的错误，拼命主义和逃跑主义一样都是错误，不可取的。在社论中，张闻天委婉地说明了战略退却、转移的必要性，提出了自己的看法，这表明他的思想已有了大的转变，与王明“左”倾路线有了明显的不同。社论一发表，红军总政治部立即发表政治指令，要求全军根据社论，立即开始军事行动，“在部队中进行充分的宣传解释工作”。

1935年秋，陈云曾在《随军西行见闻录》中谈到这篇社论：

“九月间在《红色中华》报（赤区中央政府机关报）登载张闻天（中央政府之人民委员会主席）之文章，微露红军有抛弃江西而到赤区以外之‘围剿’军事力量空虚地区活动之可能。果然，十月中，全部队伍均行西走矣。”

董必武和何叔衡读到这篇社论方知红军要进行战略转移。1936年，董必武在回忆长征的文章中称它是“一篇关于红军战略的社论”，可以说是红军长征的宣言书和总动员令。

逐渐从“左”倾路线中转向的张闻天，与遭受“左”倾路线迫害的毛泽东在观点上接近了，并且在政治局内开始了反对李德、博古的斗争。

# “只讨论失败”

在遵义会议上，毛泽东棋高一着，善于抓主要矛盾，主张只解决军事问题。

当时，博古、李德成了少数派。

“天无三日晴，地无三尺平，人无三分银”。这三句流传甚广的话，是当年贵州的形象写照。

贵州，全省处于海拔1000米左右的高原，山峦迭起，峭壁嶙峋。自从通道“飞行会议”通过了毛泽东的建议，红军便从通道县西行。才一天工夫，就进入贵州地界。

刚进贵州，毛泽东便失去了身上的一件毛线衣。那是一位60多岁老妇人，带着小孙子外出讨饭，饿倒在路边，冻得浑身发抖。毛泽东二话没说，脱下身上的毛线衣，送给老妇人，还叫警卫员解下两袋干粮相赠。老妇人向他跪谢，他用刚学会的贵州话答谢：“红军是干人的队伍！”

在“通道转兵”后，黎平政治局会议又支持了毛泽东的主张。

一排白墙青瓦、前低后高、外砖内木的平房，本是商人胡序维的店铺，如今被载入史册——因为12月18日，中共中央政治局会议在这里召开，史称“黎平会议”。

红军进黎平县城，待了三天，成为西征以来难得的喘息机会。

毛泽东在会上的意见归纳起来共三条：

放弃北进与贺龙、萧克部队会合及在湘西建立根据地的原计划。西进贵州，攻取贵州第二大城遵义，以遵义为中心建立新的根据地。在适当的时候召开政治局扩大会议，全面总结第五次反“围剿”以来的教训。

毛泽东的意见，当即得到政治局多数的赞同，在周恩来的支持下，政治局同意通过一项书面的决议，表达中共中央战略意图的重大改变。这样，毛泽东的意见，得到政治局的正式认可。

决议通过后，出于对李德的尊重，周恩来在当天夜里拿给李德过目。不料，李德看了译文后，大为不悦，跟周恩来吵了起来。向来温文尔雅的周恩来，忍无可忍，顶撞了这位“顾问”。

12月19日下午6时，中革军委发出关于贯彻黎平政治局会议决议的决议，表明毛泽东得到了党和红军的支持，完全占了上风。

12月20日，中央红军离开黎平，分两路西进。红军便直扑乌江，进军遵义了……

湘江之战后，“中央队三人团”打出的旗帜是：讨论失败。这个旗帜是毛泽东率先打出的，很有号召力和震撼力。湘江之败后，毛泽东掌握火候、不失时机地尖锐提出：“要讨论失败的原因！”

讨论失败，戳中了“最高三人团”，尤其是博古、李德的痛处。

大失败已使博古、李德陷入被动和束手无策。

湘江血战，也引发了广大指战员的不满和思考。他们在回忆中鉴别和对比：为什么在井冈山时期，在第一、二、三、四次反“围剿”中，在毛泽东亲自指挥或在毛泽东军事思想指导下的时候，红军越战越强，屡战屡胜，弱小的红军，迭挫强大的敌人，取得一个又一个胜利？为什么第五次反“围剿”以来，尽管红军和根据地的条件比过去好得多，却尽打窝囊仗，处处被动、屡屡失败？红军为什么被迫离开中央革命根据地，进行漫无目标的大转移？为什么会遭到血染湘江、折损过半的惨败？

这无数的问号变成了惊叹号，直戳“左”倾领导人的脊背。

过了湘江，总参谋长刘伯承见到谭政，问被截断的两个师带过来多少人。谭政说：“400多号人。”极为震惊的刘伯承抱着谭政，声调哽咽，喃喃地说：“我们不要哭！嗯，我们不要哭！”可他的眼泪唰唰地流了下来。这是全军指战员悲痛愤懑心情的一个写照。

在失败引发的回忆对比中，“最高三人团”的根基摇摇欲坠！

讨论失败，就是清算失败者的责任。彻底清算“左”倾机会主义军事路线的时刻快到了。

在失败引发的回忆对比中，毛泽东呼之欲出！毛泽东漫长的忍耐与等待即将过去，眼看就要大步走上领袖舞台。

在胜利和失败的对比中，党和红军完成了对毛泽东的认识过程。人们认识的发展和深化，必须经历正反两方面的比较和鉴别。光有胜利的经验还不够，还要有失败的教训。

刘伯承回忆里说：“广大干部眼看第五次反‘围剿’以来，迭次失利，现在又几乎濒于绝境，与第四次反‘围剿’以前的情况对比之下，逐渐觉悟到这是排斥了以毛泽东同志为代表的正确路线，贯彻执行了错误的路线所致，部队中明显地滋长了怀疑、不满和积极要求改变领导的情绪。这种情绪，随着我军的失利，日益显著，直到湘江战役，达到了顶点。”

过了湘江之后，红军的指挥权虽然仍在“三人团”手中，但“实际上已由周恩来担当起来”。此时，周恩来的态度举足轻重，他是否赞成“讨论失败”？

周恩来赞成讨论失败，他不怕引火烧身，他甚至鼓励“讨论失败的原因”。只是湘江惨败之后，损兵折将，军队情绪不稳，蒋介石军队又尾追得紧，红军没有喘息时机，一时顾不上开会“讨论失败”。周恩来答应稍微安定时召集会议，展开讨论。可以说，是“最高三人团”之一的周恩来直接为黎平会议和遵义会议准备了“讨论失败”的讲台。

1935年1月7日，红军突破乌江天险后，接着，智取了遵义城。

1月15日黄昏，从贵州遵义新城古寺巷一幢精致的两层洋楼里走出了三个人，他们是毛泽东、张闻天和王稼祥。带着自信，带着要战斗的激情，他们来到了黔军旅长柏辉章的公馆。这里将要举行一次中共中央政治局扩大会议，也就是遵义会议。

遵义会议会址

关于遵义会议，毛泽东本人多次讲到，像他亲自指挥了千百次作战一样，他一生亲自参加了不知多少次会议，但他最难以忘怀的，是这次使党和红军的命运以及他本人的命运发生根本性转折的遵义会议。

出席遵义会议的共20人。分别是：政治局常委及书记处书记博古、张闻天、周恩来，政治局委员毛泽东、朱德、陈云，政治局候补委员王稼祥、邓发、刘少奇、凯丰（何克全），列席会议的有总参谋长刘伯承，总政治部代主任李富春，一军团军团长林彪、政治委员聂荣臻，三军团军团长彭德怀、政治委员杨尚昆，五军团政治委员李卓然，《红星报》主编邓小平以及军事顾问李德和翻译伍修权。

会议由博古主持并作关于第五次反“围剿”的总结报告，他对军事上接连失利作了些检讨，但主要是强调客观原因，强调敌人的强大，以作为不能在中央根据地粉碎第五次“围剿”的主要原因。

在他作报告时，毛泽东不时在卡片上记着什么，张闻天等人在认真听，不时微皱眉头，李德坐在门口，听着伍修权的翻译，脸上显不出什么表情，会场气氛虽比较平静，但却给人透不过气的感觉。

接着，时任中革军委副主席、红军总政治委员的周恩来开始作报告。他着重谈了军事问题，认为第五次反“围剿”失利，军事指挥上的错误他应负主要责任。这一报告又称副报告，与博古的主报告有明显不同的倾向，这一点李德感觉到了。李德在《中国纪事》中指出“博古把重点放在客观因素上，周恩来则放在主观因素上”。

博古听了周恩来的报告，隐隐感到不安。他察觉周恩来的总结，似乎对军事上的错误主观方面讲得多了一点，客观分析不够。这样，是否会引起思想上的混乱，使军内怀疑起四中全会的路线来，从而涣散军心，对前途悲观失望。他为此有些担心，同时感到周恩来报告中所讲的，很多地方赞同了毛泽东、洛甫、王稼祥的观点，他觉得周恩来近来思想上起了变化，这变化还有点儿快哩！他不大理解，同时也不大接受。

周恩来的“副报告”讲完后，博古提议与会者对“主报告”“副报告”加以讨论。

博古话音刚落，张闻天就站了起来。他手里拿着提纲，很有条理、很有系统地讲了起来。张闻天开篇即称博古关于第五次反“围剿”的总结报告基本上是不正确的。他的发言一下子震动了会场，尤其超出博古的预料。博古脸上露出了不易察觉的紧张与不安。毛泽东和王稼祥却十分平静地听着。

张闻天指出，博古把第五次反“围剿”失利的主要原因归之为敌人力量的强大、人民力量的薄弱，这样必然会得出第五次反“围剿”不能取胜的机会主义结论；而事实上，“左”倾军事路线和军事指挥上的错误，是第五次反“围剿”失败的主要原因。他还批评博古拱手让权于李德，破坏了军委的集体领导，给红军造成了巨大损失的错误。

张闻天的发言与博古的发言针锋相对，一下子将博古、李德推向了审判席。因而，毛泽东在后来曾称张闻天的报告是“反报告”，而张闻天“反报告”的提纲，则实际上是毛泽东、张闻天、王稼祥三人的集体创作而以毛泽东的思想为主导的。

张闻天发言结束后，毛泽东接着发言。他主要分析了“左”倾军事路线的症结所在，概括性地总结指出了博古、李德的军事错误是“先是冒险主义，继续是保守主义，然后是逃跑主义”。

他说：“第一次反‘围剿’时，敌军是10万，而红军只有4万，是2.5比1；第二次反‘围剿’时，敌军20万，红军4万，是5比1；第三次反‘围剿’时，敌军30万，红军3万，是10比1；第四次反‘围剿’时，敌军50万，红军5万，仍然是10比l；第五次反‘围剿’时，敌军50万，红军5万余，不包括地方武装，仍然是10比1，而我们为什么失败得那么惨，连个地盘都保不住，来个大搬家，逃之夭夭。这难道可以说，我们在军事策略方面，没有一点儿过错？”

毛泽东说：“关于华夫同志的工作，我想谈一点自己的看法，不知对不对。华夫同志只知道纸上谈兵，不考虑战士要休息，也要吃饭，还要睡觉；也不问走的是山路、平原还是河道，只知道在总部草拟的略图上一画，限定时间赶到打仗，这样哪能打胜仗？这完全是瞎指挥！”

凭着一种直觉，李德感到毛泽东可能在指责他，于是眼珠瞪得圆圆的。他用俄语问伍修权，毛泽东在讲些什么？伍修权翻译后，他将手中的雪茄朝过道外一掷，站起来，指着毛泽东大声说：“你这是报复，报复！过去，我批评过你，今天，你趁机会找我算账。”

毛泽东没有理会他，只是付之一笑：“有意见好好说嘛，摆事实，讲道理，以理服人嘛。”

大家的注意力都集中在毛泽东身上，感到他的发言有根有据，有说服力，这才是真知灼见哩！接下来表态的是王稼祥。他躺在细心的周恩来为他特备的躺椅里，屏声静气地听毛泽东发言。毛泽东话音刚落，他就激动地手撑着扶手要站起来。周恩来示意他“坐在椅子上慢慢说”。

王稼祥还是坐直了身子，一只手轻轻按住腹部的伤口，忍着疼痛大声说：“我同意毛泽东的发言，正如他所指出的那样，第五次反‘围剿’战争之所以失败，我们在军事指挥上犯了严重错误。不能归咎于客观，客观原因有一点，但不是主要的。”

他最后提出：“我认为，李德同志不适宜再领导军事了，应该撤销他军事上的指挥权，毛泽东同志应该参与军事指挥。”

作过“反报告”的张闻天，对毛泽东的定调报告简洁地表明态度：“我同意毛泽东的意见，他对问题的分析是有道理的，可以说言之成理，顺理成章。他对指挥第五次反‘围剿’三个阶段的分析归纳，我很欣赏，指出了问题的症结所在。”接着他直奔主题：“实践证明，用马列主义解决中国革命的问题，还是毛主席行。”因此他建议，必须让毛泽东出来领导！

张闻天雄踞中共政治局委员、常委、书记处书记的高位，是当时博古、周恩来之后的第三号人物，他的表态自然是极有分量的。会后，在遇到困难的时候，他总是乐观地对同志们说：“我们的党经过艰苦曲折的过程，终于找到了正确的领导人，有了毛泽东同志的领导，我们就能够战胜长征路上的危难。”

历史也记住了张闻天。毛泽东和周恩来后来曾多次对他给予高度评价，说他在遵义会议上“立了大功”。

对毛泽东的发言“给予关键性的赞同”的，还有朱德。他对李德的错误进行了言简意赅的批判：“有什么本钱，就打什么仗，没有本钱，打什么洋仗。”他一改过去宽厚慈祥的神态，声色俱厉地严正指出：“如不改变军事领导，我们就不能再跟着走下去！”他表示坚决支持和拥护毛泽东出来指挥军事。

朱德是中共中央政治局委员、中央军委主席和红军总司令，他的突出地位和在红军中无与伦比的崇高威望，使他在遵义会议的发言也是一言九鼎的。他与毛泽东从井冈山开始就建立了“朱毛”式的革命友谊。无怪乎“文化大革命”中，林彪、“四人帮”反党集团要打倒朱德，毛泽东曾充满深情地说：“朱毛朱毛，没有朱哪有毛呢？有人说朱德是黑司令，我说朱德是红司令。”

总政治部代主任李富春和三军团政治委员杨尚昆也作了批判“左”倾军事路线错误、支持毛泽东出来领导军事的发言。

红五军团政委李卓然在遵义会议已经开始后才赶到遵义。毛泽东当天下午就接见了他，介绍了博古、周恩来、洛甫的报告。李卓然汇报了两个多月来五军团的情况，说指挥员们怨声载道，有的骂娘，责怪中央领导不力。毛泽东笑笑说：“怨声载道啰，对领导不满意啦？”李卓然回答说：“是的。”毛泽东叮咛他：“那你明天在会议上讲一讲，好不好？”在第二天的会议上，李卓然发了言，用实际事例批判了“左”倾军事路线造成的恶果，反映了五军团指战员要求改变领导的愿望。

林彪在会上支持毛泽东的主张，他在湘江战役和第一军团遭受损失之后，就开始公开批评这两个人了。

接着的发言就更加热烈了，再没有什么长篇大论，几乎全是火药味很冲的短兵相接。

聂荣臻紧接着说："毛泽东指出华夫是瞎指挥，我完全赞成，这，我深有所感。华夫同志对部队一个军事哨位应放在什么位置，一门迫击炮放在什么位置，这一类连我们军团指挥员一般都不过问的事，都横加干涉，这不是瞎指挥，是什么？"

彭德怀第一次参加中央的会议，开始还有点拘谨，听了毛泽东的讲话，他脑子豁然开朗，朱德、聂荣臻的发言启动了他久欲一泄的闸门，他按捺不住地站起来开了一通炮。他的发言较长，也较冲，没有留下记录。据与会者回忆，主要是批判李德、博古的"左"倾军事路线，把他在广昌战役中与李德争吵的话又搬了出来，作为李德瞎指挥、"崽卖爷田心不痛"的主要证据。

坐在窗子边的刘伯承站起来，作为总参谋长，他在第五次反"围剿"战争过程中，与博古、李德的接触很多，对他俩的错误有所察觉，虽然当时看得不是那么清楚，但总感到这种打法有问题，不然为什么尽吃败仗，根据地越打越小，红军越打越少。他对军事指挥的不民主，个人说了算，特别是顾问的独断专行很有意见。他考虑了一下，操着一口四川话声调平静地说：

"五次战争，诚如毛泽东所分析，我们在军事上犯了严重错误，我同意大家的意见，不再重复了。这些错误，其实过去不是没有发现，但谁敢提？提了就被说成是对战争的动摇，就是机会主义，前途就是反革命。这顶帽子吓死人啊。"

陈云、刘少奇在发言中，明确地表示支持毛泽东，拥护批判李德、博古的"左"倾军事路线。

一直做白区工作的刘少奇指出，四中全会后，"左"倾冒险主义使工人运动流产，白区党组织几乎完全损失。他要求中央对四中全会后白区和苏区党的路线作出全面的检讨。

博古、凯丰对刘少奇的发言作出了强烈反应，激动地进行了反批评。刘少奇正要据理反驳他们，被毛泽东拦住了，他强调还是集中力量检讨军事路线。多年后毛泽东在回忆遵义会议时，曾对斯诺说："在遵义会议上，他（指刘少奇）表现还是不错的，在那个时候这是很宝贵的。"

出席遵义会议的正式代表中，只有博古和凯丰反对毛泽东的讲话，坚决不同意对"左"倾军事路线的批判，坚决反对毛泽东出来领导党和红军。当时只有29岁的凯丰最为狂妄，他当面挖苦毛泽东："你懂得什么马列主义？你顶多是看了些《孙子兵法》。"

毛泽东抬头瞅着不知天高地厚的凯丰，辛辣地反问："请问凯丰同志，《孙子兵法》究竟有几章？"

凯丰不知道《孙子兵法》有几章，无言以答。

会后，凯丰顽固地坚持错误立场，对博古说："对路线错误的批判，我还是接受不了，中央的大印不能就这样交出去！"回到地方工作部，他还气呼呼地对李维汉说："谁正确，谁错误，走着瞧吧！"

鉴于凯丰的错误态度，在会后他被撤销了九军团中央代表的职务。不久，他到了云南扎西，由于他承认了错误，转变了态度，又及时地恢复了这一职务。

博古没有完全彻底地承认自己的错误。但难能可贵的是，他是当时党中央的"总负责"，是遵义会议的主持人，在会议上表现了一定的民主作风，没有滥用职权压制不同意见，表现了共产党人应有的组织纪律性，并愿意遵守少数服从多数的组织原则，遵守会议的决议。

博古在延安整风时，对自己在主持中央时期的错误，有了比较完全彻底的认识。1943年11月13日，他在中央政治局会议上发言说："长征军事计划未在政治局讨论，这是严重的政治错误。长征是搬家，抬轿子，使红军受到很大削弱。当时军事计划是搬家，准备到湘鄂西去。长征过程中毛主席起来反对错误领导，从湘南争论到遵义会议。长征军事计划是全错的，使军队有被消灭的危险，所以能保存下来进行二万五千里长征，因有遵义会议，毛主席挽救了党，挽救了军队。教条宗派统治开始完结，基本上解决了问题，组织上也做了结论。”

到了中共七大时，博古的认识就更进一步了。他在会上作了一个系统解剖王明“左”倾机会主义错误路线的发言，对这条路线的产生、发展和破产的各个阶段的表现及其严重危害做了深刻的分析，对自己在推行这条路线中的错误和责任，及产生这些错误的思想根源等，做了诚恳、坦率、实事求是的自我批评。

遵义会议后，他也顺从地交了“总负责”的“大印”，仍担任中共中央政治局常委、中央军事委员会委员。自1935年2月起，担任红军总政治部代主任。在与张国焘分裂党和红军阴谋的斗争中，博古坚定地站在毛泽东一边，被张国焘列为打倒对象。1936年，他同周恩来、叶剑英作为中共中央代表，参加西安事变谈判，促成了西安事变的和平解决。从1941年起，他在延安主持《解放日报》和新华通讯社，正确生动地宣传了毛泽东思想。1946年2月，博古作为中共代表团的代表，参加重庆谈判，4月8日，在从重庆飞返延安途中，因飞机失事遇难。

遵义会议上真正举足轻重的是周恩来，他这个时候的实权至高无上。召开遵义会议的提议是得到他赞同和批准的，反对开遵义会议的博古是他去说通的，他在会上的副报告扭转了会议的气氛和基调，使“讨论失败”能展开并深入，“改变领导”、推举毛泽东的决议也是他一锤定音的。若整体衡量遵义会议，周恩来应记“头功”。

用李德的话来概括：“果然不出所料，周恩来公开地倒向毛泽东。”周恩来在第三天的会议上作总结发言说：“昨天博古同志的报告，我也认为基本上是不正确的。在国民党军队的第五次‘围剿’中，红军的抵抗力是不能相比的，这是事实。由于党中央在指挥作战上的错误，使得我们接连失败，也是事实。不言而喻，面对优势敌军采取正面阵地战，红军是很难取胜的。我完全同意毛泽东、洛甫、王稼祥、朱德等同志对党中央所犯错误的抨击。因此，作为指挥这场战争的一个负责人，我毫无疑问要承担责任，免去导致失败的指挥员，以获得胜利的指挥员取而代之，这是自然而然的事情。我请求中央撤换我的职务，让过去在战争中用正确的军事原则，巧妙地击退敌人进攻的人来接替。我决心把军事指挥权交还给党，让党来重新安排。泽东同志无疑应该回到野战军的领导岗位上来，我请求中央考虑。只有改变错误的领导，红军才有希望，革命才能成功。”

周恩来所表现出的不计个人恩怨、不为自己开脱过关等光明磊落的胸怀，顿使与会者心胸豁亮，达到一个更高的境界，不再互相挑剔和指责，每个人都意识到自身的价值和献身的意义。

通过伍修权的翻译，李德听到周恩来在报告中指责反“围剿”军事指挥上的错误，似乎还隐隐约约地提到他，虽然没有指名道姓，但周恩来讲的一些事例，李德一听，便知道是指他。于是坐在过道的门边露出一副很不耐烦的样子，但又不好发作，只是一个劲地抽着雪茄来发泄心中的不满。不过，在李德看来，周恩来的态度之所以会这样，在他意料之中，因为从湘南开始的争论到通道会议，他发现周恩来已经开始不与他合作，对他半信半疑，对他的意见不像过去那样忠实，竟与毛泽东、洛甫、王稼祥等人搅到一起，不采纳他的意见。黎平会议后，为野战军的进军方向，他与周恩来还有过一番激烈的争论，他曾经为此而大怒，最后，周恩来还是否定了他的意见，按毛泽东的主张办。黎平大闹之后，他与周恩来的关系逐渐疏远起来，他认为周恩来明显地倒向毛泽东等人一边，这表明周恩来抛开了他，将他孤立起来。一想起这，他感到有点儿沮丧。

李德在会上遭到批评，本来心里就不舒服，在总部吃晚饭毛泽东又谈起关于吃不吃辣椒的事，他认为毛泽东旁敲侧击地讽刺他，更增添了一番烦恼。他走出总司令部，匆忙地拐过两道弯，回到住地。

李德下榻的地方是一个地主的房子，四合院，离大街不远，安静。房屋不算太高，纯是木板装嵌，漆着猪肝色的土漆，顶上盖小青瓦。木板壁上面是由竹片夹的小块墙壁，粉糊石灰，洁白规整。屋前有一个过厅，放置着镂刻得颇为精细的一张桌和八把太师椅。这家地主逃跑时，来不及搬走的一些东西堆在屋子的阁楼上。

李德穿着大皮鞋咚咚咚地穿过过厅，走进卧室，一脸不高兴。

肖月华从李德的脸上观察到丈夫一定是白天的会上挨了批评，心里咯噔了一下，忐忑不安起来。她对李德的喜怒哀乐有一些了解，李德的感情喜欢外露，毫不隐晦，很少有一点中国人传统的含蓄、内向。其实她对李德并无多少好感。在根据地里，因组织的安排，军中的大姐们给她做了许多工作，苦口婆心，她流了多少眼泪，才与李德结为伉俪，可以说完全是组织的决定。可以理解，婚前既无感情的交流，婚后语言又不通，生活习惯与生活方式殊异，这样的结合，哪里有一点爱情可言。加之李德的粗鲁、暴躁，对肖月华缺乏应有的体贴关怀。李德的特务员常常发现，有的早晨，肖月华总红着眼睛从李德的卧室出来，以致有时她不愿到李德那儿去住。这个时候，李德总要叫特务员去叫她。李德发起脾气来，有时将肖月华推出大门，这样的事，特务员们也是看到过的，大家都在暗地里为肖月华鸣不平。

李德在根据地里的所作所为，肖月华不能说压根儿一点不知道。突围西征以来，上上下下对“三人团”的不满情绪，其中很大成分是冲着李德来的。虽然这样，她还得和李德生活在一起。总而言之，一路上，肖月华充满了矛盾与苦恼。

李德没有地方出气，而不愉快的事情又一下全涌上心头。

一会儿，他猛地停下来，大声喝道：“总司令部为什么住那么好的房子？周恩来、朱德、刘伯承为什么住那么好的房子？在中央苏区，我净住独立房子，比谁都住得好，哪个不知道？进了遵义，竟欺侮起我来。”说毕，他从腰里拔出手枪在手里轻轻抛了两下，然后大步跨出房门，站在屋檐下，朝天空“砰砰砰”地鸣起枪来。

肖月华惊住了，上前止住，急问道：“你这是干什么？”

李德转动着一双黄眼，摇头晃脑地说：“向周恩来示威，替我换房子；我马上给他打电话，非给我调换不可。”

肖月华暗自想到，丈夫在白天的会上挨了批

肖月华（1910—1983）

评，不服气，无处发泄，嫌住房不好，借题发挥。

李德收起手枪，别在身上，回到室内，从抽屉里取出一把短短的匕首，打开那牛皮质地的刀鞘，立刻露出一道寒光来。他握住匕首，瞪着眼，似要找人决斗的样子。

肖月华知道，李德比较喜欢这把匕首，因为它锻铸得十分精致，柄上镌刻着一个精美的小小的图案，耐人寻味。这个时候，肖月华总有些胆寒，生怕弄出点问题来，以致当她发现李德又操起匕首，赶快上前劝阻，声音有些温存："华夫，你干什么？刀，给我！"

李德顺从地将匕首递给肖月华，肖月华拾起桌上的刀鞘，将匕首插在里面，装进抽屉里面。但她想不出什么话来宽慰自己的丈夫，心里一阵不好受……

会议后，毛泽东成为军事上的实际指挥者。

遵义会议进入第三个晚上，局面已经完全明朗化了。于是，着手进行最后的议题，即作出四项决定。

这四项决定，并未见诸张闻天起草的会议的决议。直至陈云手稿于1985年公开发表，这四项决定才正式公布：

（一）毛泽东同志选为常委。

（二）指定洛甫同志起草决议，委托常委审查后，发到支部中去讨论。

（三）常委中再进行适当的分工。

（四）取消三人团，仍由最高军事首长朱、周为军事指挥者，而恩来同志是党内委托的对于指挥军事上下最后决心的负责者。

这四项决定，是遵义会议的重要成果。

其中第一条，"毛泽东同志选为常委"，是指毛泽东从中共中央政治局委员，进一步选为政治局常委。当时正处于战争环境，尤其是长征途中政治局委员们分散在各部队之中，不能经常开政治局会议，重大的事务由政治局常委决定。进入常委，意即进入中共领导核心。常委共五人，即原常委博古、周恩来、张闻天、陈云，加上新选的毛泽东。

遵义会议的第四条决定，是以组织决定形式最终取消“三人团”，并宣布剥夺了李德的军事指挥权。

不过，遵义会议结束时，博古仍为中共中央总负责，只是他已很难开展工作了。

遵义会议于1月17日晚刚结束，柏辉章师已逼近遵义城了。趁着红军在遵义休整，蒋介石重新部署了追堵红军计划。红军在1月19日撤出了遵义。

在遵义会议的后期，转入审查黎平会议关于以黔北为中心创造苏区根据地的决议，讨论以后的行动方向问题。刘伯承和聂荣臻建议打过长江去，到川西北去建立根据地。他们认为，贵州人烟稀少，少数民族多，党在贵州毫无工作基础，在贵州建立根据地是相当困难的。而四川是西南首富，人烟稠密，对外交通方便，四川军阀派系林立，长期有排外思想，蒋介石想往四川调兵不易，中央红军又有红四方面军创建的川陕根据地可以接应。会议经过讨论，采纳了刘伯承、聂荣臻的建议，改变了黎平会议以黔北为中心创建根据地的决定。

张闻天做了“开明君主”。

会后张闻天起草的遵义决议，经常委审查修改后，发到全党各支部。决议指出：政治局扩大会认为一切事实证明，我们在军事上的单纯防御路线，是我们不能粉碎敌人第五次“围剿”的主要原因。政治局扩大会认为博古同志特别是华夫同志的领导方式是极端的恶劣，军委的一切工作为华夫同志个人所包办，把军委的集体领导完全取消，惩办主义有了极大的发展，自我批评丝毫没有，对于军事上一切不同意见不但完全忽视，而且采取各种压制的方法，下层指挥员的机断专行与创造性基本被抹杀了。在转变战略战术的名义之下，把过去革命战斗中许多宝贵的经验与教训完全抛弃，并视之为“游击主义”，虽然军委内部大多数同志曾经不止一次提出了正确的意见，而且曾经发生过许多激烈的争论，然而这对于华夫同志与博古同志是徒然的。政治局扩大会特别指出博古同志代表中央领导军委工作，他对于华夫同志在作战指挥上所犯的路线上的错误以及军委内部不正常的现象，不但没有及时地去纠正，而且积极拥护了、助长了这种错误的发展。

博古在遵义会议之后，下台已成定局。

周恩来曾十分清楚地谈及博古“交权”的过程：

“当时博古再继续领导是困难的，再领导没有人服了。本来理所当然归毛主席领导，没有问题。洛甫那个时候提出要变换领导，他说博古不行。我记得很清楚，毛主席把我找去说，洛甫现在要变换领导。我们当时说，当然是毛主席，听毛主席的话。毛主席说，不对，应该让洛甫做一个时期。毛主席硬是让洛甫做一做看，人总要帮嘛。说服了大家，当时就让洛甫做了……”

周恩来谈及博古“交权”的地点：

“我们赶快转到四川、贵州、云南交界地方，有个庄子名字很特别，叫‘鸡鸣三省’，鸡鸣三省都听到。就在那个地方，洛甫才在党内负总责，换下了博古。”

据考证，那个“一鸡长鸣，三省皆闻”的村子，是云南省威信县水田寨乡的一个村子。

博古“交权”的时间是1935年2月5日，即遵义会议结束半个多月。

在博古准备“交权”时，凯丰一再向他说：“不能把中央的权交出去！”

博古没有听他的，还跟凯丰说，“应该服从集体的决定”，这样他把象征掌权的几副装有中央重要文件、记录、印章的挑子交给了张闻天。

这样，博古结束了自1931年9月下旬起的三年零四个月的中共领袖地位，由张闻天接替。从此，张闻天成了中共中央总负责。

中国共产党是共产国际的一个支部。中共更换领导人，需经共产国际批准。毛泽东出自“山沟沟”，从未去过苏联，共产国际缺乏对他的直接了解。张闻天是“二十八个布尔什维克”之一，原是王明、博古的密友，共产国际信得过。

张闻天又具有很好的马列主义理论修养。自从他从“左”倾营垒中杀出来之后，跟毛泽东紧密合作。毛泽东曾说过，“洛甫这个同志是不争权的”，他能团结别的同志一起共事。

此后，张闻天担任中共中央总负责长达八年，与毛泽东一直保持着良好的共事关系。

在中共六届六中全会上，听了王稼祥传达的季米特洛夫的指示："中共党的领袖是毛泽东"，张闻天当即向毛泽东提出，推举毛泽东为中央总书记。

毛泽东没有同意张闻天的意见，仍坚持由张闻天担任中共中央总负责。

不过，此后张闻天便逐渐把总负责的工作，移交给毛泽东。召开政治局会议的地点，也总移往毛泽东住处。他名义上仍是中共中央总负责，实际上只分管宣传、教育工作。

1942年2月1日，毛泽东在延安中央大礼堂作了著名的《整顿党的作风》的演说，从此开始了"延安整风运动"。直到张闻天认为自己"过去没有做实际工作，缺乏实际经验，现在要补课"。他出任"延安农村工作调查团"的团长，带队到晋西北去进行农村调查，在那里工作了一年多。这一年多，他离开了延安，在农村蹲点调查。

1943年3月3日，张闻天接到通知，赶回延安，出席政治局会议。3月20日，中共中央政治局会议通过了《中央机构调整及精简决定》。

决定指出，"政治局推定毛泽东同志为主席"，从而结束了张闻天中共中央总负责的职务。从此，毛泽东正式成为中共最高领袖。

十年后，毛泽东在党的七大期间谈到这次会议时说："遵义会议是一个关键，对中国革命的影响非常之大。但是，大家要知道，如果没有洛甫、王稼祥两位同志从第三次'左'倾路线分化出来，就不可能开好遵义会议。"

遵义会议是一次历史性的会议，是中共党史上的一个分水岭，它结束了"左"倾教条主义错误在中央的统治，确立了毛泽东在中共中央和红军的领导地位。而这些成果，又是在中国共产党同共产国际中断联系的情况下独立自主地取得的，是中国共产党走向成熟的标志。它在党的历史上是一个生死攸关的转折点。

# 雄关漫道“从头越”

1935年1月的遵义会议，确立了毛泽东在红军和党中央的领导地位。从此，红军一改“左”倾领导者在军事指挥上的死板做法，几乎陷于绝境的红军在毛泽东指挥下四渡赤水，活力大增，逐渐改变了被动的地位。

遵义会议期间，蒋介石对红军的围追堵截又作了新的部署，调集40万兵力，企图将中央红军3.5万多人围歼于乌江西北地区，红军周围的局势变得更加严峻了。

在这种情况下，中革军委决定，部队从1月19日开始逐次向北转移，在川黔交界处的赤水、土城地区集中。20日，中革军委下达《渡江作战计划》，决定在宜宾、泸州之间北渡长江，进入川西北，同红四方面军会合，创立新的根据地。

红军分三路在27日全部推进到赤水河以东地区，不料遇到川军郭勋祺的追击。如果不打掉这股尾追敌军，红军将难以北渡长江。因此，毛泽东在向土城镇行军途中，同朱德、周恩来、刘伯承等商议，认为道路两边是山谷地带，如果追兵孤军深入，红军可以在土城以东的青杠坡利

青杠坡战役旧址

用有利地形，集中优势兵力，围歼川军郭勋祺师。

这场战斗是由毛泽东提议而经红军总部决定的，以红三、五军团为作战主力于28日凌晨打响。后来共和国的200多位将军当年参加了战斗。川军遭到重大打击，红军也付出不少代价。经过连续几个小时激战，没有取得较大战果。后来从抓获俘虏的番号中发现，原来的情报有误，敌军不是四个团6000多人，而是六个团1万多人。对川军的战斗力也估计不足，它的增援部队又即将开到，战局逐渐对红军不利。红军立刻由陈赓、宋任穷率领军委纵队干部团上前增援。在朱德亲临前沿阵地指挥下，干部团猛打猛冲，终于打退了川军的进攻，稳住了阵地。毛泽东在山头上看到这种情景，称赞道："陈赓行，可以当军长。"接着，原已北上进攻赤水县城的红一军团赶回参战，把阵地巩固了下来。这就是土城战斗。

当晚，毛泽东提议召集中央政治局几个领导人开会。会议根据各路国民党军队正奔集而来进行围堵的新情况，判明原定在这里北渡长江的计划已不能实现，决定迅速撤出战斗，渡赤水河西进。这次战斗打得并不好。博古那时曾说：看起来，狭隘经验论者指挥也不成。

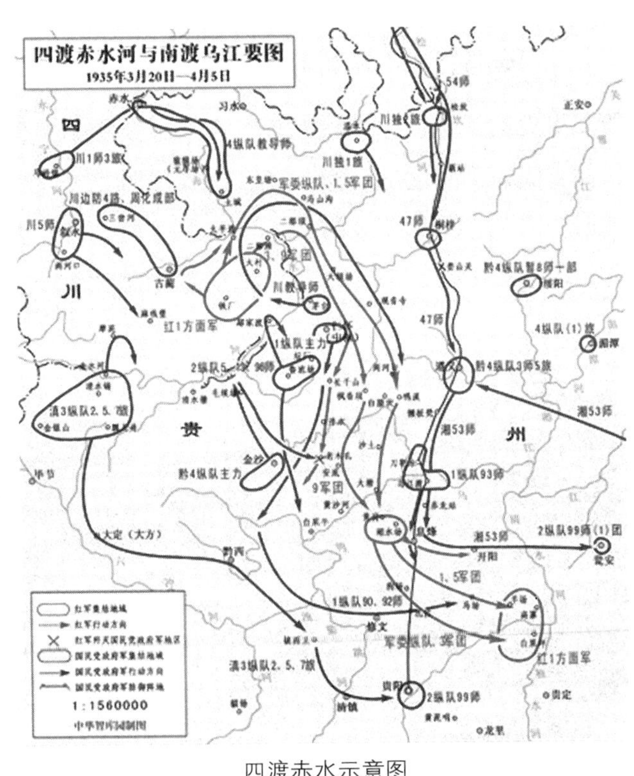

四渡赤水示意图

中革军委根据会议决定，于1月29日3时发布中央红军《一渡赤水河的行动部署》。中央红军除少数部队阻击敌军外，主力分三路纵队渡赤水，进入川南古蔺、叙永地区。这时川军潘文华部36个团已部署在长江南岸的赤水、古蔺、叙永一带，防止红军从这里北渡长江。毛泽东和军委领导人认为，在这种情况下，不应恋战，立刻指挥各军团避实就虚，摆脱川军，进入云南省威信县扎西地区。

2月8日，毛泽东随中央军委纵队进驻扎西镇，出席在这里举行的中央政治局扩大会议。毛泽东在会上总结了土城战斗失利的三条教训："敌情没有摸准，原来以为四个团，实际是六个团，而且还有后续部队；轻敌，对刘湘的模范师的战斗力估计太低了；分散了兵力，不该让一军团北上。我们要吸取这一仗的教训。"他提出回师东进、再渡赤水，重占遵义的主张。其理由是：应该利用敌人错觉，寻找有利战机，集中优势兵力，发扬红军运动战的特长，主动地消灭敌人。为此必须整编部队，实行轻装，精简机构，充实连队。

当川军潘文华部和滇军孙渡部从南北两个方向进逼扎西时，中央红军突然掉头东进，再渡赤水河。中央发布《告全体红军指战员书》，指出：为了有把握求得胜利，"红军必须经常地转移作战地区，有时向东，有时向西，有时走大路，有时走小路，有时走老路，有时走新路，而唯一的目的是为了在有利条件下求得作战的胜利。"

2月21日，中革军委发布了《二渡赤水河的行动计划》。中央红军在2月20日前后第二次渡过赤水河，神速东返，矛头直指敌军中的薄弱部分——黔军王家烈部，使战役态势迅速向有利于我而不利于敌的方向转化。

中央红军重返黔北，又出乎蒋介石的意料。蒋介石急令黔军确保遵义，又令薛岳增援黔军。这样，在遵义的激战便难以避免。

中央红军重返黔北以后，毛泽东决心打一次大仗。根据敌情变化，他果断地决定：以红五军团的三十七团在官渡河、良村、双龙场一带阻止四川追敌；以红一、三军团及干部团夺取桐梓、娄山关，重占遵义。

红三十七团巧施妙计，声东击西，逐步把川军三个旅九个团引向温水方向，达六天。

在红三十七团北线阻敌的同时，红一、三军团与干部团胜利地进行了遵义战役。

娄山关战役旧址

娄山关亦称太平关，位于遵义、桐梓两县交界处，是川黔交通要道上的重要关口。关名的来历，源于古代对娄山山脉的称谓。它是大娄山脉的主峰，海拔1576米，南距遵义市50公里，在遵义、桐梓两县的交界处，北距巴蜀，南扼黔桂，为黔北咽喉，兵家必争之地，古称天险。关上千峰万仞，重崖叠峰，峭壁绝立，若斧似戟，直刺苍穹，川黔公路盘旋而过。据《明史纪事本末》载，万历年间，总兵刘键与播州土司杨应龙曾激战于此。人称黔北第一险要，素有“一夫当关，万夫莫开”之说。

红军二渡赤水后，沿盘山道猛烈攻击，于2月25日攻克娄山关。随后，红军在点灯山一带的山梁上与敌激烈拼杀，经过反复争夺，终于占领点灯山高地，牢牢控制了关口。这时已近黄昏，红军在夕阳映照下，疾速通过娄山关。2月26日击溃了向娄山关反扑之敌，2月27日在遵义以北粉碎敌三个团的阻击。28日红军乘胜追击再取遵义。这次战役是遵义会议后的第一个大胜利，也是长征途中的最重大的战略转折。

这次战役，先后击溃和歼灭国民党军队两个师又八个团，俘敌约3000人；取得了长征以来最大的一次胜利。

毛泽东闻报极为高兴，就在我中央红军全部攻占娄山关不久，便一口气登上娄山关。这时，天空突然露出了笑脸，他远眺，如血残阳映照着巍峨的群山，俯瞰依然飘着硝烟的战场，不由浮想联翩，心潮澎湃，诗兴大发，胸中酝酿出一首名词《忆秦娥・娄山关》：

西风烈，
长空雁叫霜晨月。
霜晨月，
马蹄声碎，
喇叭声咽。
雄关漫道真如铁，
而今迈步从头越。
从头越，
苍山如海，
残阳如血。

这首词一扫自1934年10月长征开始以来如乌云一般压在红军心头的沉闷情绪，重新振奋和唤起红军的战斗豪情。此时的毛泽东完全有理由舒展一下紧绷的思绪，倾诉一下内心的远大抱负。

遵义会议以来一个多月，红军一反以前的情况，迂回曲折，穿插于敌人之间，仿佛注入了新的生命。敌人如坠入云里雾里，摸不清我军行动方向。我军处处主动，生龙活虎，进退自如；敌人扑朔迷离，处处被动，疲于奔命。

中央红军二渡赤水和遵义大捷，是蒋介石布置川、黔、滇围攻中最大的一次失败。他哀叹：这是“国军追击以来的奇耻大辱”。接着，当蒋介石重新调整部署，指挥军队向遵义一带合围，中央红军又由遵义向西开进。

这时，由于红军的行动忽东忽西，飘忽不定，迂回曲折，穿插于国民党重兵之间，使蒋介石无法摸清红军的战略意图，只得分散兵力，四面防守。为了进一步迷惑对方，调动国民党军队西移，红军在3月16日下午至17日中午分别从茅台附近三个渡口第三次渡过赤水河，向西进入川南古蔺地区，并派一个团伪装主力继续向西北挺进，主力却在附近山沟丛林里隐蔽集结。

蒋介石得到飞机侦察的情报，果然误以为红军又要北渡长江，急忙调集各军迅速奔集川南古蔺地区。20日，蒋介石还得意地声称："剿匪成功，在此一举。"

在达到调动国民党各路军队大举西向的目的后，红军决定立刻掉头再次东渡赤水河，返回贵州。20日下午，党中央和总政治部向各军团发出指示："这次东渡，事前不得下达，以保秘密。"

这时，贵州境内的国民党兵力已十分空虚。红军主力在3月21日晚至22日晨神速地第四次渡过赤水河。"四渡赤水"，充分显示出中央红军在遵义会议后好像忽然获得了新的生命和活力，行动完全出乎蒋介石的意料之外。渡河后，红军随即挥师南下，大踏步越过遵义仁怀大道。3月20日南渡乌江，跳出国民党军队的合围圈。中央红军在毛泽东的精心指挥下，成功地跳出了国民党军队的包围圈，将前锋直指贵阳。当时担任红军总参谋长的刘伯承回忆道：

"这时候，蒋介石正亲自在贵阳督战，慌忙调云南军阀部队来'保驾'，又令薛岳和湖南部队东往余庆、石阡等地布防，防止我军东进与二、六军团会师。在部署这次行动时，毛主席就曾说：'只要能将滇军调出来，就是胜利。'果然，敌人完全按照毛主席的指挥行动了。于是，我军以一军团包围贵阳东南的龙里城，虚张声势，迷惑敌人。其余主力穿过湘黔公路，直插云南，与驰援贵阳的滇军背道而行。这次，毛主席又成功地运用了声东击西的灵活战术，'示形'于贵阳之东，造成敌人的过失，我军得以争取时机突然西去。

"一过公路，甩开了敌人，部队就像插上了翅膀，放开大步，一天就走120里。途中，连克定番（今惠水县）、广顺、兴义等县城，并渡过了北盘江。4月下旬，我军分三路进军云南：一路就是留在乌江北牵制敌人的别动支队九军团，他们打败了敌人五个团的围追，入滇时，占领宣威，后来经过会泽，渡金沙江；另两路是红军主力，攻克雷益、马龙、寻甸、嵩明等地，直逼昆明。这时，滇军主力全部东调，云南后方空虚，我军入滇，吓得龙云胆战心惊，忙将各地民团集中昆明守城，我军却虚晃一枪，即向西北方向金沙江边挺进。"

四渡赤水是两军最高统帅毛泽东、蒋介石在军事指挥能力上的一次最直接的较量，毛、蒋其战略思维的优劣，将直接体现在对战争全局的把握上，美国作家哈里森在所著的《长征——前所未闻的故事》中写道：

长征是独一无二的，长征是无与伦比的。而四渡赤水又是“长征史上最光彩神奇的篇章”。

1960年，英国陆军元帅蒙哥马利在访问中国时，盛赞毛泽东指挥的辽沈、淮海、平津三大战役，可以与世界历史上任何伟大的战役相媲美。毛泽东却说：“四渡赤水才是我的得意之笔。”

进入云南后，红军的主要任务是：抓紧“滇军主力全部东调，云南后方空虚”的机会，以最快的速度抢渡天险金沙江，把一直紧紧围追堵截的国民党军队远远抛在后面。

红军进入云南东部平原后，出现一个很大的困难：由于没有地图，对云南的地形道路很陌生，靠一份全省略图，地点路线都很不准确。全军都不知道金沙江渡口的位置在哪里，仅靠询问向导探索前进。用这种侦察方法，至多只能查明两三天的行程，往往要走不少弯路。4月28日，先遣分队在通往昆明的公路上，截获一辆汽车，车上有龙云送给薛岳的云南省十万分之一的地图，毛泽东知道后十分高兴。他说：我们正为没有云南详图而犯愁的时候，敌人就送上门来了，真是解了燃眉之急。从一定意义上说，这一战绩比在战场上缴获的武器还重要，可谓巧获呀！

毛泽东指挥红军渡金沙江时住的山洞

当晚，毛泽东同中共中央、中革军委

负责人立刻开会，研究抢渡金沙江的行动部署。他说：遵义会议后，我军大胆穿插，机动作战，把蒋介石的尾追部队甩在侧后，获得了北渡金沙江的有利时机。云南境内的地形条件不像湖南、贵州有良好的山区可以利用，我军不宜在昆明东北平川地带同敌人进行大的战斗。我军应该趁沿江敌军空虚，尾追国民党军距我们还有三四天行程，迅速争取渡金沙江的先机。

中革军委一面派先锋团直逼昆明，迫使云南当局调兵固守昆明，削弱金沙江的防务，一面率主力迅速北上到金沙江南岸，准备过江。

金沙江，是长江的上游，两岸崇山峻岭，水流湍急，吼声如雷，素称天险。毛泽东和中革军委决定：在洪门渡、龙街渡、皎平渡三个渡口抢渡金沙江，毛泽东等随中央纵队从皎平渡渡江。从5月3日至9日，中央红军主力全部渡过金沙江。国民党追击兵在薛岳率领下赶到金沙江边时，已在红军过江后的第七天，船只已经烧毁，只能隔江兴叹。

红军渡过金沙江，四渡赤水战役也就结束了。自遵义会议以来，中央红军以3万多人的劣势兵力，同数十万敌军巧妙周旋，反复较量。红军迂回曲折，大步进退，穿插于敌人重兵之间，驰骋于川、滇、黔边境广大地区，迷惑敌人，调动敌人，困疲敌人，歼灭敌人；四渡赤水，威逼贵阳，乘虚入滇，巧渡金沙，真真假假，假假真真，出敌不意，出奇制胜，从而打破了敌人的重兵围堵，扭转了红军被动挨打的局面。

1935年12月召开的会理会议是长征中一次重要的会议，它统一了中央红军的战略思想，进一步巩固了“遵义会议”的成果，是“遵义会议”精神的延续。

遵义会议后，使红军由被动变为主动，甩掉数十万敌军的重围，顺利地渡过金沙江，到达四川会理地区。由于部队连续作战，非常疲劳，而且有些战斗也没有打好，这就引起基层出现某些怨言。

本来教条主义与宗派主义者对毛泽东在遵义会议后指挥红军机动作战就不服气，散布毛泽东指挥不行了，要求撤换领导。林彪便是较为突出的一个。他一直埋怨说，我们尽走“弓背路”，要求走“弓弦”，走捷径。甚至说：“这样会把部队拖垮的，像这样领导指挥还行！？”

红军在会理休整期间，林彪给彭德怀打电话，煽动彭德怀说：“现在的领导不成了，你出来指挥吧。再这样下去，就要失败。我们服从你领导。你下命令，我们跟你走。”林彪的要求遭到彭德怀的回绝，也受到聂荣臻的严肃批评。聂荣臻批评林彪说：“你是什么地位？你怎么可以指定总司令，撤换统帅？我们的军队是党的军队，不是个人的军队。谁要造反，办不到！”林彪不听，又给中央三人小组写信要毛泽东、朱德、周恩来随军主持大计，请彭德怀任前敌指挥，迅速北进与四方面军会合。林彪还要求聂荣臻在信上签名，被聂严词拒绝了。聂荣臻对他说：“革命到了这样紧急关头，你不要毛主席领导，谁来领导？你刚参加了遵义会议，你现在又来反对遵义会议，你这个态度是不对的。”

1935年5月12日，中共政治局在四川省凉山州会理县城郊铁厂举行扩大会议。张闻天主持会议。参加会议的有：朱德、周恩来、张闻天、林彪、聂荣臻、彭德怀、杨尚昆、毛泽东等。张闻天在会上作了有关形势的报告，并作了自我批评。毛泽东总结了红军四渡赤水抢渡金沙江的胜利，阐明了运动战略正确思想。对林彪的所谓“走了弓背”的意见和他给中央三人小组要彭德怀任前敌指挥的信作了批评。毛泽东说：“你是个娃娃，你懂得什么！？”彭德怀也批评林彪说：“遵义会议才改变领导，这时又提出改变前敌指挥是不妥当的；特别提出我，则更不适当。”

新党员在会理会议纪念广场宣誓

会议总结了遵义会议以来在川滇黔边实行大规模运动战的经验，讨论了渡江后的行动计划，决定立即北进，抢渡大渡河，向红四方面军靠拢。

会议统一了认识，维护了党和红军的团结，巩固了毛泽东在党和红军的领导地位，坚持了正确的军事路线。

1935年5月上旬，中央红军从云南省皎平渡巧渡金沙江后，沿会理至西昌大道继续北上，准备渡过大渡河进入川西地区。

大渡河红军纪念雕像

5月24日晚，中央红军先头部队第一师第一团，经80多公里的急行军赶到大渡河右岸的安顺场。突然发起攻击，占领了安顺场，并在渡口附近找到一只木船。安顺场一带大渡河宽100多米，水流湍急，高山耸立。情况对红军十分不利。

25日晨，红一团开始强渡大渡河。刘伯承、聂荣臻亲临前沿阵地指挥。红一团第一营营长孙继先从第二连挑选17名勇士组成渡河突击队。7时，强渡开始，岸上轻重武器同时开火，掩护突击队渡河。炮手赵章成两发迫击炮弹命中对岸碉堡。

突击队分成两批，熊尚林带领第一批八人先渡河，孙继先带领第二批八人再渡河。18名勇士冒着川军的密集枪弹和炮火，在激流中前进。快接近对岸时，川军向渡口反冲击，杨得志命令再打两炮，正中川军。18名勇士战胜了惊涛骇浪，冲过了敌人的重重火网，终于登上了对岸，击退了川军的反扑，控制了渡口。随后，红一军团第一师和干部团由此渡过了被国民党军视为不可逾越的天险大渡河。

由于安顺场的船只稀少，无法为大部队提供渡河，因此，5月26日上午，毛泽东、周恩来、朱德等人决定：夺取泸定桥。并由王开湘、杨成武所率领的红二师第四团作为前锋，去完成这个任务。

5月28日，红四团昼夜兼程，忍受苦难与敌小股部队的骚扰，以非凡的毅力一天一夜行进240里山路，成功地在29日清晨发动对泸定桥川军守军的攻击。

泸定桥离水面有好几丈高，是由13根铁链组成的：两边各有两根，算是桥栏；底下并排九根，铺上木板，就是桥面。人走在桥上摇摇晃晃，就像荡秋千似的。现在连木板也被敌人抽掉了，只剩下铁链。向桥下一看，真叫人心惊胆战，红褐色的河水像瀑布一样，从上游的山峡里直泻下来，撞击在岩石上，溅起一丈多高的浪花，涛声震耳欲聋。桥对岸的泸定城背靠着山，西门正对着桥头。守城的两个团的敌人早已在城墙和山坡上筑好工事，凭着天险，疯狂地向红军喊叫：“来吧，看你们飞过来吧！”

红四团发起总攻后，团长和政委亲自站在桥头上指挥战斗。号手们吹起冲锋号，所有武器一齐开火，枪炮声，喊杀声，霎时间震动山谷。二连担任突击队，22位英雄拿着短枪，背着马刀，带着手榴弹，冒着敌人密集的枪弹，攀着铁链向对岸冲去。跟在他们后面的是三连，战士们除了武器，每人带一块木板，一边前进一边铺桥。

突击队刚刚冲到对岸，敌人就放起火来，桥头立刻被大火包围了。在这千钧一发的时刻，传来了团长和政委的喊声：“同志们！为了党的事业，为了最后的胜利，冲呀！”英雄们听到党的号召，更加奋不顾身，都箭一般地穿过熊熊大

油画：《飞夺泸定桥》

火，冲进城去，和城里的敌人展开了激烈的搏斗。激战了两个小时，守城的敌人被消灭了大半，其余的都狼狈地逃跑了。

几天后，毛泽东和红军主力安然走过了泸定桥。

中央红军飞越大渡河后，战略目标是北进，与红四方面军会合，在川陕甘建立革命根据地。中革军委于6月2日决定兵分三路迅速夺取天全、芦山等地，实现向红四方面军会合。

6月8日，中央红军一举突破了敌人芦山、天全、宝兴防线，歼敌一部。在天全、芦山，红一军团接到中央和军委的指示，要他们迅速北上，去与红四方面军会合，要完成这个战略任务，关键在于翻越夹金山，夺取懋功（今四川省阿坝藏族羌族自治州小金县）。

红一军团决定由二师师长陈光率四团带电台先走，限他们6月12日越过夹金山赶到懋功。二师政委刘亚楼率五团在四团后面跟进。林彪、聂荣臻率军团部和一师还有红三军团四师，在五团之后跟进。四团担任前卫，从宝兴开往大跷碛，做翻越夹金山的准备。

夹金山，是中央红军长征中跨越的第一座大雪山，海拔4000多米，终年积雪，空气稀薄，没有道路，没有人烟，气候变幻无常，时阴时晴，时雨时雪，忽而冰雹骤降，忽而狂风大作，有“神山”之称。来自南方衣着单薄的红军指战员，要越过这人迹罕至、禽兽无踪的雪山之巅，困难是可以想见的。

当地居民大都是几代祖居在这里，但没有上过雪山。他们听说红军要上山，都好心劝红军不要冒险，特别是看到部队身穿单衣，说是不累死、饿死，也得冻死。如果一定要上雪山，必须在上午9时以后，下午3时以前，而且要多穿衣服，带上烈酒、辣椒，好御寒、壮气，最好手里再拄根拐棍。

6月12日清晨，部队进行翻雪山的动员。“征服夹金山，创造行军奇迹”的口号声在山前震荡。9时许，部队沿着河边小路出发了。到达夹金山下，脚下的路冻得梆硬，木棍着地发出“咔咔”的响声。

二营是前卫营，六连是前卫连。六连的同志手执木棍，在雪中探路。他们用刺刀、铁铲在雪上挖着踏脚孔，后面的同志沿着前面闯出来的蜿蜒曲折的小路往上爬。队伍越拉越长，宣传队站在队伍旁，前呼后应。喊声、歌声、说话声、马嘶声，震荡着白雪皑皑的山谷。

红军过雪山

刚上山，路还好走。但越往上走，路就越窄越陡，空气也越来越稀薄，雪也越来越深，气温也骤然下降。天空虽有太阳，但也没有多少暖和气。阳光映着白雪，反光刺得人睁不开眼。往上攀登，每走一步，都要花很大力气。有的不小心滑倒了，旁边的同志立即把他扶起来。有的不慎掉进几米深的雪窝里，就有成群的人借助木棍、绑腿救人，拽的拽，拉的拉。被救的人爬上来拍去身上的雪，继续前进。

越往上攀登，速度越慢。歌声也渐渐小了。筋疲力尽的政治工作人员，只能用手势鼓动大家继续前进。

可是，这时才走了10公里，前面还有30多公里的山路。为了提高战士们的登山情绪，杨成武政委亲自参加行军鼓动。

路越来越陡，小道几乎笔立起来了。弯弯曲曲的小路，虽然经过前卫的一番修补，但是，骡马行走，还是十分困难。这时，偏偏刮起寒风，顷刻间，乌云遮天。山峰上常年积雪，瞬息变作腐朽疏松的土墙，一堆堆，一块块往下倾斜、倒塌。雪流翻卷，一泻千丈，撞到路边坚硬的冰山上，又溅起无数冰团、雪屑，直打在红军指战员的脸上、手上，像刀割一样。大家只能用手捂住脸，忍着痛，冒着暴风雪，一人紧跟着一人行进。

越往上爬，空气越稀薄，呼吸越困难。有的同志头晕目眩，一步一停，一步一喘。大家互相搀扶着，挤着全身力气，同无情的大自然搏斗。

刚到山顶，突然下起一阵冰雹，核桃般大小的雹子劈头盖脸地打下来，人们只有用手捂住脑袋继续前进。冰雹过后，既是万里晴空，又感到阳光耀眼。

经过拼死搏斗，前卫四团终于安全翻越夹金山，与四方面军胜利会师。随后，其他部队也陆续翻过大雪山，但也有不少红军战士永远留在了雪山上。

开国领袖毛泽东

# 十 『为共产党争兵权』

在长征途中，对于张国焘阴谋分裂红军的行径，毛泽东坚持『北上抗日』的战略，耐心做红四方面军指战员的工作，在谋略上机动灵活，在危险时刻毅然带中央红军北上，用实际行动反对了张国焘『南下』的错误战略。

# 懋功会师

1935年6月，中央红军与红四方面军在四川懋功实现了第一次会师。

红四方面军原在的鄂豫皖苏区，是仅次于中央苏区的第二大根据地。它位于湖北、河南、安徽三省交界处，由鄂豫边、豫东南和皖西苏区发展而成。

红四方面军于1931年11月7日在湖北黄安（中华人民共和国成立后改名红安）县七里坪成立，很快发展至3万人。国民党反动集团在“围剿”中央苏区同时，也派重兵对鄂豫皖苏区进行“围剿”。红四方面军在未能粉碎国民党军第四次“围剿”后，撤离转移，一路征战，过铁道，涉汉江，翻秦岭，越巴山，于1932年底由陕南进抵川北的通（江）、南（江）、巴（中）、达（县）地区，趁四川军阀开战，这里兵力空虚之机，创建了川陕苏区。四川军阀结束混战后，向川陕苏区“围剿”。红四方面军在1933年上半年粉碎了敌军的三路围攻，继而开展扩大根据地斗争，至10月，根据地扩大为4.2万平方公里。红军部队由入川时的1.4万人扩大到8万余人，建制由四个师发展到五个军15个师。最高领导机关为西北革命军事委员会，主席张国焘，副主席陈昌浩、徐向前。红四方面军总指挥为徐向前，总政委是陈昌浩。

从1933年10月至1934年9月中旬，川军集结起来对根据地发动六路围攻。红四方面军经过10个多月艰苦作战，毙伤俘敌军8万余人，缴获大量武器。但是，国民党政府不甘心失败，又组织“川陕会剿”。这时，中央与红四方面军取得联络，通报了遵义会议情况，要求派一个师南进，接应中央红军北上。根据这一情况，红四方面军决定集中主力西渡嘉陵江，实际上开始了漫漫的长征路。

李先念受命率部迎接中央红军的先头部队。他是从红安县走出来的优秀指挥员。于1909年6月23日出生于湖北黄安（今红安）李家大屋。9岁读私塾，12岁学木工。1926年10月参加农民运动，任乡农民协会执行委员，红安县工农民主政府主席。1927年11月率本乡农民参加黄麻起义，12月刚满18岁，就加入了中国共产党。1931年后，他历任中国工农红军第四方面军团政委、师政委等职。1933年5月在反“三路围攻”中的空山坝战斗中，率所部切断国民党军退路，为方面军夺取反围攻的胜利起了重要作用。7月任红三十军政治委员。10月在宣达战役中，率该军一部，奇袭达县城，歼灭守敌，缴获大批军用物资。1934年8月，方面军反“六路围攻”作战转入反攻时，他坚决支持和执行徐向前大纵深迂回的正确决断，同兄弟部队一起在黄木垭（猫垭）地区围歼国民党军1.4万余人。同年被选为中华苏维埃共和国中央执行委员。1935年3月，指挥所部参加强渡嘉陵江战役后，随方面军主力长征。

1935年6月8日，李先念率部占领了懋功，6月9日占领了达维，所部成为两军会师的前锋。

1935年6月12日下午，红一方面军一军团二师四团在团长王开湘、政委杨成武带领下胜利翻越夹金山，来到与达维古镇遥相对应的半山坡上，与正在执行任务的红四方面军二十五师七十四团的一部意外相逢，胜利实现会师。

两军会合后，一、四方面军领导人尚未见面，遂确定张国焘来两河口参加中央会议时，举行隆重的欢迎仪式。

为了表示对张国焘的热烈欢迎，中央调来了工兵连，伐木斩荆，掘石挖土。在梦笔山和虹桥山的下面，清出了百米见方的一块平地，上首是就自然土石切削而成的一个主席台；右侧凸出的一块，是司号员集中吹奏的乐坛；左侧是一条醒目的大标语：“欢迎红四方面军同志！”标语是一条十儿米长鲜艳的红绸子，两端固定在木桩上，结结实实地插入地面；其他花花绿绿的标语牌插在花草和树木丛中。临时架设的电话线，爬向虹桥山方向五里处，党中央还派出了守机员，以及时通报客人到来的消息。

6月25日上午9点钟，五位政治局委员张闻天、周恩来、毛泽东、朱德、博古，总参谋长刘伯承，政治保卫局局长邓发在一大群中央机关干部的陪同下来到了会场。有组织的一、四方面军部队的代表，排列整齐，精神饱满，高唱《两大主力会师歌》，歌声间隙，夹杂着口号声。

一会儿，在会场东面山脚的林隙中，隐约地露出几个马头，渐渐走近了，约有30骑，马“嘚嘚”地小跑着，不快不慢。快到会场时，为首者下马，早有警卫员接过缰绳。他身着蓝色粗呢制服，面色红润，高视阔步，兴奋地走向迎上来的人群，这便是张国焘。

赶来欢迎的五位政治局委员，按照预先的安排，由中革军委主席、红军总司令兼红一方面军总司令朱德挂头牌。他面目黧黑，军服破旧，带着长征万里的风尘，不卑不亢地热情迎上去和张国焘握手，军号演奏欢迎乐曲，口号声和鼓掌声使热烈的气氛达到高潮。

沸腾的人群肃静下来了。朱德登台致欢迎词：

“同志们！……两大主力红军的会合，欢迎快乐的不只是我们自己，全中国的人民，全世界的被压迫者，都在那里庆祝欢呼！这是全中国抗日革命的胜利，是党的列宁战略的胜利！”

然后是张国焘上台讲话：

“同志们！……这里有八年前我们在一起斗争过的同志（指南昌起义的领导者周恩来、朱德、刘伯承），更多的是从未见过面的同志。多年来我们虽是分隔在几个地方斗争奋斗，但都是存着一个目标——为着中国人民的解放，为着党的策略路线的胜利……这里有着广大的弱小民族（藏、回）、有着优越的地势，我们具有创造川、康、新大局面的更好条件。

“红军万岁！

“朱总司令万岁！

“共产党万岁！”

这个讲演词的摘要是当时的真实记录，张国焘确实喊了一句“朱总司令万岁”。

张国焘的讲演词在毛泽东心里引起了很大的不快。关于下一步的战略行动方向，几番函电交换意见，看来张国焘是坚持不让步，在讲演词中重申他的主张“创造川、康、新大局面”。

但毛泽东面带微笑、沉着稳重地和张国焘握了握手。毛泽东和张国焘彼此失去信息是在大革命失败后。在一片白色恐怖中，毛泽东去了中国农民中间，张国焘则去了遥远的莫斯科。两年后，张国焘回国即被中央派往鄂豫皖根据地，那时毛泽东正率领着一支红色武装转战于井冈山的密林之中。

从中共建立早期的状况看，张国焘的影响力远比毛泽东、周恩来等人要大。在中共一大时，毛泽东也是代表之一，但毛泽东当时并没有发言，谈不上什么影响力。而周恩来在欧洲先参加德共，后来转而成为赵世炎领导的旅欧支部成员，对中共一大也说不上影响。刘少奇当时正是留俄学生，更说不上对中共一大的影响了。张国焘是中共一大、二大的中央委员，毛泽东、周恩来、刘少奇等，都是中共三大后才当上中央委员的。因此，在1935年红四方面军与红一方面军在四川懋功地区会师之前，毛、张两人的交往并不多。

# 张国焘野心膨胀

欢迎会后的傍晚，在喇嘛庙里举行了欢迎酒宴。毛泽东、张闻天、朱德、周恩来、博古和刘伯承等都出席了宴会。依旧先是相互的敬酒词，然后是随意地闲聊说笑，都有意回避着之前在来往电报中针对今后军事方针的不同意见。当然，不免要提到双方现有的兵力，周恩来说中央红军有3万人，而张国焘说红四方面军有10万部队——“周的夸张程度比张的要大得多。”美国记者索尔兹伯里说，“双方都保守秘密，都不坦率和公开”。——届时，中央红军的实际兵力在2万人左右，而红四方面军约有8万人。

短暂的兴奋和亲热没有维持太久，张国焘的眼光很快便由热情转为阴郁，眉头皱了起来，所看到的一切都令他失望和不快。在他看来，中央领导人一个个都缺乏应有的模样，中央红军战士，也是个个面有菜色，衣衫褴褛，有的还衣不蔽体，大炮没有见到，枪支也不整齐，就像四处逃荒的人聚到一起。

在接下来的两天里，张国焘分别找了他认为重要的人进行了谈话。在张国焘的眼里，博古说话直率但是“历练不足”。但博古却很认真地批评了红四方面军中存在的某种“军阀作风”，同时也对张国焘在谈话中称兄道弟的作风表示了反感。张国焘又请聂荣臻和彭德怀吃饭。吃饭的时候张国焘显得十分热情，而且表示要从红四方面军中拨出两个团给红一方面军。饭吃完了，聂荣臻问彭德怀：“为什么请我们吃饭？”彭德怀说：“拨兵给你你还不要？”接着，张国焘就派黄超给彭德怀送去了几斤牛肉干和一些大米，这让彭德怀顿时警惕起来。多年后，彭德怀写道：“黄住下就问会理会议情形。我说，仗没打好，有点‘右’倾情绪，这也没什么。他们为什么知道会理会议？是不是中央同他们谈的呢？如果是中央谈的，又问我干什么？他又说，张主席很知道你。我说，以前没有见过面。他又说到当前的战略方针，什么'欲北伐必先南征'。我说，那是孔明巩固蜀国的后方。他又说，西北马家骑兵如何厉害。"

彭德怀知黄来意非善，是来当说客的。后来，红四方面军政委陈昌浩又专门找到聂荣臻谈话，问到关于遵义会议和会理会议时，聂荣臻毫不犹豫地表示："遵义会议我已经有了态度，会理会议我也有了态度。这两个会议我都赞成都拥护。"

张国焘在抚边停留三天，忙着与各种人谈话；毛泽东则忙着部署即将开始的松潘战役。

两个方面军会合之后的10万兵马，在夹金山北麓耽搁了太久之后，终于从不同的方向和地点开始向北移动了。

为了统一战略思想，党中央政治局于6月26日在懋功以北的两河口举行会议。参加会议的政治局委员和候补委员有：毛泽东、朱德、周恩来、张闻天、张国焘、王稼祥、博古、刘少奇、凯丰、邓发，以及刘伯承、彭德怀、林彪、聂荣臻、林伯渠、李富春等16人。

周恩来代表中央和中央军委首先在会上作关于目前战略方针问题的报告，着重阐述了三个问题：

关于目前战略方针，中央决定在川陕甘建立新根据地，而且必须迅速前进；关于目前行动方针，中央认为要实现建立川陕甘革命根据地的战略方针；关于战略指挥，应集中统一，集中于军委。

在讨论周恩来的报告时，张国焘首先发言，他虽然勉强地接受了中央政治局决定的北上在甘肃南部建立根据地的战略方针，但对中央这一战略方针仍持半信半疑的态度。说什么，如向南打成都是不成问题的，发展条件是甘南对我有利，但由于胡宗南部有20个团兵力牵制我们，我们去甘南还是立足不稳的。这充分暴露了张国焘害怕胡宗南，因而主张向川康边方向发展的右倾思想。

彭德怀、林彪、博古、毛泽东、王稼祥、邓发、朱德、刘伯承、聂荣臻、凯丰、刘少奇、张闻天等一致同意周恩来报告中提出建立川陕甘根据地的战略方针，认为应首先迅速攻打松潘，进占甘南，消灭敌人有生力量，建立革命根据地。

两河口会议会址

对张国焘的南下计划，政治局的同志们都一致表示反对。有一次，毛泽东说："博古在会上批评张国焘，说了一句很深刻的话，他说，你那个进攻西康的计划是行不通的，那里是少数民族地区，人少粮少，红军不但无法在那里立定脚跟，而且没有退路，国民党军队来了，很容易把我们封锁住，这就成了瓮中捉鳖了。"

6月28日，中央政治局作出了《关于一、四方面军会合后战略方针的决定》。明确指出：我们的战略方针是集中主力向北进攻。首先取得甘肃南部，以创造川陕甘苏区根据地。为了实现这一战略方针，在战役上必须首先集中主力消灭与打击胡宗南军，夺取松潘与控制铁路以北地区，使主力能够胜利地向甘南前进。

中央军委于29日制订了《松潘战役计划》，将一、四方面军分左、中、右三路开进，左路以林彪为司令员，聂荣臻为政委；中路以徐向前为司令员兼政委；右路以陈昌浩为司令员兼政委。这是一、四方面军会合后第一次共同作战。

7月上旬，左路军之一军团从懋功北上，翻越几座大雪山，经芦花到达松潘附近的毛儿盖地区。由于四方面军统辖的中、右两路行动迟缓，中央军委决定一军团改入中路，作为攻打松潘的先头部队。

张国焘有很强的领袖欲。两河口会议后，张国焘的心境与一、四两个方面军这两支红军主力会合前完全不同了。随着红四方面军与中央红军频繁的电报联络，这些电报最终使张国焘了解到中央红军遭受了巨大损失，部队从长征出发时的近10万人只剩下了不足3万人。

这个判断一旦清晰，作为中国共产党的创始人之一，党内一个老资格共产党人，在两支红军主力部队即将会合之时，张国焘也许意识到，中共中央领导层的重新“洗牌”已成可能。

张国焘不断造谣生事，蒙蔽事实真相，进行频繁的篡权活动。徐向前在回忆录中谈道：“有些话很难听。张国焘对下面散布：‘中央政治路线有问题’‘中央红军的损失应由中央负责’‘军事指挥不统一’。据说还派人找一方面军的同志了解了会理会议、遵义会议的情况等，实际上是进行反中央的活动。”在他的挑唆和诽谤影响下，加之一方面军某些人的搅和，四方面军的一些干部对中央和一方面军也由亲近到疏远，由欢迎到不满，议论纷纷起来。

张国焘之所以对遵义会议和会理会议格外关注，是因为这两个会议都涉及了党的最高领导人和红军的最高指挥权问题。

此时，为了加强一、四两个方面军的了解和友情，中共中央向红四方面军派出了一个慰问团，团长是红军总政治部代主任李富春。

慰问团去的地方叫杂谷脑，是四川省苏维埃所在地。慰问团出发的时候，张国焘也离开了抚边，他本想回茂县的方面军总部，但听说了慰问团的行动后，就直接赶往了杂谷脑。

张国焘对这个慰问团有点不放心。或者说，他对目前的中央有点不放心。

中共中央慰问团到达杂谷脑，在张国焘和陈昌浩的安排下，受到了热情的接待，但是行动也受到了“热情”的限制——张国焘的办法是“陪着”，中央慰问团吃饭、散步都有专人陪同，他们被尽量减少与红四方面军的干部接触。

中央慰问团找张国焘谈话，张国焘的话令李富春大吃一惊。张国焘说：“两军会合，摊子大了，为了便于统一指挥，总司令部须充实改组，必须加强总司令部。”

为此，1935年7月6日凌晨1时，李富春给中共中央发去了电报，报告了张国焘的建议：充实总司令部，徐（向前）、陈（昌浩）参加总司令部工作，以徐为副总司令，陈为总政委；军委设常委，决定战略问题。

周恩来说，这是自中国共产党创建以来，第一次有人伸手向中央要权。

1935年7月9日，一封署名为“中共川陕省委”的电报到了中央，电报建议加强总司令部同时增设军委常委：向前同志任副总司令，昌浩同志任总政委，恩来同志任参谋长。军委设主席一人，仍由朱德同志兼任，下设常委，决定军事策略问题。请中央政治局速决速行。并希立复。

电报的署名是川陕省委领导人：周纯全、刘瑞龙、黄超、张琴秋、李维海、谢富治和吴永康。

在中国共产党的历史上，省委一级要求中央改组领导层，并提出具体人选且要求“立复”，此封电报可谓空前绝后。

7月10日，毛泽东到达了芦花（今黑水县城）附近。到达芦花的中央领导人开始讨论一个必须作出的决定：给张国焘什么“官”才好——松潘战役的准备已经到了最后关头，不给一再要权的张国焘一个“官”，北进的计划也许会出现挫折，那样红军将面临更大的危机。毛泽东认为：“张国焘是个实力派，他有野心，我看不给他一个相当的职位，一、四方面军很难合成一股绳。”毛泽东看出张国焘想当军委主席，但“这个职务现在由朱总司令担任，他没法取代。可只当副主席，同周恩来、王稼祥平起平坐，他又不甘心”。张闻天就说可以将自己的“这个总书记的位子让给他”。毛泽东断然否定了，他说张国焘“要抓军权，你给他做总书记，他说不定还不满意；但真让他坐上了这个宝座，可又麻烦了”。经过反复权衡，毛泽东对张闻天说：“让他当总政委吧。”这样做既考虑了张国焘的要求，又没让他把军权完全抓到手，是唯一两全其美的办法。在同现任红军总政委周恩来商量时，周恩来正发着高烧。当时和张闻天谈着恋爱的刘英回忆说，周恩来“一点都不计较个人职位，完全同意这么安排”。

7月18日，中共中央政治局常委扩大会议在芦花召开。会议只有一项内容：解决组织问题。

主持会议的张闻天首先提出了中央对于解决组织问题的意见：军委设总司

令，由朱德担任；张国焘任总政治委员，军委下设常委，过去是四人，现在增加陈昌浩。

周恩来调至中央工作。但在张国焘尚未熟悉工作前，周恩来暂时帮助其工作。会议宣布张国焘任总政治委员之后让大家讨论——实际上是听张国焘的反应。

张国焘当然明白，在这个会议上他是绝对的少数，他不可能提出自己当军委主席的意见。他别无选择，只有同意。于是，张国焘表示“基本赞同”。

张国焘当了总政委后，便“独断专行”，立即设法控制一方面军部队，收缴了各军团互通情报的密电本及一、三军团和军委以及毛泽东通报的密电本。从此以后，一方面军各军团只能与前敌总指挥部通报了，与中央隔绝了，互相之间也隔绝了。

张国焘感到在中央政治局势单力孤，芦花会议后向中央提出一个九人名单，要求中央讨论批准进入政治局。中央没有同意，他便于7月26日下令前线部队停止进攻松潘。

8月4日至6日，中央政治局在毛儿盖以南40里的沙窝召开会议。出席会议的有毛泽东、张闻天、周恩来、朱德、张国焘、陈昌浩、凯丰、邓发、傅钟。王稼祥因病未到会。会议的议程有两项，一是一、四方面军会合后的形势和任务；二是组织问题。

会议重申了遵义会议对这个问题所作的结论，即中央的政治路线是正确的，没有粉碎敌人的第五次“围剿”的主要原因是军事路线错误，经遵义会议已得到纠正。毛泽东仍然明确主张，军事问题具有最紧迫的意义，政治路线的错误，待时机成熟时再予以解决。

会议决议不点名地批评了张国焘，指出：“一、四方面军兄弟的团结，是完成建造川陕甘苏区建立中华苏维埃共和国的历史任务的必要条件，一切有意无意地破坏一、四方面军团结一致的倾向，都是对于红军有害对于敌人有利的。”并号召“必须在部队中坚决反对各种右倾机会主义的动摇”，“开展反对右倾机会主义的斗争，是目前中心任务之一”。

松潘毛儿盖会议旧址索花寺（毛儿盖寺也称索花寺）

回到毛儿盖，张国焘就召开了军以上干部会，露骨地进行分裂党的活动。徐向前回忆说：“沙窝会议以后，张国焘满肚子不高兴，脸色阴沉，不愿说话。陈昌浩向我发牢骚说中央听不进国焘的意见，会上吵得很凶。”

为了进一步统一战略思想，8月20日，中央政治局在四川毛儿盖举行会议，着重讨论红军主力的发展方向问题。到会的有：张闻天、毛泽东、博古、王稼祥、陈昌浩、凯丰、邓发、徐向前、李富春、聂荣臻、林彪、李先念12人。朱德和张国焘因在前方指挥左路军攻阿坝，未能参加会议。周恩来因重病也未到会。

毛泽东首先在会上作关于夏洮战役后的行动问题报告，指出：红军主力应向东向陕甘边界发展，不应向黄河以西。

陈昌浩、王稼祥、凯丰、林彪、博古、徐向前在发言中，一致同意毛泽东的报告。他们认为向东是转入新的形势；向西是军事上及政治上的退却。这个问题是关系于前途的关键。为达到这一战略目的，左路军一定要向右路军靠拢。但与会者也充分估计到左路军不来与右路会合的可能性。

毛泽东作会议讨论结论时再次强调：向东向西是一个关键，如果不采取积极方针，将要给敌人迫向西。所以我们应采取积极的向东的方针。左路军应向右路军靠拢，我们应坚决坚持向东打，以岷州洮河为中心向东发展，不应以一些困难而转移向西。

会议最后通过由毛泽东起草一个决议，作为对两河口会议通过的《关于一、四方面军会合后战略方针的决定》的补充。

毛儿盖会议是两河口会议、沙窝会议的继续和发展。这次会议确定的以岷州洮河为中心向东发展的行动方针，是对两河口决定的补充，对于明确红军主力发展方向，克服张国焘的分裂主义危险，起了积极的作用。

由于张国焘的干扰，使红军在这一地区耽误了一个多月，失去了占领松潘北出四川的机会。敌人在这一个多月，完成了对红军围追堵截的部署；胡宗南在松潘地区的漳腊、龙虎关、包座一带集结了四个师20多个团，企图堵住红军北上；川军刘湘占领了整个岷江东岸，并有一部越过江占领西面的杂谷脑；薛岳、周浑元部集结于雅安地区，随时可以策应；尾随红军的刘文辉部已赶到懋功。蒋介石做好了准备，企图把红军围歼在四川西部。毛儿盖会议后，党中央为了粉碎敌人的阴谋，决定出其不意，改变行军路线，穿过自然条件极为恶劣的草地，向甘南的夏河流域前进。并根据两个方面军的位置，决定混合编成左、右两路军，同时并进。左路军包括一方面军五军团、九军团和四方面军九军、三十一军、三十三军，于卓克基集中，在总司令朱德、总政委张国焘、总参谋长刘伯承的率领下，经草地到阿坝，然后向东出墨洼，到班佑与右路军会师。总司令部随左路军行动。右路军包括一方面军一军团、三军团和四方面军四军、三十军，在党中央、毛泽东直接率领下，由前敌总指挥徐向前、政委陈昌浩、参谋长叶剑英指挥，在毛儿盖集中，经草地到班佑，与左路军会师。

红军跋涉600里的草地

过草地是红军长征中最艰苦的一段行军。1935年8月21日，右路军在毛泽东等率领下开始向草地进军。部队从毛儿盖向北行走40里就进入了草地。这片川西北草地，位于长江和黄河分水岭之间海拔3600多米的高原上，纵横数百公里的大沼泽地被深草覆盖着。草地的情景，令人触目惊心，举目望去，是茫茫无边的草原，在草丛上面笼罩着阴森迷蒙的浓雾，很难辨别方向。草丛里河沟交错，积水泛滥，水呈淤黑色，散发着腐臭的气味，在这广阔无边的千里沼泽中，根本找不到道路，一不留神就会陷入泥潭中拔不出腿。红军指战员们踩着草墩一步一步地探索前进。越是往草地中心走，困难就越严重。气候变化急骤，像小孩子的脸，变化无常。时风时雨，忽而漫天大雪，忽而冰雹骤下。衣服被雨雪打湿了，只能靠体温暖干。夜晚露营时，更是寒冷难忍，大家只得挤在一起，背靠背取暖。草地里没有清水，只能喝带草味的苦水。

“那草丛间呈深褐色、透着腐臭味的沼泽，一下子就陷进去了一位战友，另一位战友去救，也被拉了进去。早上还在一起吃饭的战友，眨眼之间就不见了……”老红军袁美义回忆说。

进入草地两三天，红军的干粮就基本上吃完了，就靠吃野菜、草根、树皮充饥。有的野菜、野草有毒，吃了轻则呕吐泻肚，重则中毒死亡。前边的部队还有野菜、树皮充饥，后续部队就连野菜、树皮都吃不上了。但是，红军个个都是英雄汉，他们忍受着寒冷、饥饿的折磨，以坚强的革命意志，坚持每天按计划的路程前进。

走在后卫部队前面的红军受到了可怕的腹泻和痢疾的折磨。粗糙的谷粒和麦粒没有消化掉，又随着带血的粪便排泄出来。面临饥饿威胁的后卫部队战士，从走在前面的同志排泄的粪便里挑出没有消化掉的谷粒和麦粒，把它们洗净煮熟，狼吞虎咽地吃下去。

90岁的老红军程启学至今认为，那是自己人生中最苦的时期：“不知道死了多少人。走完雪山草地后，我身上的皮肤也换了一层，头发、眉毛、睫毛全部掉光了，两年后才慢慢长了出来。”

“掉队的人太多，每天能收容掉队者上百人。晚上露宿，三五人一伙背靠着背休息。第二天起来一推，很多人身体已经冰凉。”长征中，曾负责过收容掉队战友的老红军袁林说，“不用路标，顺着战友的遗体就能找到前进的路线”。

身患重病的周恩来随红三军团过草地。时任军团兵站部部长的杨立三身体也很虚弱，却坚持亲自抬周恩来，走出草地后便累倒了。1954年，杨立三去世，身为共和国总理的周恩来亲自为他抬棺送葬。

经过七天的艰苦努力，右路军在毛泽东等的领导下，战胜了严寒饥饿，历尽千辛万苦，终于走出了人迹罕至、气候变化异常的茫茫草地，于8月27日到达草地尽头的班佑地区，左路军也同时到达阿坝地区。两天后右路军发起包座战斗，歼灭了企图堵截红军的胡宗南部第四十九师，攻占了包座，打开了通向陕西、甘肃的大门，为实现党中央北上的战略方针创造了有利条件。

但张国焘却在阿坝“变卦”。

8月底，右路军通过草地占领包座，开辟了北进通道，但还不见张国焘有动静，毛泽东焦急了，找徐向前和陈昌浩去商量如何做通张国焘工作，催他带左路军上路的问题。徐向前建议，如果他们过草地有困难，可以派出一个团，带上八匹牦牛、粮食，去接应他们。毛泽东很高兴，说：这个办法好，一发电报催，二派部队接，就这么办。他们即以毛泽东、陈昌浩和徐向前三人的名义，发出了电报，指出：“左路军如果向南行动，则前途将极端不利。”又令四军三十一团准备粮食，待命出动。

张国焘（1897.11.26—1979.12.3）

然而，张国焘篡权的野心不死，处处与党中央离心离德。他率领左路军到达阿坝之后，即按兵不动，拒不执行中央要左路军迅速出班佑向右路军靠拢、全力向千洮河以东发展的指示。相反地，他要左右两路军全力出洮河以西企图越黄河向青海、新疆等边远地区逃跑。中央三令五申，坚持要他率部出墨洼、班佑，同巴西的右路军会合。张国焘在中央的一再催促下，于1935年9月1日，才下达了东进的命令。但是，左路军东移的第三天，张国焘突然发来了电报，说由于嘎曲河水上涨无法渡河，不但已经命令部队返回阿坝，而且还要求右路军掉头重新向南进攻松潘。

其实河水虽然上涨，但仍可涉渡，张国焘于9月3日却致电欺骗中央说，侦察70里，亦不能徒涉和架桥，还说“茫茫草地，前进不能，坐待自毙”，“再北进，不但时机已失，恐亦多阻碍”，决定返回阿坝。同时还向已出草地的右路军提出“回击松潘”的南下要求。

这封在中国革命史上极其重要的电报导致的后果是灾难性的。

电报意味着自毛儿盖会议以来，中央所有关于红军前途的决定瞬间全被推翻了；还意味着数万红军官兵付出巨大代价穿越草地的巨大牺牲瞬间全无用了。更严重的是，张国焘依仗着他所掌握的兵力，在决定中国红军生死命运的最关键时刻，利用红军总政委的权力突然向中央发难，很可能会导致中国共产党和中国工农红军的大分裂。

关于张国焘选择嘎曲河水上涨无法过河的借口，一直跟随朱德行军的康克清后来是这样回忆的：“董振堂带着红五军正准备涉水渡河，张国焘却说河水看涨，谁也不准过河。老总问带路的藏民，藏民说，这河虽宽，但是不深，只要不涨大水，可以徒步过去。河面有近百米宽，水流不急，不像涨水的样子。但张国焘一口咬定河水正在上涨，不能过。老总说，空谈无益，还是派人下去试试。张国焘不肯派人，潘开文（朱德的警卫员）站出来说，我去！老总叫他骑上自己的马。他问明了藏民过河的路线，拿了一根棍子，同红五军的一个战士一起骑马下到河里，不大工夫，到了河中心，用棍子试了试河水的深度。到了对岸，听见他高声地说，水不深，最深的地方才到马肚子。大家快过来吧！部队立即准备下水，张国焘吼：谁也不准过！叫他们两人给我回来。然后又对老总说，河水分明在上涨，我不能拿几万人的生命当儿戏。老总说河水并没有涨，即使涨，也涨得很慢，现在正是大队人马过河的好时机。刘伯承也过来说，两个人都过去了，证明河水不深，应当抓紧时机赶快过河。董振堂过来请示，‘总司令，我们前卫部队先过去吧。’张国焘竟然不等老总说话便大声吼道，‘不行！现在谁也不准过河，要等河水不涨了，才能决定’。他的蛮横，使左路军只好在嘎曲河边宿营。第二天早晨，天空密云不雨，河水明显地退下许多。朱老总正在组织部队过河，作战局向他报告说，四方面军的部队已经按照张国焘的命令返回阿坝去了。这时红五军军长董振堂来见朱老总，气愤地说，他因为坚持要过河，不等总司令的命令决不后撤，遭到张国焘的训斥，还被张国焘打了一耳光。他说，我当兵这么多年，还从来没有受过这样的侮辱。若不是为了团结，我会当场给他好看。现在他已带四方面军部队回阿坝，我决定带红五军北上同右路军会合……老总却摇摇头说，要顾全大局，向远看，不能凭一时感情用事。你如果带走红五军，就要承担分裂左路军的责任。我们还应当对张国焘做团结争取的工作。”

如何对待张国焘，来自红四方面军的徐向前和陈昌浩的态度最为引人注目。徐向前态度十分明确，而陈昌浩在考虑再三后也认为中央的北进计划是正确的。于是，两人联名给张国焘发出了一封电报，电报表示：“我们意以不分散主力为原则，左路速来北进为上策，右路军南去南进为下策。”目前是红军进入甘南的最佳时机。至于“一军是否速占罗达，三军是否跟进，敌人是否快打”，徐向前和陈昌浩请求张国焘“飞示”，因为“再延实令人痛心”。

当天，张国焘回电，没有解释，没有答复，只有不准渡河的命令。

徐向前和陈昌浩感到事情严重了。

徐向前让陈昌浩带着张国焘的电报去向中央汇报。晚上，陈昌浩来电话叫徐向前去中央开会。

毛泽东、张闻天、博古、王稼祥、徐向前、陈昌浩聚集在周恩来的病床前进行了紧张的讨论。讨论的结果是以七人联名的名义再次致电张国焘。

此时，随右路军行动的前敌总指挥部政委陈昌浩，对执行中央的战略方针仍是犹豫不决、举棋不定，一切等待张国焘的电示。

张国焘视陈昌浩为心腹，陈昌浩的表现，更助长了张国焘的野心，他不仅不率左路军北上，反而致电中央进一步提出南下川康。中央于9月8日复电张国焘，指出："目前方针只有向北是出路，向南则敌情、地形、居民、给养都对我极端不利，将要使红军受空前未有之困难环境。中央认为，北上方针绝对不应改变，左路军应速北上。"

9月8日20时，张国焘焦急地等待着右路军开始南下的消息，结果等来的却是中央北上的决心毫不动摇的电报。

但野心膨胀的张国焘，此时已决心不回头了。

# 叶剑英“大事不糊涂”

毛泽东曾多次称赞叶剑英是“诸葛一生唯谨慎，吕端大事不糊涂”。毛泽东之所以这样说，是因为长征途中叶剑英在反对张国焘右倾分裂主义的斗争中立下了伟大功绩，挽救了红军挽救了党。

1935年6月，一、四方面军会师后，党中央应四方面军领导的要求，派叶剑英等到那里工作。7月21日党中央“芦花会议”决定，原四方面军总指挥部为红军的前敌总指挥部，任命徐向前为总指挥，陈昌浩为政治委员，叶剑英为参谋长，李富春为政治部主任。

沙窝会议重申了北上方针，决定穿过自然条件极为恶劣的草地，向甘南的夏河流域前进。

一望无际的草原，没有路，没有人烟，连飞鸟也看不见。到处是积水、泥泞，部队只能踏着一窝一窝草根缓慢前进。本来就勉强同意北上的陈昌浩，情绪更为消极，叶剑英为克服陈昌浩等人的消极情绪，深入到三十军，了解敌情、地形，找到了向导之后，又研究了具体行军路线。毛泽东召集陈昌浩、叶剑英等前指人员开会，听取叶剑英的汇报，叶说：“草地是没有路，但路是人走出来的，我们在草地可以走出一条路来。”毛泽东征求了与会其他几位同志的意见，大家都一致说：“既然草地能走，就走吧！”可是陈昌浩又提出：“行军路线不明，大军贸然进发，若遇敌人堵截，那何以自拔！”

叶剑英很有把握地说：“我们走草地是出其不意，攻其不备，敌人万万不会料到我们会选择这一着棋，为了更有把握，如果我们预先派遣精锐部队侦察开路，可以化险为夷！”

陈昌浩问叶剑英："你能为全军开路吗？"

叶剑英毫不犹豫地回答："能担任这项任务，不胜光荣，我愿做开路先锋！"

就这样，毛泽东决定给叶剑英两个团，比大部队提前三天出发，做先遣司令、开路先锋。程世才、李先念率三十军跟随前进。一路上，叶剑英每天都要提前赶到宿营地，除召开干部会了解情况，要求各单位要加强政治思想工作外，还要把敌人、地形、给养、行军路线、宿营地点、大部队行军需要注意的问题，一一向指挥部报告。在行军过程中，叶剑英还和程世才一起，对部队如何行军，如何休息，如何对付突然出现的敌人，打敌骑兵的战术要领，与藏民打交道的经验，如何尊重少数民族风俗习惯等，研究得都很具体，这些可贵的经验，对后续部队通过草地起了重要作用。

先头部队到达班佑后，毛泽东又根据叶剑英的建议，改变了原来行军路线，缩短四天行程，使右路军顺利地向巴西、阿西、包座、俄界前进，叶剑英胜利地完成了开路先锋的任务，为红军开辟了穿过草地的胜利之路。

张国焘拒绝中央的耐心说服，违抗中央的命令，篡权野心恶性发展。1935年9月9日，张国焘背着党中央密电右路军政委陈昌浩率右路军南下，并要"彻底开展党内斗争"，企图分裂和危害党中央。前敌总指挥部作战科副科长、一方面军的干部吕黎平，9日午后去机要室看电报，正逢值班机要组长陈茂生开始译一份从左路军总司令部发来的密电。吕黎平帮助他迅速译了出来。他俩一

1949年3月25日叶剑英在北平西苑机场陪同毛泽东检阅部队

看电文，大吃一惊。原来是张国焘给陈昌浩的复电。据吕黎平回忆，电文的主要内容是：×日电悉。余经长期考虑，目前北进时机不成熟，在川康边境建立根据地最为适宜，俟革命来潮时再向东北方向发展，望劝毛（泽东）、周（恩来）、张（闻天）放弃毛儿盖方案，同右路军回头南下。如果他们不听劝告，应监视其行动，若坚持北进，则应开展党内斗争，彻底解决之。

吕黎平和陈茂生立即拿着这份电报去找参谋长叶剑英。叶剑英正在喇嘛寺开会，吕黎平悄悄把电报交给他。叶剑英看完电文，不动声色，见陈昌浩正在台上讲话，便机智地将电报装进口袋，对吕黎平、陈茂生说：“你们回去吧！”又特别叮嘱：“不要向任何人谈及这份电报之事。”

叶剑英假装上厕所，退出会场。他立即骑马来到不远处的毛泽东住室，把电报交给毛泽东。毛泽东看完电报，顺手用铅笔记录下来，把原文交还叶剑英，并对他说：“你干了一件很了不起的事！赶快回去吧，把电报交给陈昌浩，别让他起疑心，别对任何人谈起电报我看过。”

叶剑英急急忙忙赶回喇嘛寺，松了一口气，会议还未结束，陈昌浩还在讲话，他若无其事地坐下，等到会议结束，才把电报交给陈昌浩。

# 毛泽东率部果断离险境

毛泽东同洛甫、博古等飞速赶到三军团司令部，脱离了有被扣作人质的危险。中央立即给一军团发报，说行动方针有变，令一军团在原地待命。

9日晚上，党中央在巴西召开政治局紧急会议。毛泽东在会上惋惜地说："没办法了，连一点回转的希望都没有。他们不可能跟我们北上，我们只好自己走啦！"接着，他又慨叹说："我这半生经过的坎坷不算少，可比起来，这一段要算是最艰难了。"简短的会上，分析了中央和红一方面军的危险处境，并一致认为，继续说服张国焘率部北上，不仅没有可能，而且会招致不堪设想的严重后果。当机立断，立即决定率领一、三军团、军委纵队一部、红军大学等，组成临时北上先遣支队，脱离危险区域，到阿西集合，继续北上，向甘南前进。会议决定右路军统归周恩来指挥，委托毛泽东起草《中共中央为执行北上方针告同志书》（以下简称《告同志书》）。

《告同志书》指出："我们无论如何不应再退回原路，再去翻雪山、走草地，到群众完全逃跑的少数民族地区。两个月来，我们在川西北地区所身受的痛苦，是大家所知道的。而且南下的出路在哪里？南下是草地、雪山、老林。""南下不能到四川去，南下只能到西藏、西康；南下只能是挨冻挨饿，白白地牺牲生命，对革命没有一点利益，对于红军南下是没有出路的。南下是绝路。"《告同志书》最后说："同志们，只有中央的战略方针是唯一正确的，中央反对南下，主张北上，为红军为中国革命，取得胜利。你们应该坚决拥护中央的战略方针，迅速北上，创造川陕甘新苏区。　中央　九月十日"

9月10日凌晨，军委纵队和红一、三军团单独北上，脱离了险境。

李维汉是中央组织部部长，张闻天交给他的任务是，天亮之前把中央机关的同志全部从班佑带到巴西。李维汉分别通知了凯丰、林伯渠和杨尚昆，让他们分别负责中央机关、政府机关和红军总政治部的行动。半夜里通知立即出发的时候，很多人不知道发生了什么事。凯丰低声说：“不要问，不要打火把，不要出声，都跟我走。”

红军大学是凌晨3点接到出发命令的，命令由毛泽东和周恩来联名签发。宋任穷立即集合队伍，阐明了南下和北上的两条路线，说愿意北上的跟我们走，不愿意的就留下，结果红军大学全体人员都表示愿意北上。学员们出发的时候，政委何畏还是跑到了陈昌浩那里，报告了中央红军已经单独出发的消息。陈昌浩十分震惊。他不停地说：“我们没有下命令，他们怎么走了？赶紧把他们叫回来！”陈昌浩派李特率领一队骑兵去追。李特很快就追上了红三军团。毛泽东走在红三军团十团的队伍里。李特质问毛泽东：“总司令没有命令，你们为什么要走？”毛泽东说：“这是中央政治局决定的。中央认为北上是正确的，希望张国焘认清形势，率领左、右两路军跟进。一时想不通，过一段时间想通了再北进也可以，中央欢迎。希望以革命大局为重，有什么意见，可以随时电商。”李特再次转达了陈昌浩的命令，要求部队立即回去。毛泽东说：“南下是没有出路的。南边敌人的力量很强大。再过一次草地，在天全、芦山建立根据地是很困难的。我相信，不出一年时间，你们一定会北上。我们前面走，给你们开路，欢迎你们后面跟上来。”

当晚，乌云密布，星月无光。从巴西到阿西仅仅20里的路途，由于不允许点火把，在泥潭沼泽和灌木荆棘中，毛泽东和他率领的部队竟然走了六个小时。红军走到了包座河边，一边是翻滚着浪花的河水，另一边是高耸的悬崖。走着走着，包座河水突然猛涨，淹没了河边的山路。

毛泽东带头跳进了冰冷的河水中。当他游到了水浅的地方，湿淋淋地站起来时，问身边的警卫员有没有可以充饥的东西。见警卫员没有吭声，毛泽东笑了一下。

张国焘危害党中央，分裂红军的阴谋破产了。陈昌浩得知军委纵队和红一、三军团北上了，便想派部队追击。在这严峻时刻，红四方面军总指挥徐向前坚决制止这种行动，说“天下哪有红军打红军的道理”，维护了红军的团结。

与此同时，叶剑英到前敌总指挥部作战科，找到吕黎平要了一份十万分之一的甘肃地图。

党中央在离开巴西之前，考虑叶剑英的安全，曾经通知他，要他以到三军团参加直属队会议的名义，离开前敌总指挥部。

张闻天、博古临走时也对叶剑英说：“老叶，你要走，这里危险！”

叶剑英毫不犹豫地问答：“我现在不能走，你们先走吧！我和直属队一同行动。”他想到党和人民的利益，想到直属队同志的安危，毅然决然留了下来。

中央几位负责同志走后，究竟怎样把直属队带走？叶剑英急中生智，决定利用张国焘的南下电报，以打粮准备南下的名义，把直属队全部带走。

9月10日凌晨2点，军委直属队出发“打粮”了。草原上乌云密布，寒风袭人，军委直属队向三军团艰难地开进。叶剑英没有带警卫员，也没有带饲养员，一个人牵着没有备鞍的骡子，追赶已出发的部队。当他走到军委直属队行军休息的地方，同志们看到叶参谋长来了，高兴地对他说：“参谋长，我们开小差跑出来了。”叶剑英也非常风趣地说：“不！我们不是开小差，而是开大差，是执行中央北上方针。”

在一个交叉路口，叶剑英碰到了张闻天、博古。他们着急地说：“老叶！你要快走啊！”

“我现在不是和你们一样走吗！”叶剑英诙谐地答道。

博古说：“老叶，你和我们不一样，你把密电送给毛主席，又把军委直属队带出来了，人家对你恨死了，会放过你吗？”

“好！我就走。”

叶剑英和军委直属队从巴西出发，到拂晓时在阿西见到了毛泽东、彭德怀。毛泽东非常高兴地说：“哎呀！剑英同志，你出来了，好！好！现在情况紧急，我们不能在此停留，应立即向俄界前进，与一军团会合。”

11日，叶剑英和部队到达俄界。博古在俄界见到叶剑英，高兴地说：“老叶，好危险啊！你昨天走后不久，路上有四支驳壳枪到处找你。他们问，参谋长在哪里？我问他们找你干什么，他们杀气腾腾地说，把他打死再说！”

叶剑英紧紧握住博古的手，感激地说：“谢谢你昨天提醒了我，是你帮了我的大忙。”

中央为了争取张国焘改正错误，电令他“立即率左路军向班佑、甘西开迎，不得违误”。但张仍执迷不悟，反诬中央“不领导全部红军，竟率一部秘密出走”。他还给一、三军团发电报，危言耸听地说北上“不拖死也会冻死”，企图诱使一、三军团跟他南下。

12日，中央在俄界召开政治局扩大会议，毛泽东作了关于与四方面军领导者张国焘争论及今后战略方针的报告。会议通过了《关于张国焘同志的错误的决定》。指出张国焘的分裂活动是“绝对不可容许的”，号召四方面军同志团结在党中央周围，同张国焘作坚决的斗争，以巩固党和红军。

叶剑英在反对张国焘的斗争中，及时地揭露了张国焘妄图危害中央和分裂红军的阴谋，巧妙地率领军委直属队北上，使党中央和中央红军脱离险境。毛泽东曾多次提到这件事，并给予高度赞扬。1967年毛泽东在一次谈话时说：“叶剑英同志在关键的时候是立了大功的。如果没有他，（毛泽东边说边摸摸脑袋）就没有这个了。”周恩来在1972年一次会议报告中谈到长征问题时说：“剑英同志将密电报告了毛主席，因而（中央）脱离危险，立了大功。没有剑英同志立这个功，那个局势就很坏了……在关键时刻才显出是同志嘛！古话说：‘疾风知劲草，板荡识诚臣’嘛！”叶剑英在同张国焘斗争的关键时刻，表现了一个共产党员坚定的革命立场和高尚品质，立下了不可磨灭的功勋。

党中央北上后，张国焘继续抗拒党中央的命令，强行率红四方面军及原红一方面军建制的五军团南下，于1935年10月在四川北部的卓木碉（今马尔康市东南白莎寨）自行成立“中共中央”“中央政府”和“中央军委”，自封“主席”。

脚木足乡卓木碉会议旧址

10月5日，在卓木碉一座喇嘛庙里，张国焘主持召开军以上高级干部会议。朱德、陈昌浩、刘伯承、徐向前、王树声、周纯全、李卓然、罗炳辉、余天云、黄超等共50多人参加会议。

在此之前，张国焘于9月17日发布南下命令，提出“大举南下，打到天全芦山吃大米”的口号，令左路军、右路军分别由阿坝和包座南下，于10月初集中到卓克基、马尔康一线。这样，徐向前、陈昌浩不得不率第四、三十军及红军大学部分学员再次回头，穿越浩渺沉寂、寒气凛冽的大草地。在饥寒交迫中，又有一批红军战士在过草地时牺牲了。

这是一个不寻常的会议。在会议之前，张国焘对会议的主要内容守口如瓶，甚至连陈昌浩也不能完全了解，朱德、刘伯承他们更是一无所知。他存心要给与会者制造一个震惊。

“毛泽东、周恩来、洛甫、博古之流把持的中央，是一个什么样的中央呢？这是一个右倾的中央！一个逃跑的中央！”张国焘站在主席台上，挥臂顿足，情绪激昂。“第五次反‘围剿’为什么不能在江西苏区粉碎？原定战略转移地点是湘西苏区，为什么绕了那么多圈子跑到这来啦？一方面军为什么会由原来10万之师锐减到现在的不足2万人马？……这能说他们执行的是正确的政治路线吗？这能说他们执行的是正确的军事路线吗？他们执行的是错误的逃跑路线！他们是彻头彻尾的右倾主义分子！”

张国焘这么一煽动，四方面军的人群情激愤。黄超抓住时机，带头喊口号：“坚决反对逃跑路线！打倒右倾主义分子……”

众人跟着黄超高呼起来。

朱德、刘伯承、李卓然、罗炳辉等人互望着，脸上充满惶惑的神情。

张国焘见大部分人的情绪被煽动起来了，很是得意。他提高声调说：“中央率领一方面军一路逃跑过来，早被敌人打得七零八落，溃不成军。是跟我们四方面军会合以后，才终止了这种可耻的退却逃跑。可是，他们不但不承认自己的错误，反而无端指责我们四方面军，对我们四方面军连起码的信任都没有，在两军之间制造分裂。他们以中央的名义，居高临下地强迫我们执行他们的右倾逃跑主义路线，要我们继续跟着他们退却逃跑。我们四方面军的同志能答应吗？”

下面有人高呼：“决不答应！坚决反对北上逃跑！坚决执行南下的正确路线……”

张国焘继续说：“我们南下是终止退却逃跑的战略反攻，是正确的进攻路线。可是，毛泽东、周恩来、洛甫、博古这些人被敌人的飞机、大炮吓破了胆，对革命丧失信心，继续其北上右倾逃跑主义路线。他们私自率一、三军秘密出走，这是分裂红军的罪恶行为！”

“坚决反对毛、周北上逃跑路线！坚决拥护张主席南下正确主张……”张国焘的拥护者们高呼。

张国焘踌躇满志，扬扬自得。他环视着与会者，两眼闪烁着狡黠的目光，捏紧拳头往桌上狠击了两下，说话的声音变得嘶哑了。他说：“犯有这样退却逃跑错误的中央，犯下这样分裂红军的罪大恶极的中央，还有什么威信可言？他们还有什么资格领导全党？他们还有什么资格统率全军？”

全场的人齐惊诧，愣愣地望着张国焘，没有人出声。

张国焘又把与会者环视一遍，以咄咄逼人的口气发问：“你们说，我们还需要这样的中央的领导吗？我们还听从这样的中央的指挥吗？”

黄超带头挥臂呼喊：“打倒右倾逃跑的中央！”

很多人怔了一下，随即跟着呼喊起来：

“打倒分裂红军的中央！”

“打倒右倾逃跑分子毛泽东、周恩来……”

一方面军的人一起忧心如焚地望着朱德和刘伯承。只见朱德、刘伯承两人脸上充满着极度复杂的表情，但还是镇定自若地坐在那里，一声不吭。

其实，早在毛泽东、周恩来等率红一、三军北上的第二天，张国焘在阿坝召开“川康省委扩大会议”，参加会议的有军队师以上军官和川康省委委员200多人。张国焘在会上说毛泽东、周恩来等率部北上是“右倾逃跑主义”，要朱德表态反对毛泽东、周恩来，支持南下方案。

朱德说：“北上决议，我在政治局会议上是举过手的，怎么能出尔反尔？”张国焘说：“你怎么这样顽固不化，这时候还站在右倾主义的立场上？”张国焘此言一出，其心腹们即围攻朱德，指着朱德叫喊：“既然你拥护北上，你赶快离开这里，找毛泽东、周恩来去！”朱德说：“我是中央派到这里来工作的，我怎么可以丢下部队走呢？”

刘伯承见状挺身而出，指着那些人斥责道：“朱德同志是红军总司令！你们是红军干部，怎么能这样对待自己的总司令呢？”那些人才有所收敛。

然而，在会后，他们俩受到了张国焘的保卫部队的严密监视，失去了行动自由。跟随朱德多年的那匹坐骑，也被张国焘的保卫部队杀掉了。刘伯承曾找朱德，说原一方面军的红五、九军团想与四方面军分开，北上追随毛泽东、周恩来他们去。朱德不同意这样做，他说一旦张国焘派兵来追，就会造成红军自相残杀。我们要忍耐克制，从长计议，待时机成熟另谋他图。

现在，他们倒要看一看，张国焘到底要玩什么花招！

张国焘见群情激愤，觉得是到了火候了。于是，他亮出了牌底。他说：“既然原来的中央已经威信扫地，失去了领导全党，统率全军的资格，我们就要抛弃这样的中央！为了苏维埃革命的前途和命运，为了红军的前途和命运，我们要成立新的中央！”

有人惊呼，有人困惑。

朱德和刘伯承似乎早有所料，此时倒显得不是很惊讶。

张国焘把那番话一讲出来，特地望了望朱德和刘伯承，看他们俩有什么反应。

倒是一直追随张国焘，政治观点相同的陈昌浩，向来对张国焘百依百顺、服服帖帖的这个四方面军政委，此时猛睁双目，凝望张国焘半天却说不出一句话来。他怔愣了良久，才走到张国焘身边耳语几句。然后，张国焘宣布休息，就和陈昌浩、黄超走到会场隔壁的一间小屋去，进行紧急秘密磋商。

陈昌浩局促不安地说："张主席，这未免太突然了吧？"

张国焘说："我就要叫一方面军他们措手不及！怎么，你也措手不及了吗？"

这事在几天前张国焘就跟陈昌浩商量过。陈以为，这么大的事，得有个过程，起码要有些铺垫，才能顺理成章，水到渠成；谁料，张国焘竟如此急不可耐啊！

"张主席，我总觉得这太仓促了。要闹出什么乱子来，那可是很难收拾的啊！"

"你想会出什么乱子呢？"

"我们四方面军的同志肯定是听你的，这没问题。但我们这里还有一方面军的人！他们会一下子就接受吗？"

"他们想接受也得接受，不想接受也得接受。这由得他们吗？形势所逼嘛！只要朱德、刘伯承不闹，他们谁还敢闹？要闹也闹不出什么名堂来啊！"

"问题还不仅仅在这方面。要成立新的中央，首先要得到共产国际的认可。如果莫斯科不认可，我们……"

"谁有实力，莫斯科就认可谁。以后毛泽东他们把老本拼个精光，走投无路了，莫斯科还会认可他们，而把我们拒于门外？"

陈昌浩垂头不语。

黄超望一望张国焘，对陈昌浩说："陈政委，这事张主席是经过深思熟虑才作出的决定。在新的中央里，你排名在朱德之后。"

张国焘说："这是为了争取一方面军。"

“虽然你排名在朱德之后，但实际上你是我们的第二号领袖，这我们四方面军的同志都心照不宣。”黄超献媚地说。

陈昌浩还是不吭声。

接下来，会议由黄超宣读新成立的“临时中央”成员名单。中央总书记、军委主席为张国焘，朱德也被“当选”为中央委员、政治局委员、中央书记处书记。会议还宣布另一项决议，开除毛泽东、周恩来、洛甫、博古的党籍，并下令“通缉”；“免职查办”叶剑英、杨尚昆。

会议以多数通过各项决议后，张国焘请朱德讲话。

顷刻间，会场里几百双眼睛都盯着朱德。

自会议一开始，朱德的脸就一直阴沉着，此时更像乌云笼罩似的。他站在主席台上，望着一张张激情洋溢的面孔，心情异常沉重。他说：“对今天的会议，我保留意见。”说到这里，他停顿了一下。

几百人屏息谛听。

“大敌当前，要讲联合嘛！天下赤军是一家。中国工农赤军在党中央团结带领下，是个整体。大众都知道，我们这个‘朱毛’，在一起很多年，寰宇和全寰宇都有名。要我这个‘朱’去反‘毛’，我可做不到呀！无论产生多大的事，都是红军内部的问题，大家要沉着，要找出解决的办法来，可不能叫蒋介石看我们的笑话！”“我不接受任何职务。我按党员规矩，以个人名义做革命工作。”

全场沉默，很久，很久……

后来，毛泽东称朱德此举是“度量大如海，意志坚如钢”！

朱德（1886.12.1—1976.7.6）

徐向前第一次遇上这种党内斗争，左右为难，只好持沉默态度，既没有发言，也没有举手表决。会后，张国焘找他发言，徐向前表示不赞成这种做法："党内有分裂，谁是谁非，可以徐徐地谈，总能谈通的。把中央骂得一文不值，开除这个，通缉那个，只能使亲者痛，仇者快，纵然是中央有些做法失当，我们也不能这样搞。而今弄成两个中央，如被仇人知道有什么益处嘛！"

张国焘来到陕北后，毛泽东多次找他谈话，帮助他认识错误。1937年3月底，中央召开政治局扩大会议，批评他的错误。在开会之前，毛泽东把张国焘请到自己的住所来，同他长谈了一次。

当时，毛泽东在延安的吴家窑洞居住。毛泽东在会客室里同张国焘谈了一两个小时，耐心地指出他擅自把队伍拉到西康，和另立中央的严重错误，要他深入地进行检查。张国焘当即承认自己是犯了错误，还掉了几滴眼泪，表示一定要改正错误。可是，他又说，怕从此以后，自己威信扫地，再也抬不起头来，今后无法再工作了。毛泽东又给他讲党的惩前毖后、治病救人的方针，要他打消顾虑。张国焘听了毛泽东的话，似乎思想通了，走的时候露出一副很感激的面孔。可是他走了以后，也不知道在原来四方面军的干部中搞了些什么名堂，参加抗大学习的一部分原四方面军的干部，对中央批判张国焘表示不服，差点儿闹出事。

1937年3月，中共中央在延安召开了政治局扩大会议，批判了张国焘的错误，通过了《关于张国焘错误的决定》，指出张国焘"犯了许多重大的政治的原则的错误。"张国焘也写了《我的错误》，表示："我的错误是整个路线的错误，是右倾机会主义的退却路线和军阀主义最坏的表现，是反党反中央的错误，这错误路线不仅在各方面表现它的恶果，使中国革命受到损失，而且造成极大罪恶，客观上帮助了反革命。"

鉴于张国焘承认了错误，中共中央仍任命他为陕甘宁边区政府代主席。

虽然张国焘在中央政治局会议上，头一天痛哭流涕，把自己骂得一钱不值，第二天又把自己昨天说的全盘推翻，根本不认账。

毛泽东感叹地说："对这个张国焘，我是软的硬的办法都用了，这个人是软的硬的都不吃，我拿他怎么办好？怎么才能使这块顽石点头呢？”

张国焘后来叛党投靠国民党阵营。

1938年4月4日，是国共双方共同祭拜黄帝陵的日子。张国焘以陕甘宁边区代主席身份前往参加祭拜活动，在黄帝陵前见到了国民党西安绥靖公署主任蒋鼎文。祭拜完毕，张国焘对护送的人说他到西安有事，请他们先回去，就带了一个警卫员上了国民党方面的汽车扬长而去。到西安后住进国民党的西京招待所，却不与八路军驻西安办事处联系。4月7日，国民党方面准备安排张国焘去国民政府驻地武汉，张国焘才打电话给林伯渠，要他到车站来谈话。张国焘对林老发泄一通不满，并说他要到武汉去。林老劝他到八路军办事处好好商量，被张拒绝。林老只好回办事处给中央和长江局发报，报告张国焘的情况。4月8日早晨，长江局收到中央和西安的电报后，周恩来立即与王明、博古、李克农等负责人商量，一定要抢在国民党之前，把张国焘接到长江局来。周恩来把这个任务交代给李克农，要他带着机要科长童小鹏，副官丘南章、吴志坚一道去汉口火车站等待张国焘。

从西安到汉口的火车每日一班，他们一连等了三天都扑了空。11日19时他们第四次在站口监视，丘南章则上车去找，在最后一节车厢，终于发现了张国焘。李克农上车对张国焘客气地说：“王明同志和周副主席派我们来接你。”张显得十分恐惧，护送他的两个特务见李克农带了武装副官，也不敢动手。李克农陪张国焘坐上小汽车到长江局办事处去，两个特务一个尾随，一个去报信。张国焘坚持要住在外面，死活不肯去长江局。李克农只好给他找一个小旅馆住下，留下丘南章、吴志坚“照顾”张国焘。

夜里，王明、周恩来、博古、凯丰等长江局负责人在李克农陪同下来到旅馆，和张国焘谈话。张国焘表情紧张，语无伦次，说什么边区如同“鸡肋”，食之无味，弃之可惜。王明不同他讨论这些问题，只是批评他不报告中央就出走的错误，希望他回办事处，什么事情都可以商量。不管众人怎么说，张国焘就是不肯去。最后周恩来要张打电报给中央承认错误，他只好写了一个电报稿，“毛、洛：弟于今晚抵汉，不告而去，歉甚。希望能在汉派些工作。国焘。"交给周带回去发。周恩来说："你既然来到武汉，那就在这里等待中央的指示再说吧。"周恩来等回到办事处后，即向中央报告并请示处理办法。

12日中央书记处复电王明、周恩来等："为表仁至义尽，我们决定再给张国焘一电，请照转。"电文是："国焘同志：我兄去后，甚以为念。当此民族危机，我党内部尤应团结一致，为全党全民模范，方能团结全国，挽救危亡。我兄爱党爱国，当能明察及此。政府工作重要，尚望早日归来，不胜企盼。弟毛泽东、洛甫、康生、陈云、刘少奇。"

周恩来拿着中央的电报到旅馆给张国焘看过，又耐心地劝他到办事处去住，一切都可商量。张国焘说不出什么，只是坚持不肯去。于是14日晚周恩来、王明、博古、李克农又去找他，劝说无效，李克农便拿出在上海搞地下工作的本事，半拉半拖把他塞进汽车，拉回长江局办事处来。

张国焘搬到办事处后，总找借口外出。他一再向周恩来提出要见蒋介石，向蒋报告边区政府工作。因为张国焘还没被罢免，周恩来只好于16日上午陪他去武昌见蒋介石。张国焘见到蒋就说："兄弟在外糊涂多年。"周恩来立即针锋相对地说："你糊涂，我可不糊涂。"蒋看到这场面，也不好多说，敷衍了几句就结束了接见。回到办事处，张国焘说："我感到消极，请允许我回江西老家去，我家里饭还有得吃。我此后再不问政治了。"当天下午张又找借口外出，周派吴志坚随从。他在街上转到天黑，又提出要过江去。在轮渡码头，张突然跳上船，想摆脱吴志坚。吴早有防备，紧跟张国焘上了船。张到了武昌不肯再回去，硬要找个旅馆住下。长江局办事处得到消息后立即派人把张国焘拉回汉口。这次张国焘死活不肯再回去，办事处只好把他安排在太平洋饭店住下来。

17日上午，周恩来、王明、博古一同来到饭店，与张国焘作最后的谈话。周对张提出三条，供他选择："改正错误，回党工作；这是我们所希望的。向党请假，暂时休息一个时期。自动声明脱党，党宣布开除他的党籍。"张国焘表示第一条不可能，可以从第二第三条考虑。并要求考虑两天再答复。周恩来等走后不久，张国焘就打电话约军统特务头子戴笠来饭店谈话，表示了投靠国民党的意向。军统很快派来两辆汽车和几个特务，两个上前抱住看守张国焘的丘南章副官，一个拉着张国焘上车。等张国焘走了，才把丘放开。丘南章回到房间，看到张国焘留给周恩来等人的字条。上面写着："兄弟已决定采取第三条办法，已移居别处，请不必派人找，至要。"

这是张国焘脱离中国共产党的声明。

4月18日，中共中央作出"关于开除张国焘党籍的决定"。

得知张国焘"弃暗投明"后，蒋介石大喜过望。他吩咐戴笠在武昌为其找了一座漂亮的小洋楼，并委托张国焘的同乡、武昌警察局局长蔡孟坚负责"保护"他。1938年9月抵达重庆后，戴笠让他领导国民党特种政治问题研究室，训练专门对付共产党的特工人员。张国焘很快成为军统最受关注的"热门人物"。不久，他竟向戴笠提出"策反八路军一二九师"，策反失败后，戴笠指着张国焘鼻子大骂一通，当场宣布撤销他的一切职务和一切生活待遇。

不久，张国焘参加国民党中统特务组织，中统头子朱家骅也是北大毕业，对张国焘这个校友可说仰慕已久。他当即拍板，聘张国焘为"对共斗争设计委员会"的中将设计委员兼主任秘书。可是中统众多特务对他不服气。除了在暗地里骂他是叛徒、恨他到中统来抢饭碗外，甚至公开奚落他为"笨蛋""饭桶"，拿他在军统被戴笠责骂的经历开玩笑。几个月过去了，张设计员一直"无计可设，无员可用，无公可办"。

1949年，蒋家王朝大势已去，张国焘携带全家逃到了台北。当时正是冬天，他急于找地方将全家安顿下来，奔波数日，才在台北租到了一栋房子。张国焘想继续为国民党效力，可一年过去了，没人给他安排"工作"，也没人过问他的生活。不久，他居住的房子由行政院批示，被辟作东南行政长官公署，强行征收。张国焘于迁台后的第二个冬天，再次带着全家迁移，迁居英国殖民地香港。

1956年中共八大召开后，张国焘注意到国内形势宽松了许多，一直寄人篱下感到日子不好过的他，遂萌生了回国的念头。他通过各种渠道，向中共中央转达了自己的请求。不久，中共来人告诉他：回去可以，但前提条件是承认错误。他考虑再三，最后拿定主意不回去了。1961年，张国焘应美国肯萨斯大学之约，开始撰写回忆录，美国肯萨斯大学每月付给张2000港币作为生活费用，以后十余年，张国焘多靠卖版权维生。

1966年，张国焘离开香港，迁居加拿大，投奔留学加拿大的大儿子张海威。1976年的一天，79岁的张国焘突然中风，右半身瘫痪，生活不能自理。杨子烈也已年逾七旬，腿还有残疾，无力照料张国焘。张国焘只得申请住进老人病院。1979年冬天的加拿大异常寒冷，大雪连绵不断。12月2日夜，病床上的张国焘翻身时把被子与毛毯弄到了地上，数次按铃叫护士却无反应。张国焘只有默默地忍受着严寒的折磨。身体已虚弱不堪的张国焘受此风寒，健康状况急转直下。3日凌晨5时，张国焘已处于弥留之际。当他想再看一眼亲人时，身边却空无一人。当亲人赶到老人病院时，张国焘已去世多时。12月5日，张国焘被安葬在多伦多的一个公墓中。

# 毛泽东为林育英执绋

毛泽东一生中，仅有一个人享受过他亲自执绋抬棺的高规格礼遇，此人便是林育英。

湖北黄冈的林氏家族，出了三位在中国现代史上不同寻常的人物——林育南、林育英（又名张浩）和林彪（原名林育蓉）。他们三人为堂兄弟，都在党内担任过要职。林育南是三兄弟中第一个参加革命的，并引导林育英、林彪走上了革命道路。他是卓越的工运领袖，与恽代英齐名，曾任中共中央候补委员、中华全国总工会常委兼秘书长、湖北省委代理书记。1931年2月7日在上海龙华被国民党反动派秘密杀害。

林育英在中共党内，具有很深的资历。他早在1922年2月加入中共，跟恽代英、陈潭秋过从甚密。1924年秋，和李求实一起到莫斯科共产主义大学学习。翌年回国，化名林春山，先在上海工作，不久出任中共汉口市委书记。当毛泽东上了井冈山时，他是中共湖南省委成员，两人结下友谊。

1930年，林育英任中共满洲省委书记。9月，在中共六届三中全会上，当选为中央候补委员，12月，他在抚顺的火车上遭捕。寒天腊月，他被泡在冰水中受刑，仍坚不吐实。在狱中13个月，遭受百般折磨，以多病之身获释。他被中共送往莫斯科，一边治病，一边担任驻共产国际代表团成员，1932年初，担任全国总工会常委兼海员工会总书记。

1933年1月，赤色职工国际决定在苏联举行一次国际职工代表大会，要求中共派一名负责工人运动的领导人出席这次大会，并担任驻赤色职工国际代表。中共中央考虑林育英过去长期从事工人运动，懂俄文，又曾去过苏联，便决定派他与会，同时担任中国总工会驻赤色职工国际代表、中共中央驻共产国际代表团成员。

在莫斯科期间，林育英参与了以中共中央名义发表的著名的《八一宣言》的起草和定稿工作。并于1935年7月25日至8月20日，出席了共产国际第七次代表大会，还多次与季米特洛夫、斯大林一起交谈，讨论有关国际共运和中国革命的问题。

红一方面军开始长征后，中共中央与共产国际的电讯联络中断。为了向正在长征途中的中共中央传达共产国际七大的会议精神，并恢复共产国际与中国共产党的联系，共产国际与中共驻共产国际代表团决定派一位同志回国。那时，从苏联回国有新疆、东北、蒙古三条路线。由新疆到延安路途太远，东北又处于日军占领之下，从蒙古入境路程较近，但这条路线要通过荒无人烟的大沙漠，危险性很大，且关卡重重，不能携带文件，只能记在脑子里。鉴于此，共产国际认为，回国人员只能走蒙古这条路线。派回国的同志，不仅要立场坚定、机智勇敢，并要为国内同志所熟悉和信任。经过反复考虑，中共驻共产国际代表团和共产国际决定派林育英回国。斯大林对此表示同意。林育英接受了任务后在莫斯科买了皮大衣、箩筐和一峰骆驼，然后将一些玩具、衣服、帽子及其他生活用品装在箩筐里，装扮成商人，化名张浩，与在苏联受训的密电员赵玉珍一起踏上了回国的征途。他俩历尽千辛万苦，于11月初，到达陕西定边县，张闻天特派邓发到定边去接林育英。林育英于11月中旬到达中共中央所在地的瓦窑堡，含着热泪对张闻天说：“总算找到中央了，终于见到领导和同志们了！”

林育英（张浩）
（1897.2.25—1942.3.6）

11月20日至12月26日，林育英出席了中央政治局会议。12月8日，张闻天邀林育英一起到安塞，迎接从直罗镇归来的毛泽东。

毛泽东握住林育英的手说：“你回来了，我们的队伍里又多了一员大将！”他将林育英拉到自己身边坐下，询问了一下共产国际和中共驻共产国际代表团的工作情况。

12月中旬，毛泽东、张闻天、周恩来、王稼祥等专门听取了林育英关于共产国际七大会议精神的传达。12月17日至25日，中共中央在瓦窑堡召开了政治局扩大会议。林育英在会上又一次传达了共产国际七大的会议精神和在莫斯科制定《八一宣言》的经过。

瓦窑堡会议后，毛泽东与林育英做了一次长谈。林育英请求中央给他分配工作。毛泽东说，目前有两件大事需要做：一是党的白区工作没有负责人，希望他将中央白区工作委员会书记一职担当起来；另一件事，则是帮助解决中央和红军领导人的团结问题。接着，毛泽东介绍了张国焘长征途中率左路军南下的错误行径，并忧心忡忡地说：“目前，张国焘与我和闻天、恩来的关系都很僵，我们发电去，他听不进去。朱德、徐向前等同志在那里很为难，也很吃力。张国焘比较相信共产国际，正好你又是共产国际派回来的，你以共产国际代表的身份做工作，他有可能听。”

林育英表示，一定尽力配合你和中央做工作。

1936年1月16日，林育英根据毛泽东、张闻天的意见，以共产国际代表的名义，给张国焘发去一份电报。电文中说他奉共产国际委派，回国解决红军一、四方面军发生的分歧，并带有共产国际七大对中国问题的意见和密码，可与共产国际通电。收到了林育英的电报后，张国焘仍不愿带部队北上，中共中央不见张国焘回电，又给他发了电报，令他取消“中央”。

1月22日，中共中央召开了政治局会议，林育英出席了会议。会议专门讨论了张国焘分裂党、危害红军的问题。与会的同志纷纷发言谴责张国焘。会后，林育英又给张国焘发去了《共产国际完全同意中共中央路线，张国焘处可成立西南局》的电报。1月24日，张闻天也致电张国焘，表示张国焘处可成立西南局，直属国际代表团，暂时与党中央发生横的关系。张国焘看到电报，心里颇不是滋味。他心里很难接受林育英的意见。只是由于林育英在电报中说了共产国际“完全同意中共中央的政治路线”，他才不得不考虑，若再一意孤行，就要背“违背共产国际指示”的罪名。与此同时，在朱德等人的斗争下，张国焘的南下计划受阻。过了几天，张国焘连续给林育英发了三封电报，气焰没有先前那么嚣张了。

2月14日，林育英、张闻天致电张国焘，对南下红军的战略提出了三个行动方案：北上陕甘；就地发展；南下转战。并指出：中央认为，第一方案为上策。这样，张国焘被迫取消了“中央”，并同意北上。

1936年8月3日、9月3日，林育英与毛泽东、张闻天、周恩来、博古又联名给张国焘发电，欢迎他率领部队前来会师。9月27日，张国焘、朱德、徐向前、陈昌浩联名致电林育英、张闻天、毛泽东，表示尊重共产国际和中央的指示、意见，决不再改变。

10月19日，林育英从保安启程，代表中共中央到宁夏同心城迎接红军二、四方面军。经过几天的急行军，红二、四方面军于11月3日抵达同心城。林育英在关桥堡会见了张国焘、朱德，并在红四方面军活动分子会议上作了报告，向广大干部介绍了党中央制定抗日民族统一战线政策的伟大意义。又过了几天，张国焘回到保安。根据中央的指示，林育英又赶到保安，代表中央找他谈话，做他的思想工作，希望他能认识自己的错误。随后，林育英与张国焘一同回到瓦窑堡。

12月2日，张国焘终于率红四方面军来到陕北保安。

张国焘在《我的回忆》中写道：

保安的红军学校校长林彪率领学生队伍到郊外欢迎我们，毛泽东等中共中央要人也和在懋功初会时一样，站在学生们行列的前面迎候。在一个预先布置好的讲台上，我们都发表演说，互致祝贺。我的演说词是强调对外抗日对内团结。那时我们所谈论的，不是那些过去了的事，而是策划未来。

会师之后，2月7日，中革军委调整、扩大为23人，成为红军最高指挥部，毛泽东任主席，周恩来、张国焘为副主席。又任命朱德为红军总司令，张国焘为红军总政治委员。

1936年10月下旬，原红四方面军的前锋部队2万余人西渡黄河，执行宁夏战役计划。11月上旬，根据中共中央和中央军委的决定，过河部队称西路军。西路军渡过黄河后，在极其困难的条件下孤军奋战四个月，歼敌2万余人。但由于部队准备不足，环境生疏，没有后方，补给困难，西路军陷入困境。西路军进入祁连山地区后，曾连续给中央发电，请求中央派部队救援。

1937年2月27日，中央军委发出了关于组建援西军问题的指示。军委决定抽调部队组成援西军，由刘伯承任司令员，林育英任政委。

抗日战争全面爆发后，中国工农红军改编为八路军，下辖三个师，林彪为一一五师师长，林育英为一二九师政委。

1938年1月，林育英由于伤病被调回中央，接替他的是八路军政治部副主任邓小平。在延安期间，林育英一面治病，一面负责有关工人运动的工作。3月中旬，林育英任安吴堡青训班职工大队大队长，曹瑛任教导员。

9月29日至11月6日，党中央在延安召开了扩大的六届六中全会。林育英是中央候补委员，参加了这次会议。林彪也列席了大会。由于林育英对革命事业的突出贡献，大会选举他为中央委员。与会人员合影时，毛泽东、林育英不约而同地站到了后排。毛泽东拉着林育英的手说："来，我与你在一起。"这时，林彪走了过来。毛泽东又把林彪往林育英右边一推说："你们是堂兄弟，更应站在一起。"这样，六届六中全会的合影照片上，林家二兄弟第一次同毛泽东在一起合影。

1940年4月30日，林育英与毛泽东、朱德等中央领导人应邀到延安青年文化沟出席庆祝五一国际劳动节大会。会议开始后，先由周恩来作演讲。接着，大会主持人请林育英发表讲话。林育英像往常一样，振作精神，走到台前，发表演说。讲了不到10分钟，他突发脑溢血，警卫员迅速上前抱住了他，并立刻把他送往医院抢救。因抢救及时，林育英无生命危险，但却无法站立起来，更无法再为党工作。

由于延安的医疗条件有限，林育英的半身不遂始终未能治好。他虽然卧床不起，心里却时刻想着中国革命，想着党的事业。

住院期间，毛泽东亲自到林育英住处看望他，并握着他的手说：“林育英同志，我总想来看你，因为太忙，一直没能来成。”林育英感动地说：“主席，我是老病号。你太忙，不要再来了。”毛泽东在林育英床边坐下，又说：“你要注意保重身体，争取早日康复。”林育英说：“我的身体已经不行了，保养也无益。革命事业正需有人去做，我却躺在床上起不来，心里非常难受。”“你现在不要想那么多。对你来讲，最重要的就是让身体早日康复，病好了接着干嘛！”

1941年8月，日军战机飞到延安轰炸中共中央机关和中共领导人住处。飞机在空中盘旋了一阵后，炸弹如雨点般地倾泻下来。一颗炸弹在林育英的窑洞门口爆炸，窑洞被震得不停地颤动，使林育英的大脑、心脏受到刺激，病情急剧恶化。接着，他的身体出现水肿，被送往延安中央医院抢救。

毛泽东指示中央医院全力抢救。经过穆茂岳等名医一段时间的悉心照料，林育英的病稍有好转。

1942年2月14日，林彪到延安看望林育英。林育英对林彪说：“我们林家三兄弟参加革命后，最早去世的是育南，他实际是受王明迫害而死的。他蒙冤而逝，死得太可惜。近来，我与关向应同志曾谈过这件事，也向毛主席及其他中央领导人反映过，组织上应对他和何孟雄、李求实等同志的问题作个结论或肯定。中央已经在考虑这个问题。育南才华横溢，能文能武，很了不起，又是我和你的革命引路人。他的冤屈不仅是他个人的问题，这关系到党的路线和大是大非问题。我们如不为育南说公道话，对不起党，也对不起他。”

2月下旬，林育英的病情日益恶化。3月5日，他用微弱的声音将警卫员、秘书及妻子等人叫到身边说：“我不行了，革命20年如一日，未能看到革命胜利，深以为憾。我死后，请组织上将我葬在杨家岭对面的桃花岭上，使我能天天望着党中央、毛主席！”

1942年3月6日凌晨1时45分，林育英在延安中央医院逝世。

当天下午，中央成立了林育英治丧委员会，遗体移入中央大礼堂。3月7日，延安《解放日报》头版刊登了《中共中央委员张浩同志积劳成疾病逝》的消息。中共中央领导人毛泽东、朱德、任弼时、陈云、叶剑英等轮流为林育英守灵，各界自发前往吊唁者达500余人。

毛泽东为林育英（张浩）抬棺

3月8日，延安细雨纷纷。上午4时至9时，延安各界人士万余人参加了林育英的遗体告别仪式。这一天，毛泽东亲自为林育英题写了挽联："忠心为国，虽死犹荣"。

3月9日，中央决定公祭林育英。公祭之前，毛泽东对朱德、任弼时等人说："林育英是一位很好的同志。他的去世，是我们党的一大损失，我心里非常难过。我想，同志们的心情也是如此。为表示我们对他的敬意和怀念之情，我提议，他的灵柩由我们几个主要领导人亲自抬。"朱德、任弼时都表示同意。

上午9时，公祭仪式在延安中央党校门前的广场上举行。中共中央书记处书记任弼时主祭，李克农念祭文。仪式结束，万余人参加出殡。毛泽东、朱德、任弼时、杨尚昆、徐特立等中央领导人亲自将棺材抬到桃花岭上安葬。当天，《新华日报》发表了《悼张浩同志》的社论，对林育英一生的贡献和功绩，做了很高的评价："……张浩同志是职工运动领袖，是中国共产党的中央委员。他的一生，是革命的、战斗的一生。……他在艰苦奋斗的一生中，学习和掌握了革命理论，领导了职工运动，成为中华民族解放运动中最优秀的战士之一。"